高等学校创新性数智化应用型经济管理规划教材（会计系列）

总主编 / 李雪　主审 / 徐国君

中级财务会计学习指导书（第二版）

高杉◎主编

陈德英　李小林◎副主编

立信会计出版社
LIXIN ACCOUNTING PUBLISHING HOUSE

图书在版编目(CIP)数据

中级财务会计学习指导书 / 高杉主编. -- 2 版.
上海：立信会计出版社，2024.12. --(“十四五”高等学校创新性数智化应用型经济管理规划教材).
ISBN 978-7-5429-7752-6

Ⅰ. F234.4

中国国家版本馆 CIP 数据核字第 2024045HS4 号

策划编辑　方士华
责任编辑　孙　勇
助理编辑　裴　灿
美术编辑　吴博闻

中级财务会计学习指导书(第二版)
ZHONGJI CAIWU KUAIJI XUEXI ZHIDAOSHU

出版发行	立信会计出版社		
地　址	上海市中山西路 2230 号	邮政编码	200235
电　话	(021)64411389	传　真	(021)64411325
网　址	www.lixinaph.com	电子邮箱	lixinaph2019@126.com
网上书店	http://lixin.jd.com		http://lxkjcbs.tmall.com
经　销	各地新华书店		

印　刷	上海万卷印刷股份有限公司	
开　本	787 毫米×1092 毫米	1/16
印　张	18	
字　数	438 千字	
版　次	2024 年 12 月第 2 版	
印　次	2024 年 12 月第 1 次	
书　号	ISBN 978-7-5429-7752-6/F	
定　价	42.00 元	

总 序

教材是高校实现人才培养目标的重要载体，教材及教材建设对高校发展具有举足轻重的作用。与培养模式相对应的教材是培养合格人才的基本保证，是实现培养目标的重要工具。由于历史的原因，在财经类教材的出版方面，相关出版社出版研究型本科或者高职高专、中等职业等层次的教材较多，应用型本科教材较少。虽然近年来一些应用型本科教材也陆续出版，但总体而言，这些教材还是缺乏权威性、普适性、实用性、创新性。造成这种状况的原因主要在于：出版社对财经类应用型本科教材的出版还不够重视，没有进行有效的组织；财经类应用型本科院校多为新建院校，教材建设相对滞后，主观上也较愿意使用研究型本科教材；在教材使用中存在比较严重的混用现象，教材目标读者群不明确，如不少教材既适用于研究型本科院校又适用于应用型本科院校，或者既适用于本科院校又适用于高职高专院校。

由于目前财经类应用型本科教材种类和数量匮乏或质量欠佳，财经类应用型本科院校不得不沿用传统研究型教材。这些教材本身的质量很好、级别很高，但是并不适用于应用型本科院校的教学，教师和学生普遍反映不好用。即使在全国范围看，也还没有相对成套、成熟的适合财经类应用型本科院校的教材。现有教材存在的主要问题包括：①教材的定位和要求过高；②教材的内容偏多、难度偏大；③教材着重于理论解释，相关案例、实训等内容较少，缺乏普适性、实用性。

与此同时，信息技术的快速发展使学生的学习习惯和阅读习惯发生了改变，不断朝个性化、自主学习的方向发展，传统的单一纸质教材已经无法适应这种变化。翻转课堂、慕课、微课等网络课程的兴起，混合式教学的不断推进，也对立体化教材建设提出了新的要求。教材作为一种课堂上的教学工具、一种传播媒介，理应顺势而为，随课堂形式、学生学习方式的改变而改变，朝着数字化、立体化、可视化的方向发展。因此，需要编写适应学生水平、便于学生接受的立体化财经类应用型本科教材。

我们组织具有多年应用型人才培养经验的优秀教师和实务界专家编写了这套教材。本系列教材有《会计基本技能》《出纳实务》《基础会计》《中级财务会计》《成本会计》《管理会计》《会计信息系统》《财务管理》《审计学》《高级财务会计》《商业分析》《税法》《经济法》《金融学》等品种。为了保证教材的质量，本系列教材聘请了知名高校的专家教授进行专门指导和审核。每本教材至少有一名本学科的知名专家或学科带头人提出审核指导意见，至少有一名高等院校教学一线的高级职称教师组织编写，至少有一名行业协会、实务界专家或教学研究机构人员提出编写建议。

本系列教材的特色如下。

1. 应用性

应用型本科的教材建设应坚持培养应用型本科人才的定位，充分吸收和借鉴传统的普通本科教材与高职高专类教材建设的优点和经验，以就业为导向，做到理论上高于高职高专类教材、动手能力的培养上高于传统的本科院校教材。本系列教材体现了应用型本科的定位，体现了素质教育和“以学生发展为本”的教育理念，遵循了高等教育教学基本规律，重视知识、能力和素质的协调发展，根据应用型人才培养模式对学生的创新精神、实践能力和适应能力的要求，在内容选材、教学方法、学习方法、实验和实训配套等方面突出了应用性特征。

2. 针对性

本系列教材的编写符合会计学、财务管理和审计学等专业的培养目标、培养需求、业务规格和教学大纲的基本要求，与各专业的课程结构和课程设置相对应，与课程平台和课程模块相对应。教材在结构纵横的布局、内容重点的选取、示例习题的设计等方面符合教改目标和教学大纲的要求，把教师的备课、试讲、授课、辅导答疑等教学环节有机地结合起来。

3. 立体化

本系列教材为立体化教材，实现了由传统纸质教材向“纸质教材＋数字资源”的转变，通过技术手段将晦涩难懂的理论知识转变为直观的具体知识，以立体化、数字化的方式呈现，包括图文、动画、音频、视频等多种形式，生动、有趣且易懂，不仅可以激发学生的学习兴趣，还有利于教学效果的提升。

4. 趣味性

本系列教材注重趣味性，使用了大量的例题和案例，每章都加入了“思政育人”“相关思考”“延伸阅读”等内容，使读者能够加深理解，便于掌握相关内容。在案例、例题等的设计选用上重点突出趣味性，易于引发读者的共鸣。

5. 先进性

本系列教材反映了应用型会计人才教育教学改革的内容，能够反映学科领域的新发展。教材的整体规划、每一种教材的内容构建等均体现了创新性。教材还强调了系列配套，包括了教材、学习参考书、教学课件等。立体化教材在内容修订上更具有明显优势，线上资源可以随时根据政策法规、理论知识或工作实务等的变化进行调整，更有利于保持教材内容的先进性。

6. 基础性

本系列教材将打破传统教材自身知识框架的封闭性，尝试多方面知识的融会贯通，注重知识层次的递进，体现每一门科目的基本内容，同时在具体内容上突出实际运用能力，做到“教师易教，学生乐学，技能实用”。

7. 易于自学

自学能力是大学生的一项基本能力。学生只有具备了自主学习的能力，才能最终建立起终身学习的保障体系，这也是应用型本科人才培养的客观要求。应用技术型高校的生源素质与普通高校相比存在一定的差距，除了一部分是高考发挥失误的学生，还有一部分学生在学习习惯、基础知识等方面存在一定的欠缺，这就要求教材能够调动这部分学生的学习积极性，在理论方面尽量通俗易懂，在实践方面尽量采用案例式教学。为了有利于学生课后自主学习，本系列教材配套了学习指导书和教学课件。

因此，本系列教材的定位准确，特色明显，适用于应用型本科院校教学，容易得到学生和市场的认可，便于学生的自学和教师的教学。

“十四五”高等学校创新性数智化应用型经济管理规划教材凝聚了众多领导、教授和专家多年来的经验和心血。当然，由于我们的经验和人力有限，教材中难免存在不足，我们期待着各位同行、专家和读者的批评指正。我们将伴随着经济发展和会计环境的变迁不断修订教材，以便及时反映学科的最新发展和人才培养的最新变化。

本系列教材自2014年出版后，得到市场的认可，深受广大高校师生的欢迎。为了更好地回馈读者，本系列教材从2017年起启动第二版的修订工作，2019年启动第三版的修订工作，2021年启动第四版的修订工作。各种教材的修订版将陆续出版。我们会一如既往地做好教材修订和相关服务工作，希望广大读者对本套系列教材继续给予支持。

李　雪

2024年1月

前　言

本书为高等学校创新性数智化应用型经济管理规划教材(会计系列)之一,也是山东省首批一流本科课程“中级财务会计”主教材的配套学习指导书。本书具有应用性、针对性、先进性、基础性、易于自学性的特点,在充分吸收和借鉴传统的普通本科教材与高职高专类教材建设的优点和经验的基础上,以就业为导向,做到理论上优于高职高专类教材、动手能力的培养上优于传统的本科院校教材。本书既可作为高等财经院校财务会计课程教学的辅助教材,也可作为企业管理人员学习财务会计的参考用书。

本书根据教育部颁布的高等学校会计专业课程设置和“中级财务会计”课程教学基本要求,为适应和满足高等学校精细化人才培养和全面素质教育的需要而编写。本书按照中级财务会计课程教学目标,坚持以培养高素质综合性会计人才为原则,注重学用结合,理论联系实际。本书突出新修订的《企业会计准则》中金融资产、收入、财务报告等最新内容,依据最新财税法规编写全书例题,充分体现了时效性,并与会计实务工作紧密联系。本书精心编写六大板块:

(1) 学习目的与要求:提供主教材各章的学习目标和基本要求。

(2) 本章基本内容框架:梳理、总结各章的知识脉络,便于学习者整体把握知识点间的逻辑关系,做到了然于胸。

(3) 重点、难点讲解及典型例题:提炼主教材各章学习的重点与难点,借助T形账户、图、表等工具进行讲解,图文并茂,并穿插鲜活案例,培养学生发现问题、分析问题与解决问题的能力。

(4) 自主测试:根据主教材知识点,结合初级会计师考试的历年考题以及企业的实际会计业务精心设计测试题目,便于学习者对各章内容进行自测,查缺补漏。

(5) 自主测试参考答案及解析:针对自主测试的考题,提供自主学习的参考答案,并对难度较大的问题,进行详细的解析,使学习者知其然也知其所以然。

(6) 模拟试题及参考答案:综合主教材重点内容,精心设计期末试题,便于学习者进行自我检测,并了解期末考试的题型及难易程度。

本书由高杉主编,由陈德英、李小林副主编,多位优秀教师和实务界专家参加编写。第一部分和第二部分的具体分工如下:第一章总论(闫婷婷),第二章货币资金(李艳花),第三章存货(高杉,赵竹明),第四章金融资产(李小林),第五章长期股权投资(蔡素兰),第六章固定资产(蔡素兰),第七章无形资产(赵珍珍),第八章投资性房地产(韩真真),第九章资产减值(李小林),第十章负债(高杉,赵竹明),第十一章所有者权益(高杉,赵竹明),第十二章费用(闫婷婷),第十三章收入和利润(陈德英),第十四章财务报告(陈德英),第十五章会计调整(陈德英)。第三部分由编者集体提供。

我们在编写本书的过程中参考了大量相关教材和论著,在此向有关作者致以深深的谢意!

在本书的编写过程中,编者多次讨论研究,力求内容编排合理、避免错误,但仍可能存在考虑不周、表达不妥当的地方。书中疏漏不足之处,敬请读者批评指正。

编　者

2024年11月

目 录

第一部分 学习指导及自主测试

第二部分　自主测试参考答案及解析

第三部分　模拟试题及参考答案

第一部分　学习指导及自主测试

第一章　总　　论

学习目的与要求

通过本章学习，学生应掌握会计的基本假设、会计确认与计量的基本原则以及会计要素，了解财务会计的特征、会计信息的质量要求和财务会计的目标。

本章基本内容框架

- 财务会计的含义及其特征
  - 财务会计的含义
  - 财务会计的特征
  - 财务会计的作用
  - 财务会计信息的使用者
- 会计的基本假设和会计基础
  - 会计的基本假设
  - 会计基础
- 会计信息质量要求和会计要素
  - 会计信息质量要求
  - 会计要素
- 会计的确认与计量属性
  - 会计确认
  - 会计计量属性

重点、难点讲解及典型例题

一、财务会计的含义

财务会计是现代企业会计的一个重要组成部分。它是运用簿记系统的专门方法，以通用的会计原则为指导，对企业资金运动进行反映和控制，旨在为投资者、所有者、债权人提供会计信息的对外报告会计。

二、财务会计信息的使用者

财务会计信息需求来自企业内部和外部两方面，它们分别是会计信息的外部使用者和内部使用者。财务会计信息外部使用者主要包括投资者、债权人、政府及其有关部门和社会公众等。财务会计信息内部使用者主要指企业管理层，包括董事长、首席执行官、部门经理等。

【例题 1-1·多项选择题】 下列各项中，属于企业财务会计信息内部使用者的有（　　）。

A. 董事长　　B. 分厂经理

C. 财务总监　　D. 顾客

【答案】 ABC

【解析】 供应商、顾客等都属于企业财务会计信息外部使用者。

三、会计基本假设

会计基本假设如表 1-1 所示。

表 1-1　会计基本假设

会计基本假设	会计主体	指会计核算和监督的特定单位或组织
		界定会计核算的空间范围
		法律主体必然是会计主体，但会计主体不一定是法律主体
	持续经营	指在可以预见的将来，企业将会按当前的规模和状态继续经营下去，不会停业，也不会大规模削减业务
		界定会计核算的时间范围
	会计分期	指将一个企业持续经营的生产经营活动划分为一个个连续的、长短相同的期间，目的是分期结算账目，编制财务报告
		会计期间通常分为年度和中期，中期包括半年度、季度和月度
	货币计量	指会计主体在核算过程中以货币作为主要计量单位
		会计核算以人民币为记账本位币

【例题 1-2·判断题】 企业集团由若干具有法人资格的企业组成，为了反映整个集团的财务状况、经营成果及现金流量情况，应编制该集团的合并会计报表。（　　）

【答案】 √

四、会计基础

权责发生制与收付实现制是确认收入和费用的两个标准，又称会计基础，如表 1-2 所示。

表 1-2　会计基础

项目	收付实现制	权责发生制
确认收入标准	收到款项	有收款的权利
确认费用标准	支付款项	有付款的责任
适用单位	行政单位及事业单位（预算会计核算）	企业、行政单位及事业单位（财务会计核算）

【例题 1-3 · 多项选择题】 以权责发生制为核算基础，下列各项中，不属于本期收入或费用的有(　　)。

A. 本期支付下期的房租金　　B. 本期预收的货款

C. 本期预付的货款　　D. 本期售出商品但尚未收到货款

【答案】 ABC

【解析】 本期已经实现的收入和已经发生或应当负担的费用，无论款项是否收付，均应作为当期的收入与费用。选项 ABC 都不是本期的收入或费用。

五、会计信息质量要求

会计信息质量要求如表 1-3 所示。

表 1-3　会计信息质量要求

分类		具体规定
首要质量要求	可靠性、相关性、可理解性和可比性	可比性包括同一企业不同期间发生的相同或相似的交易或事项应当采用一致的会计政策，不得随意变更；不同企业发生的相同或相似的交易或事项，应当采用规定的会计政策
次级质量要求	实质重于形式、重要性、谨慎性和及时性	融资租入固定资产体现了实质重于形式的质量要求；谨慎性要求不得高估资产或收益，低估负债或费用

【例题 1-4 · 判断题】 谨慎性会计信息质量要求企业不仅要核算可能发生的收入，也要核算可能发生的费用和损失，以对未来的风险进行充分核算。(　　)

【答案】 ×

【解析】 谨慎性原则要求不得高估资产或收益，低估负债或费用。

【例题 1-5 · 判断题】 融资租入固定资产的所有权不属于企业，故不能确认为企业的资产。(　　)

【答案】 ×

【解析】 融资租入的固定资产虽然所有权不属于企业，但企业拥有控制权，按照实质重于形式原则，应作为承租企业自己的资产核算。

六、会计要素

会计要素是对会计对象的基本分类，如图 1-1 所示。

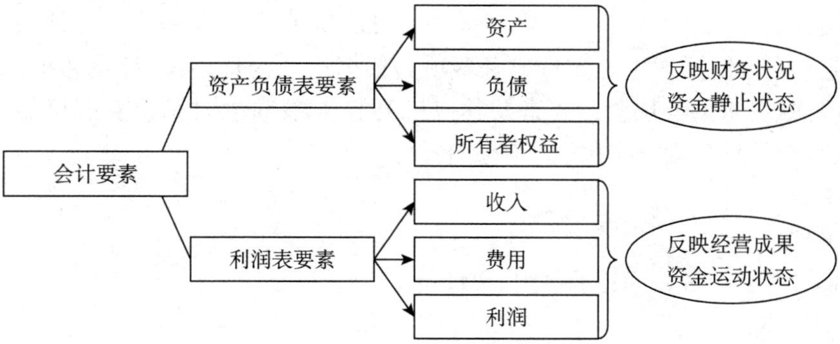

图 1-1　会计要素

七、会计计量属性

会计计量属性如表 1-4 所示。

表 1-4　会计计量属性

<table>
<tr><th>计量属性</th><th>资产</th><th>负债</th><th>应用</th></tr>
<tr><td>历史成本</td><td>按照购置时的金额</td><td>按照承担现时义务的金额</td><td rowspan="5">企业在对会计要素进行计量时，一般应采用历史成本。如果使用其他计量属性，必须保证金额能够取得并可靠计量</td></tr>
<tr><td>重置成本</td><td>按照现在购买时的金额</td><td>按照现在偿还时的金额</td></tr>
<tr><td>可变现净值</td><td>按照现在销售时的金额</td><td>—</td></tr>
<tr><td>现值</td><td colspan="2">按照将来的金额折现</td></tr>
<tr><td>公允价值</td><td colspan="2">公平交易中，熟悉情况的交易双方自愿进行资产交换或债务清偿的金额</td></tr>
</table>

《企业会计准则》规定，企业在对会计要素进行计量时，一般应当采用历史成本，采用重置成本、可变现净值、现值、公允价值计量的，应当保证所确定的会计要素金额能够取得并可靠计量。

自主测试

一、单项选择题

1. 会计信息更多地强调相关性，会计计量在坚持历史成本之外，也会较多地采用除历史成本之外的计量属性。该财务报告目标是定位于(　　)。

A. 受托责任观　　B. 资产负债观
C. 决策有用观　　D. 收入费用观

2. 下列对会计基本假设的表述中，正确的是(　　)。

A. 持续经营和会计分期确定了会计核算的空间范围
B. 会计主体必然是法律主体
C. 货币计量为确认、计量和报告提供了必要的手段
D. 会计主体确立了会计核算的时间范围

3. 企业计提固定资产折旧首先是以(　　)假设为前提的。

A. 会计主体　　B. 会计分期
C. 持续经营　　D. 货币计量

4. 企业应当以实际发生的交易或者事项为依据进行会计确认、计量和报告，如实反映符合确认和计量要求的各项会计要素及其他相关信息，保证会计信息真实可靠、内容完整。这体现了会计核算质量要求中的(　　)要求。

A. 及时性　　B. 可理解性
C. 相关性　　D. 可靠性

5. 企业取得资产时，一般按照(　　)计量。

A. 历史成本　　B. 可变现价值
C. 公允价值　　D. 现值

6. 按照规定的标准和方法，辨认和确定经济信息是否作为会计信息进行正式记录并列入财务报告的过程是（　　）。

A. 会计确认　　B. 会计计量

C. 会计记录　　D. 会计报告

7. 企业财务会计的主要目标是（　　）。

A. 提高经济效益　　B. 进行价值管理

C. 控制经济活动　　D. 提供会计信息

8. 下列各项中，不符合资产定义的是（　　）。

A. 发出商品　　B. 盘亏的固定资产

C. 委托加工物资　　D. 半成品

9. 下列各项中，不属于企业狭义收入要素范畴的是（　　）。

A. 出售单独计价的包装物　　B. 提供劳务取得的收入

C. 出租土地使用权取得的收入　　D. 转让无形资产所有权取得的收入

10. 在现实经济生活中，会计主体秘密设置的“小金库”违反了会计信息质量要求的（　　）。

A. 可靠性　　B. 谨慎性

C. 实质重于形式　　D. 重要性

二、多项选择题

1. 下列各项中，属于我国财务报告目标的有（　　）。

A. 向财务报告使用者提供决策有用的信息　B. 反映企业管理层受托责任的履行情况

C. 与同行业信息作比较　　D. 客观地反映企业的财务和经营状况

2. 下列组织中，可以作为一个会计主体进行核算的有（　　）。

A. 合伙企业　　B. 单独核算的基金

C. 独立核算的车间　　D. 集团公司

3. 下列各项关于对可比性要求的说法中，正确的有（　　）。

A. 企业对于已经发生的交易或者事项，应当及时进行会计确认、计量和报告，不得提前或者延后

B. 同一企业不同时期发生的相同或者相似的交易或者事项，应当采用一致的会计政策，不得随意变更

C. 不同企业发生的相同或者相似的交易或者事项，应当采用规定的会计政策，确保会计信息口径一致，相互可比

D. 企业提供的会计信息应当清晰明了，便于财务报告使用者理解和使用

4. 会计分期分为（　　）。

A. 年度　　B. 半年度

C. 季度　　D. 月度

5. 下列做法中，体现实质重于形式要求的有（　　）。

A. 将融资租赁的固定资产作为自有固定资产入账

B. 固定资产计提减值准备

C. 将以固定价格回购的产品销售业务在会计上不确认收入

D. 交易性金融资产期末按照公允价值计量

三、判断题

1. 管理会计与财务会计相同，都要在统一的会计制度的约束下，为会计信息的使用者提供信息。（　　）

2. 由于会计分期假设，会计信息只能按会计期间提供会计信息。（　　）

3. 会计人员人为估计固定资产的折旧年限，违反会计的可靠性信息质量要求。（　　）

4. 会计计量属性的意义就是确认会计业务的入账价值数额，以便于编制记账凭证、登记账簿和编制报表。（　　）

5. 某一会计事项是否具有重要性，在很大程度上取决于会计人员的职业判断。对于同一会计事项，在某一企业具有重要性，而在另一企业则不一定具有重要性。（　　）

四、思考题

1. 财务会计与管理会计的区别与联系是什么？

2. 会计信息质量要求有哪些？

3. 会计的六要素包含哪些？各会计要素之间有何关系？

第二章　货币资金

学习目的与要求

通过本章的学习，学生应了解货币资金的组成及特征，掌握现金的使用范围、现金限额及内部控制、现金与银行存款的序时核算与总分类核算、现金清查的核算、其他货币资金的核算方法、银行存款余额调节表的编制；明确货币资金包括的基本内容和有关的基本概念，如其他货币资金的概念，了解货币资金在管理与核算过程中应遵循的各项规定。

本章基本内容框架

- 货币资金概述
  - 货币资金的组成
  - 货币资金的特征
  - 货币资金的内部控制
- 库存现金
  - 库存现金的管理
  - 现金的序时核算
  - 现金的总分类核算：重点备用金核算
  - 现金的清查：盘亏、盘盈
- 银行存款
  - 银行存款账户的开立与使用
  - 银行存款的序时核算
  - 银行存款的总分类核算
  - 银行存款的清查
- 其他货币资金
  - 其他货币资金的内容
  - 其他货币资金的核算

重点、难点讲解及典型例题

一、库存现金的组成

货币资金按照其存放地点和用途的不同，分为库存现金、银行存款和其他货币资金三个部分。会计上的现金有狭义现金和广义现金之分。狭义现金仅指库存现金，即企业金库中存放的现金，包括人们经常接触的纸币和硬币等。广义现金，除了库存现金，还包括银行存款和其他可以普遍接受的流通手段，主要有银行本票、银行汇票、个人支票、邮政汇票、旅行支票等。

二、库存现金的内部控制原则

(1) 不相容职责分离原则。

(2) 收支分开处理原则。

(3) 内部稽核原则。

(4) 人员定期轮岗原则。

三、库存现金的管理

1. 适用范围

(1) 职工工资、津贴。

(2) 个人劳动报酬。

(3) 根据国家规定颁发给个人的科学技术、文化艺术、体育等各种奖金。

(4) 各种劳保、福利费用以及国家规定的对个人的其他支出。

(5) 向个人收购农副产品和其他物资的价款。

(6) 出差人员必须随身携带的差旅费。

(7) 结算起点以下的零星支出(结算起点为 1 000 元)。

(8) 中国人民银行确定需要支付现金的其他支出。

【例题 2-1 · 多项选择题】 下列各项中,属于现金使用范围的有(　　)。

A. 职工工资、津贴　　B. 个人劳务报酬

C. 4 000 元的零星支出　　D. 向个人收购农副产品和其他物资的价款

【答案】 ABD

【解析】 选项 A,职工工资、津贴。选项 B,个人劳务报酬。选项 D,向个人收购农副产品和其他物资的价款。选项 C,零星支出限额为 1 000 元。

2. 现金的限额

一般要满足一个企业 3～5 天的日常零星开支所需的现金,边远地区和交通不便地区的企业库存现金可多于 5 天的日常零星开支,但最多不能超过 15 天的日常零星开支。

【例题 2-2 · 多项选择题】 关于单位现金库存限额,下列说法中,正确的有(　　)。

A. 单位现金库存限额由单位负责人决定

B. 库存限额一经确定,单位必须严格遵守

C. 库存限额一般是单位 3～5 天的日常零星开支

D. 对于边远地区和交通不便地区的开户单位,其库存现金限额可多于 5 天的日常零星开支,但不得超过 15 天的日常零星开支

【答案】 BCD

【解析】 选项 A,库存现金限额是指国家规定由开户银行给各单位核定一个保留现金的最高额度。核定单位库存限额的原则是,既要保证日常零星现金支付的合理需要,又要尽量减少现金的使用。开户单位由于经济业务发展需要增加或减少库存现金限额,应按必要手续向开户银行提出申请。选项 B,库存现金限额每年核定一次,经核定的库存现金限额,开户单位必须严格遵守。选项 C,凡在银行开户的单位,银行根据实际需要核定 3～5 天的日常零星开支数额作为该单位的库存现金限额。选项 D,边远地区和交通不便地区的开户

单位,其库存现金限额的核定天数可以适当放宽至5天以上,但最多不得超过15天的日常零星开支的需要量。

四、库存现金的一般业务核算

收入现金时:

借:库存现金
　　贷:主营业务收入等

支出现金时:

借:材料采购等
　　贷:库存现金

五、库存现金的其他业务核算——备用金核算

两种备用金管理制度业务处理方法比较如表2-1所示。

表2-1　两种备用金管理制度业务处理方法比较

制度	步骤		
	预　借	报　销	注销备用金或其他应收款
随借随用,用后报销制度	借:其他应收款——×× 　贷:库存现金	借:管理费用等 　库存现金　【少花】 　贷:其他应收款——×× 　　(或贷:库存现金)　【多花】	报销时已注销
定额备用金制度	借:备用金——×× 　贷:库存现金	借:管理费用等 　贷:库存现金　【补足】	年中取消或年终清理 借:管理费用等 　库存现金　【少花】 　贷:备用金——×× 　　(或贷:库存现金)　【多花】

【例题2-3·单项选择题】 某企业对采购部门采用的是定额备用金制度,定额备用金2 000元,在一段时间内发生备用金支出1 600元,6月3日持开支凭证到财务部门报销。报销时,会计分录为(　　)。

A. 借:备用金　1 600
　　贷:库存现金　1 600

B. 借:管理费用　1 600
　　贷:库存现金　1 600

C. 借:库存现金　1 600
　　贷:备用金　1 600

D. 借:管理费用　1 600
　　贷:备用金　1 600

【答案】 B

【解析】 在定额备用金制度下,在报销时,应补足定额,并根据相关发票等原始凭证计入相关成本、费用。

六、现金清查

1. 库存现金的短缺——盘亏

现金盘亏的账务处理如图2-1所示。

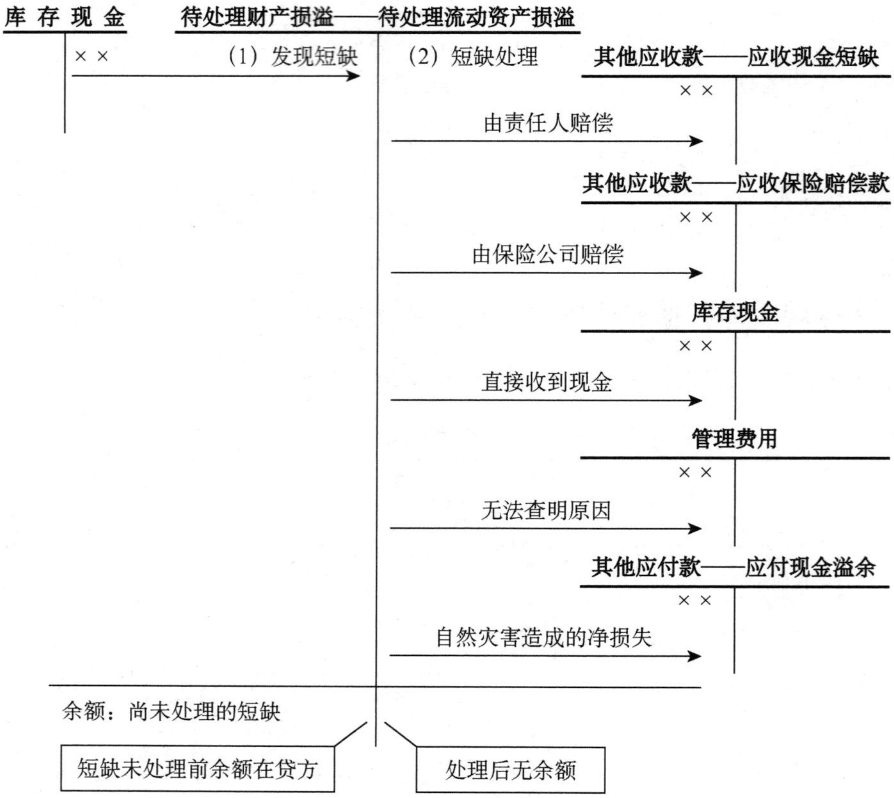

图2-1 现金盘亏的账务处理图

【例题2-4·单项选择题】 无法查明原因的现金短缺，经批准后，应贷记(　　)账户。

A. "财务费用"　　B. "管理费用"

C. "营业外支出"　　D. "销售费用"

【答案】 B

【解析】 无法查明原因的现金短缺，经批准后贷记"管理费用"账户。

2. 库存现金溢余——盘盈

现金盘盈的账务处理如图2-2所示。

【例题2-5·单项选择题】 无法查明原因的现金溢余，经批准后，作为盘盈利得处理，应借记(　　)账户。

A. "营业外收入"　　B. "其他业务收入"

C. "管理费用"　　D. "主营业务收入"

【答案】 A

【解析】 无法查明原因的现金溢余，作为盘盈利得处理，经批准后借记"营业外收入"账户。

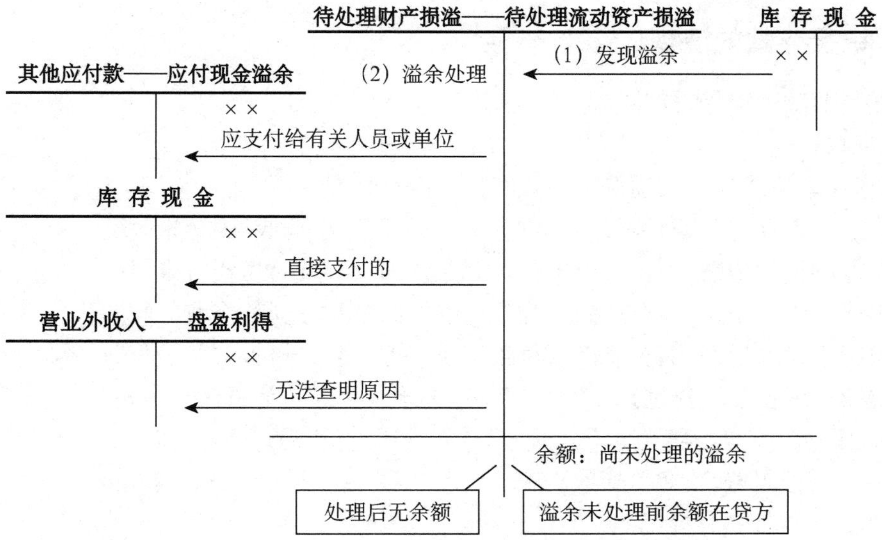

图 2-2　现金盘盈的账务处理图

七、银行存款账户的开立与使用

四种存款账户的开立与使用如表 2-2 所示。

表 2-2　四种存款账户开立与使用对比表

账户种类	定义	作用及使用范围	相关规定
基本存款账户	企业办理日常结算和现金收付业务的账户	企业职工薪酬等现金的支取只能通过本账户	一个企业只能在一家银行开立一个基本存款账户
一般存款账户	在基本存款账户以外的银行借款转存以及与基本存款账户的企业不在同一地点的附属非独立核算的单位的账户	办理转账结算和现金缴存，但不能支取现金	不得在同一家银行的几个分支机构开立一般存款账户
临时存款账户	企业因临时经营活动需要而开立的账户	办理转账结算和根据国家现金管理的规定办理现金收付。使用范围：设立临时机构、异地临时经营活动、注册验资	可以缴存与支取现金，但用于注册验资的在验资期间不得支取现金。临时存款账户的有效期最长不得超过 2 年
专用存款账户	企业因特殊用途需要而开立的账户	可申请专用存款账户的有：基本建设资金、更新改造资金、财政预算外资金、证券交易结算资金、期货交易保证金、单位银行卡备用金等	

【例题 2-6 · 多项选择题】 存款账户包括（　　）。

A. 基本存款账户　　B. 一般存款账户

C. 临时存款账户　　D. 专用存款账户

【答案】 ABCD

【解析】 一个企业可以根据需要在银行开立四种账户，分别为基本存款账户、一般存款账户、临时存款账户和专用存款账户。

八、银行存款的清查

1. 银行存款余额差异的原因

(1) 记账错误。

(2) 存在未达账项。未达账项一般有如下四种情况：

① 企业已收款记账，而银行尚未收款记账。即“企业已收，银行未收”。

② 企业已付款记账，而银行尚未付款记账。即“企业已付，银行未付”。

③ 银行已收款记账，而企业尚未收款记账。即“银行已收，企业未收”。

④ 银行已付款记账，而企业尚未付款记账。即“银行已付，企业未付”。

【例题 2-7·多项选择题】 下列各项中，属于未达账项的有(　　)。

A. 企业错记或银行错记　　B. 企业漏记或银行漏记

C. 企业已经入账，而银行尚未入账　　D. 银行已经入账，而企业尚未入账

E. 企业或银行串户登记

【答案】 CD

【解析】 未达账项一般有如下四种情况：①企业已收款记账，而银行尚未收款记账；②企业已付款记账，而银行尚未付款记账；③银行已收款记账，而企业尚未收款记账；④银行已付款记账，而企业尚未付款记账。

2. 银行存款余额调节表的编制

银行存款余额调节表如表 2-3 所示。

表 2-3　银行存款余额调节表

2×24 年 12 月 31 日

公司名称：琴岛有限责任公司　　开户行：　　账号：　　单位：元

项目	金额	项目	金额
银行对账单余额		企业银行存款日记账余额	
加：企业已收，银行未收		加：银行已收，企业未收	
1.		1.	
2.		2.	
3.		3.	
4.		4.	
银行误记、串记（少记）		企业误记（少记）	
减：企业已付，银行未付		减：银行已付，企业未付	
1.		1.	
2.		2.	
3.		3.	
4.		4.	
银行误记、串记（多记）		企业误记（多记）	
调整后余额		调整后余额	

$$\text{银行对账单余额}+\text{企业已收，银行未收}+\text{银行误记、串记（少记）}-\text{企业已付，银行未付}-\text{银行误记、串记（多记）}$$

$$=\text{企业银行存款日记账余额}+\text{银行已收，企业未收}+\text{企业误记（少记）}-\text{银行已付，企业未付}-\text{企业误记（多记）}$$

3. 银行存款余额调节表的注意事项

(1) 银行存款余额调节表不能作为原始凭证记账。

(2) 银行对账单不能作为原始凭证记账。

(3)《企业内部控制应用指引》规定，企业应当加强对银行对账单的稽核和管理。出纳人员一般不得同时从事银行对账单的获取、银行存款余额调节表的编制等工作。确需出纳人员办理上述工作的，应当指定其他人员定期进行审核、监督。

4. 银行存款余额调节后的会计处理

对造成银行存款余额差异的各项因素，企业应根据情况进行不同的处理：

(1) 记账错误的处理。对于已发现的企业记账错误，企业应及时做出调整分录并登记入账。

(2) 未达账项的处理。按照国际惯例，对于银行已入账、企业未入账的未达账项，应编制调整分录并登账。如[例2-7·多项选择题]中的未达账项，企业应当做分录，但是我国现行的会计实务对未达账项的处理不同。我国现行的会计制度规定，对于未达账项不能以银行存款余额调节表作为原始凭证，据以调整银行存款账面记录。

九、其他货币资金的核算

为了总括地反映企业其他货币资金的增减变化和结余情况，企业应设置“其他货币资金”账户进行总分类核算。同时，为了详细说明企业各项货币资金的使用与结余情况，企业还应该按照其他货币资金的种类，设置“外埠存款”“银行汇票存款”“银行本票存款”“在途存款”“信用卡存款”“信用证存款”“存出保证金”等明细账户。

【例题2-8·多项选择题】 下列各项中，需要通过“其他货币资金”账户核算的有(　　)明细账户。

A. “外埠存款”　　B. “银行汇票存款”

C. “银行本票存款”　　D. “商业汇票”

E. “信用证存款”　　F. “存出保证金”

【答案】 ABCEF

【解析】 “其他货币资金”账户核算“外埠存款”“银行汇票存款”“银行本票存款”“在途存款”“信用卡存款”“信用证存款”“存出保证金”等明细账户。商业汇票按照承兑人不同分为银行承兑汇票和商业承兑汇票，使用的账户是“应收票据”或“应付票据”。

自主测试

一、单项选择题

1. 我国会计核算中的货币资金指的是(　　)。

A. 库存现金　　B. 银行存款

C. 有价证券　　D. 库存现金、银行存款及其他货币资金

2. 不包括在现金使用范围内的业务是（　　）。

A. 结算起点以下的零星支出　　B. 向个人收购农副产品

C. 支付职工福利费　　D. 支付银行借款利息

3. 企业将款项汇往外地开立采购专用账户时，应借记的会计账户是（　　）。

A. "委托收款"　　B. "材料采购"

C. "应收账款"　　D. "其他货币资金"

4. 在企业的现金清查中，经检查仍无法查明原因的现金短款，经批准后应记入（　　）账户。

A. "财务费用"　　B. "销售费用"

C. "管理费用"　　D. "营业外支出"

5. 企业在银行开立的账户中，可以办理提现业务以发放工资的是（　　）。

A. "专用存款"账户　　B. "基本存款"账户

C. "临时存款"账户　　D. "一般存款"账户

6. 现金清查中若发现现金长款，在查明原因前应记入（　　）。

A. "应付账款"　　B. "待处理财产损溢"

C. "其他应付款"　　D. "营业外收入"

7. 企业一般不得从本单位的现金收入中直接支付现金，因特殊情况需要支付现金的，应事先报经（　　）审查批准。

A. 企业单位负责人　　B. 上级主管部门

C. 开户银行　　D. 财税部门

8. 不单独设置"备用金"账户的企业，内部各部门、各单位周转使用的备用金，应通过（　　）账户核算。

A. "现金"　　B. "其他应收款"

C. "其他货币资金"　　D. "银行存款"

9. 对于银行已经入账而企业尚未入账的未达账项，我国企业应当（　　）。

A. 根据"银行对账单"记录的金额入账

B. 根据"银行存款余额调节表"和"银行对账单"自制原始凭证入账

C. 在编制"银行存款余额调节表"的同时入账

D. 待有关结算凭证到达后入账

10. 商业汇票的付款期限最长不得超过（　　）。

A. 3 个月　　B. 6 个月

C. 9 个月　　D. 1 年

二、多项选择题

1. 根据现金管理规定，下列各项中，允许使用现金的有（　　）。

A. 向个人收购农副产品支付的价款　　B. 出差人员随身携带的差旅费

C. 支付给职工的工资及各项福利费用　　D. 采购原材料支付的价款

E. 按照国家规定发给个人的科技进步奖

2. 现金溢缺的会计核算涉及的账户有（　　）。

A. “待处理财产损溢”　　B. “管理费用”

C. “其他应收款”　　D. “营业外收入”

E. “营业外支出”

3. 下列项目中，应包括在资产负债表“货币资金”项目中的有（　　）。

A. 银行汇票存款　　B. 信用证保证金存款

C. 库存现金　　D. 在途货币资金

E. 存出投资款

4. 其他货币资金包括（　　）。

A. 银行存款　　B. 外埠存款

C. 备用金　　D. 存出投资款

E. 信用卡存款

5. 下列银行结算方式中，异地结算可采用的有（　　）。

A. 商业汇票结算　　B. 银行汇票结算

C. 汇兑结算　　D. 托收承付结算

三、判断题

1. 企业以现金支付职工奖金 50 000 元。（　　）

2. 出纳人员监管会计稽核工作。（　　）

3. 现金清查时发现现金溢余，将溢余金额记入“待处理财产损溢”账户，后经进一步核查无法查明原因，经批准后，冲减当期管理费用。（　　）

4. 银行存款余额调节表是用来核对账目的，不能用来作为记账的凭证。（　　）

5. 将现金存入银行或从银行提取现金可以编制付款凭证，也可编制收款凭证。（　　）

四、计算及账务处理题

1. 琴岛有限责任公司 2×24 年 6 月发生经济业务如下：

(1) 6 月 2 日，出纳员开出现金支票 3 000 元，补充库存现金。

(2) 6 月 4 日，财审部报销办公用品款，以现金支付 160 元。

(3) 6 月 7 日，李某出差预借差旅费 1 000 元，以现金支付。

(4) 6 月 9 日，财务对现金进行清查，发现现金短款 200 元，期末无法查明原因，经批准计入当期费用。

(5) 6 月 17 日，由当地银行汇往 B 市某银行临时采购货款 40 000 元。

(6) 6 月 18 日，李某出差回来，报销差旅费 850 元。

(7) 6 月 20 日，采购在 B 市购买原材料，增值税专用发票注明价款 30 000 元，增值税额 3 900元，材料尚未运到。转回临时采购账户剩余存款。

要求：根据上述业务编制会计分录。

2. 琴岛有限责任公司 2×24 年 12 月发生与银行存款有关的业务如下：

(1) 12 月 28 日，琴岛有限责任公司收到 A 公司开出的 480 万元转账支票，交存银行。该笔款项系 A 公司违约支付的赔款，琴岛有限责任公司将其计入当期损益。

(2) 12月29日，琴岛有限责任公司开出转账支票支付B公司咨询费360万元，并于当日交给B公司。

(3) 12月31日，琴岛有限责任公司银行存款日记账余额为432万元，银行转来对账单余额为664万元。经逐笔核对，发现以下未达账项：① 琴岛有限责任公司已将12月28日收到的A公司赔款登记入账，但银行尚未记账。② B公司尚未将12月29日收到的支票送存银行。③ 琴岛有限责任公司委托银行代收C公司购货款384万元，银行已于12月30日收妥并登记入账，但琴岛有限责任公司尚未收到收款通知。④ 琴岛有限责任公司12月发生借款利息32万元，银行已减少其存款，但琴岛有限责任公司尚未收到银行的付款通知。

要求：

(1) 编制琴岛有限责任公司上述业务的会计分录。

(2) 根据上述资料编制琴岛有限责任公司银行存款余额调节表。

第三章　存　　货

学习目的与要求

通过本章的学习，学生应掌握存货按实际成本进行初始计量和发出计量的基本理论和方法、存货跌价准备的计提原理、存货清查的方法；理解存货的定义、认定存货的范围及确认条件、存货按计划成本计量取得和发出的核算、存货成本与可变现净值的比较方法。

本章基本内容框架

- 存货的概述
  - 存货的概念与特征
  - 存货的确认条件
  - 存货的分类
- 存货的初始计量
  - 外购的存货
  - 加工取得的存货
  - 其他方式取得存货
- 发出存货的计量
  - 存货成本流转假设
  - 发出存货成本的计价方法
  - 发出存货的会计处理
- 计划成本法
  - 计划成本法的基本核算程序
  - 计划成本法的账户设置
  - 存货的发出及成本差异的分摊
  - 计划成本法的优点
- 存货的期末计量
  - 计提存货跌价准备的方法
  - 存货跌价准备的会计处理
  - 成本与可变现净值法的含义
  - 存货可变现净值的确定
- 存货清查
  - 存货盘盈的会计处理
  - 存货盘亏的会计处理
  - 存货清查的含义及方法

重点、难点讲解及典型例题

一、存货的含义与特征

1. 含义

存货是指企业在日常活动中持有以备出售的产成品或商品、处在生产过程中的在产品、在生产过程或提供劳务过程中耗用的材料、物料等,包括原材料、燃料、周转材料、在产品、半成品、产成品、商品等。

存货区别于固定资产等非流动资产的最基本之处在于,企业持有存货的最终目的是出售,包括可供直接销售的产成品、商品,以及需经过进一步加工后出售的原材料、周转材料等。

存货的内容如表 3-1 所示。

表 3-1　存货的内容

(1) 存货的内容	各类材料、在产品、半成品、产成品、商品、包装物、低值易耗品、委托代销商品等。 【注意】房地产开发企业购入的用于建造商品房的土地使用权及建造的商品房,属于存货
(2) 不属于存货的情况	① 工程物资不属于存货。 ② 已作销售处理但购买方尚未提货的存货,不属于销售方的存货(属于购买方的存货)。 【注意】销售方已经发出商品但尚未确认收入,发出商品属于销售方的存货。 ③ 接受来料加工的原材料,不属于企业的存货。 【注意】企业接受来料加工制造的代制品和为外单位加工修理的代修品,制造和修理完成验收入库后,应视为企业的产成品。来料加工的产成品成本为加工费以及领用的本单位原材料,不包括领用的外来原材料的成本。 ④ "受托代销商品"(借方)和"受托代销商品款"(贷方)同时作为存货列示,但不影响存货项目的金额。所以受托代销商品不属于企业的存货

2. 存货的特征

(1) 存货是一种具有物质实体的有形资产。

(2) 存货属于流动资产,具有较大的流动性。

(3) 存货以在正常生产经营过程中被销售或耗用为目的而取得。

(4) 存货属于非货币性资产,存在价值减损的可能性。

【例题 3-1·单项选择题】 以下不属于企业存货的是(　　)。

A. 原材料　　B. 工程物资　　C. 周转材料　　D. 在途物资

E. 生产成本　　F. 委托加工物资

【答案】 B

【解析】 "工程物资"是企业为建造固定资产而购入的材料等物资,"工程物资"账户的期末余额反映企业尚未使用的各项工程物资的实际成本,在资产负债表中以"工程物资"项目填列。

二、存货的初始计量

存货的初始计量是指企业在取得存货时,对存货入账价值的确定。

存货的初始计量应以取得存货的实际成本为基础,实际成本包括采购成本、加工成本和其他成本。

1. 存货的初始入账成本

不同情况下存货入账成本的构成如表 3-2 所示。

表 3-2　不同情况下存货入账成本的构成

采购成本	(1) 购买价款计入存货成本。 (2) 相关税费: ① 进口关税、进口消费税、资源税,以及不能抵扣的增值税进项税额计入存货成本。 ② 增值税进项税额:

（续表）

采购成本	A. 增值税小规模纳税人：采购存货的进项税额不能抵扣，增值税计入存货的成本。 B. 增值税一般纳税人：采购存货的进项税额可以抵扣，增值税不计入存货的成本。 （3）购买过程中发生的装卸费、保险费、包装费计入存货成本。 （4）必要仓储费计入存货成本。 （5）运输途中的合理损耗（按实际存货数量入库）。 （6）入库前的挑选整理费用等计入存货成本。 （7）商业企业在采购商品过程中发生的运输费、装卸费、保险费以及其他可归属于存货采购成本的费用等进货费用，应当计入存货的采购成本，也可以先进行归集，期末根据所购商品的存销情况分别进行分摊，对于已售商品的进货费用，计入当期损益（主营业务成本）；对于未售商品的进货费用，计入期末存货成本。企业采购商品的进货费用金额较小的，也可在发生时直接计入当期损益（主营业务成本）
加工成本	直接人工以及按照一定方法分配的制造费用计入存货成本
其他成本	（1）除了采购成本、加工成本外的，使存货达到目前场所和状态所发生的其他支出。 （2）企业设计产品发生的设计费用通常应计入当期损益，但是为特定客户设计产品所发生、可直接确定的设计费用应计入存货的成本

【例题3-2·多项选择题】 下列项目中，应计入存货成本的有（　　）。

A. 商品流通企业在采购商品过程中发生的运输费

B. 非正常消耗的直接材料、直接人工和制造费用

C. 在生产过程中为达到下一个生产阶段所必需的仓储费用

D. 制造费用

【答案】 ACD

【解析】 非正常消耗的直接材料、直接人工和制造费用计入当期损益，不计入存货入账成本。

【例题3-3·单项选择题】 甲公司为增值税一般纳税人，适用的增值税税率为13%。本期购入原材料150千克，收到的增值税专用发票上注明价款900万元，增值税税额为117万元。另发生运输费用8万元，包装费3万元，运输途中保险费用2万元。原材料运抵企业后，验收入库原材料为148千克，运输途中发生合理损耗2千克。甲公司原材料入账价值为（　　）万元。

A. 902　　B. 908　　C. 913　　D. 914

【答案】 C

【解析】 原材料的入账价值＝900＋8＋3＋2＝913（万元）。

【例题3-4·单项选择题】 承上题，甲公司原材料单位成本为（　　）万元。（保留两位小数）

A. 6.01　　B. 6.10　　C. 6.18　　D. 6.17

【答案】 D

【解析】 原材料的单位成本＝913÷148＝6.17（万元）。

2. 外购的存货

（1）采用赊购方式购入存货：

第一步：按赊购存货的发票账单等凭证确定存货成本，按可抵扣的增值税借记“应交税费——应交增值税（进项税额）”账户，同时确认“应付账款”账户。

借：原材料、库存商品、周转材料等　　【确定的采购成本】
　　应交税费——应交增值税（进项税额）　　【增值税专用发票上注明的进项税额】
　　贷：应付账款——××　　【应付未付的货款】

第二步：支付货款时，冲减“应付账款”。

借：应付账款——××

　　贷：银行存款

（2）含现金折扣的赊购业务。在总价法下应付账款按实际交易金额入账，如果购货方在现金折扣期限内付款，则购货方取得的现金折扣（少付金额）作为购货价格的扣减，调降购货成本；在净价法下，应付账款按实际交易金额扣除现金折扣后的净额入账，如果购货方超过现金折扣期限付款，则丧失的现金折扣视为购货价格的增加，调增购货成本。

【例题 3-5·单项选择题】 下列各项中，不记入赊购存货时“应付账款”账户金额的有（　　）。

A. 采购价款　　B. 入库前的挑选整理费

C. 增值税一般纳税人的进项税额　　D. 存货入库后发生的仓储费用

【答案】 D

【解析】 入库后发生的仓储费用不计入存货的成本，所以不包含在“应付账款”账户中。

（3）外购存货发生短缺的会计处理（表 3-3）。

表 3-3　外购存货发生短缺的会计处理

短缺原因	会计处理	会计账户
① 运输途中的合理损耗	应计入有关存货的采购成本	“原材料”“周转材料”等
② 供货单位责任	补足存货，冲减“应付账款”	“应付账款”（冲减为借方，货到为贷方）
	赔偿，冲减“应付账款”，同时需进行进项税额转出	“应付账款”（借方）“应交税费——应交增值税（进项税额转出）”（贷方）
③ 运输单位责任	赔偿，记入“其他应收款”，同时需进行进项税额转出	“其他应收款”“应交税费——应交增值税（进项税额转出）”
④ 自然灾害或意外事故等非常原因	扣除保险公司和过失人赔款后的净损失记入“营业外支出”	“其他应收款”“营业外支出”

【例题 3-6·判断题】 因自然灾害造成的存货损失，应记入“营业外支出”账户，同时作“增值税进项税额转出”处理。（　　）

【答案】 ×

【解析】 因自然灾害造成的存货非常损失，无需进行增值税的“进项税额转出”处理。

3. 委托加工的存货

（1）委托加工存货的成本。委托加工存货的成本一般包括加工过程中实际耗用的存货成本、加工费、运输费、装卸费等，以及按规定应计入加工成本的相关税费，这里的相关税费是指不能抵扣的增值税进项税以及不能抵扣的消费税。

（2）委托加工应税消费品。根据税法规定，企业委托加工应税消费品时，除受托方为个人之外，应由受托方在向委托方交货时代收代缴消费税。

① 对于委托方收回后直接出售的应税消费品，由受托方代收代交的消费税应直接计入委托加工物资的成本，即借记“委托加工物资”账户，待销售委托加工存货时，不需要再缴纳消费税。

② 对于委托方收回后用于连续生产的应税消费品，由受托方代收代缴的消费税准予抵

扣，即借记“应交税费——应交消费税”账户，待连续生产的应税消费品生产完工并销售时，从生产完工的应税消费品应纳消费税额中抵扣。

【例题 3-7·多项选择题】 一般纳税人委托其他单位加工材料收回后直接对外销售的，其发生的下列支出中，应计入委托加工物资成本的有(　　)。

A. 加工费　　B. 增值税进项税额

C. 发出材料的实际成本　　D. 受托方代收代缴的消费税

【答案】 ACD

【解析】 一般纳税人增值税进项税额允许抵扣，不计入委托加工物资的成本。

三、发出存货成本的计价方法

企业发出的存货，可以按实际成本核算，也可以按计划成本核算。在实际成本核算方式下，企业可以采用的发出存货成本的计价方法包括个别计价法、先进先出法、月末一次加权平均法、移动加权平均法等。

1. 月末一次加权平均法计算公式

(1) 计算出加权平均单位成本。

$$加权平均单位成本=\frac{月初结存存货的成本+本月验收入库存货的成本}{月初结存存货的数量+本月验收入库存货的数量}$$

(2) 计算月末结存存货的成本。

$$月末结存存货的成本=加权平均单位成本\times月末结存存货的数量$$

(3) 计算本月发出存货的成本。

$$本月发出存货的成本=月初结存存货的成本+本月验收入库存货的成本-月末结存存货的成本$$

【注意】 由于在计算加权平均单位成本时往往不能除尽，为了保证月末结存存货的数量、单位成本与总成本相一致，在实务中，应先按加权平均单位成本计算出月末结存存货的成本，然后倒挤本月发出存货的成本，并将计算的尾差倒挤到发出存货的成本中，这种方法叫倒挤法。

2. 移动加权平均法计算公式

(1) 计算移动加权平均单位成本。

$$移动加权平均单位成本=\frac{原有存货的成本+本批验收入库存货的成本}{原有存货的数量+本批验收入库存货的数量}$$

(2) 计算某批存货发出后结存存货的成本。

与月末一次加权平均法类似，移动加权平均法也采用倒挤法，即先按移动加权平均单位成本计算出某批存货发出后结存存货的成本，然后倒挤出某批发出存货的成本。

$$某批存货发出后结存存货成本=移动加权平均单位成本\times某批存货发出后结存存货数量$$

(3) 计算某批发出存货的成本。

$$某批发出存货的成本=某批存货发出前存货的成本-某批存货发出后存货的成本$$

【例题 3-8·单项选择题】 某企业采用先进先出法计算发出甲材料的成本，2×24 年

2月1日，结存甲材料200千克，每千克实际成本100元；2月10日购入甲材料300千克，每千克实际成本110元；2月15日，发出甲材料400千克。2月月末，库存甲材料的实际成本为（　　）元。

A. 10 000　　B. 10 500　　C. 10 600　　D. 11 000

【答案】 D

【解析】 剩余的原材料的数量＝200＋300－400＝100（千克），剩余的原材料都是2月10日购入的原材料，所以月末原材料的实际成本＝100×110＝11 000（元）。

【例题3-9·单项选择题】 某企业采用月末一次加权平均法计算发出材料成本。2×20年3月1日结存甲材料200件，单位成本40元；3月15日购入甲材料400件，单位成本35元；3月20日购入甲材料400件，单位成本38元；当月共发出甲材料500件。3月份发出甲材料的成本为（　　）元。

A. 18 500　　B. 18 600　　C. 19 000　　D. 20 000

【答案】 B

【解析】 材料单位成本＝(200×40＋400×35＋400×38)÷(200＋400＋400)＝37.2（元/件）；3月份发出甲材料成本＝37.2×500＝18 600（元）。

3. 发出存货的会计处理

(1) 生产经营领用原材料。

借：生产成本——基本生产成本　　【基本生产车间生产产品领用】
　　　　　　——辅助生产成本　　【辅助生产车间领用】
　　制造费用　　【基本生产车间管理部门领用】
　　管理费用　　【行政管理部门领用】
　　贷：原材料

(2) 生产经营领用周转材料。

生产经营领用周转材料的核算如表3-4所示。

表3-4　生产经营领用周转材料的核算

领用部门	用途	涉及收入类科目	相关成本费用类科目
生产部门	构成产品实体一部分		生产成本
车间	一般性物料消耗		制造费用
销售部门	随同商品出售不单独计价的		销售费用
	随同商品出售并单独计价的	其他业务收入	其他业务成本
	用于出租的（销售产品时）	其他业务收入	其他业务成本
	用于出借的		销售费用
管理部门	自用		管理费用

【例题3-10·多项选择题】 下列各项有关包装物的会计处理表述中，正确的有（　　）。

A. 随商品出售不单独计价的包装物成本，计入销售费用

B. 生产领用的包装物成本，计入生产成本

C. 随商品出售单独计价的包装物成本，计入其他业务成本

D. 多次反复使用的包装物成本，根据使用次数分次摊销计入相应成本费用

【答案】 ABCD

【例题3-11·判断题】 “周转材料——低值易耗品”账户，借方登记低值易耗品的减少，贷方登记低值易耗品的增加，期末余额在贷方。（　　）

【答案】 ×

【解析】 “周转材料——低值易耗品”账户，借方登记低值易耗品的增加，贷方登记低值易耗品的减少，期末余额在借方，表示企业期末结存低值易耗品的金额。

（3）在建工程领用的存货。

在建工程领用存货
- 领用原材料
  - 进项税能抵扣——不计入工程成本
  - 进项税不能抵扣——作进项税额转出
- 领用自产产品——按其生产成本计入在建工程成本

【例题3-12·单项选择题】 玻璃厂自建一栋办公楼，领用本企业生产的玻璃一批，成本为80 000元，市价为85 000元，该项业务计入在建工程的成本为（　　）元。

A. 85 000　　B. 80 000

C. 96 050　　D. 90 400

【答案】 B

【解析】 在建工程领用本企业的库存商品，应按其生产成本计入在建工程成本。

四、计划成本法

1. 账户设置

“材料采购”——核算尚未入库存货的实际成本。

“原材料”——核算入库存货的计划成本。

“材料成本差异”——核算入库存货计划成本和实际成本的差异。

2. 核算步骤

（1）采购时，按实际成本付款，记入“材料采购”账户借方。

借：材料采购　　【实际采购成本】
　　应交税费——应交增值税（进项税额）
　　贷：银行存款、应付账款、应付票据等　　【已支付或应支付的金额】

（2）验收入库时，按计划成本记入“原材料”账户的借方，“材料采购”账户的贷方。

借：原材料　　【计划成本】
　　贷：材料采购　　【计划成本】

（3）同时，验收入库材料形成的材料成本差异。超支差异记入“材料成本差异”账户的借方，节约差异记入“材料成本差异”账户的贷方。

① 超支差异：

借：材料成本差异　　【形成超支差异】
　　贷：材料采购

② 节约差异：

借：材料采购
　　贷：材料成本差异　　【形成节约差异】

(4) 平时发出材料时，一律用计划成本。

借：生产成本等　　　　【计划成本】
　贷：原材料

(5) 期末(月末)计算材料成本差异率，结转发出材料应负担的差异额。

$$本月材料成本差异率=\frac{月初结存材料的成本差异+本月验收入库材料的成本差异}{月初结存材料的计划成本+本月验收入库材料的计划成本}\times 100\%$$

$$本月发出存货应负担的成本差异=发出存货的计划成本\times 本月材料成本差异率$$

【注意】 分清材料成本差异的正负数(超支差为正数，节约差为负数)。材料成本差异率也有正负数之分(正数是超支成本差异率，负数是节约成本差异率)。

(6) 月末计算存货的实际成本。

$$\begin{aligned}发出材料的实际成本 &= 发出材料的计划成本+发出材料应负担的成本差异\\ &= 发出材料的计划成本\times(1+材料成本差异率)\\ 结存材料的实际成本 &= 结存材料的计划成本+结存材料应负担的成本差异\\ &= 结存材料的计划成本\times(1+材料成本差异率)\end{aligned}$$

即资产负债表中存货的期末余额体现的是实际成本，而非计划成本。

【例题 3-13·单项选择题】 某企业材料采用计划成本核算。月初结存材料计划成本为 130 万元，材料成本差异为节约 20 万元。当月购入材料一批，实际成本为 110 万元，计划成本为 120 万元，领用材料的计划成本为 100 万元。该企业当月领用材料的实际成本为(　　)万元。

A. 88　　B. 96
C. 100　　D. 112

【答案】 A

【解析】 当月领用材料的实际成本＝100×[1＋(－20－10)÷(130＋120)]＝88(万元)。

【例题 3-14·单项选择题】 琴岛有限责任公司本月材料成本差异为超支 3%，本月生产领用原材料的计划成本为 80 000 元，实际成本为(　　)元。

A. 77 600　　B. 82 400
C. 80 000　　D. 84 400

【答案】 B

【解析】 材料成本差异为超支 3%，因此实际成本大于计划成本，所以实际成本＝80 000×(1＋3%)＝82 400(元)。

【例题 3-15·单项选择题】 某企业采用计划成本进行材料的日常核算。月初结存材料的计划成本为 80 万元，成本差异为超支 20 万元。当月购入材料一批，实际成本为 110 万元，计划成本为 120 万元。当月领用材料的计划成本为 100 万元，当月领用材料应负担的材料成本差异为(　　)万元。

A. 超支 5　　B. 节约 5
C. 超支 15　　D. 节约 15

【答案】 A

【解析】 当月领用材料应负担的材料成本差异＝[20＋(110－120)]÷(80＋120)×100%×100＝5(万元)(超支)。

五、存货的期末计量

1. 成市与可变现净值孰低法

成本与可变现净值孰低法是指按照存货的成本与可变现净值两者之中的较低者对期末存货进行计量的一种方法。

(1) 当期末存货的成本低于可变现净值时，存货仍按成本计量。

(2) 当期末存货的成本高于可变现净值时，存货则按可变现净值计量，同时按照可变现净值低于成本的差额计提存货跌价准备，计入当期损益。

2. 存货跌价准备的计提和转回

存货跌价准备的计提和转回如图 3-1 所示。

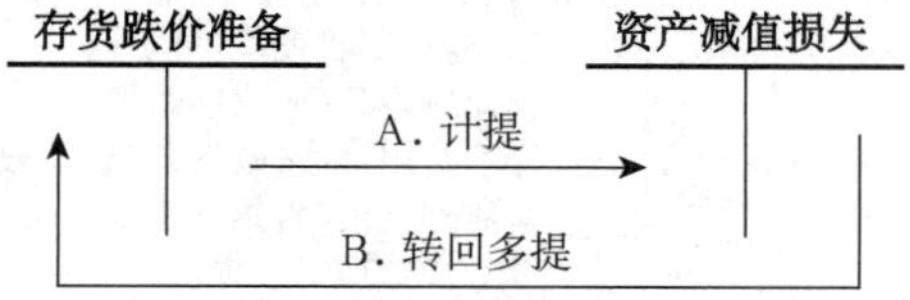

图 3-1　存货跌价准备的计提和转回

(1) 计提存货跌价准备的会计处理。

借：资产减值损失
　　贷：存货跌价准备

(2) 存货跌价准备的转回。当以前减记存货价值的影响因素已经消失，减记的金额应当予以恢复，并在原已计提的存货跌价准备金额内转回。

转回存货跌价准备的会计分录如下：

借：存货跌价准备
　　贷：资产减值损失

【注意】 存货跌价准备转回时，仅能以原计提数为限。

【例题 3-16 · 单项选择题】 琴岛有限责任公司 2×24 年年末，甲材料的账面成本为 800 000 元，可变现净值为 780 000 元。计提存货跌价准备前，"存货跌价准备"账户为贷方余额 5 000 元。琴岛有限责任公司当年应计提的存货跌价准备为(　　)元。

A. 15 000　　　　B. 20 000

C. 25 000　　　　D. 10 000

【答案】 A

【解析】 可变现净值低于成本的差＝800 000－780 000＝20 000(元)，即"存货跌价准备"账户的余额，选定下来此余额，账户原余额为贷方 5 000 元，当期应计提存货跌价准备＝20 000－5 000＝15 000(元)。

六、存货的清查

存货的盘盈、盘亏通过"待处理财产损溢——待处理流动资产损溢"账户核算。存货清查的财务处理如表 3-5 所示。

表 3-5　存货清查的账务处理

1. 存货盘盈	(1) 清查时： 借：库存商品或原材料 　　贷：待处理财产损溢

（续表）

1. 存货盘盈	（2）处理时： 借：待处理财产损溢 　　贷：管理费用
2. 存货盘亏	存货发生的盘亏或毁损，扣除回收的残值和赔偿款，计入原材料、其他应收款、管理费用或营业外支出。 （1）清查时： 借：待处理财产损溢 　　贷：库存商品或原材料 【注意】 ① 非正常原因（管理不善造成被盗、丢失、霉烂变质）导致的存货盘亏或毁损，按规定如果不能抵扣的增值税进项税额，应当予以转出。 ② 因为意外灾害导致的存货盘亏或毁损，增值税进项税额可以抵扣的，不需转出。 （2）处理时： 按管理权限报经批准后，根据造成存货盘亏或毁损的原因，分别按以下情况进行处理： 借：原材料（回收残料价值） 　　其他应收款（应收的赔偿） 　　管理费用（计量收发差错、一般经营损耗以及管理不善造成存货盘亏） 　　营业外支出（自然灾害等非常原因造成） 　　贷：待处理财产损溢

【例题 3-17 · 单项选择题】 企业对于已记入“待处理财产损溢”账户的存货盘亏及毁损事项进行会计处理时，应记入“管理费用”账户的是（　　）。

A. 管理不善造成的存货净损失　　B. 自然灾害造成的存货净损失

C. 应由保险公司赔偿的存货损失　　D. 应由过失人赔偿的存货损失

【答案】 A

【解析】 因自然灾害造成的存货净损失，记入“营业外支出”账户；应由保险公司或过失人赔偿的存货损失，款项尚未收到前，记入“其他应收款”账户。

【例题 3-18 · 单项选择题】 某增值税一般纳税人因暴雨毁损库存原材料一批，其成本为 200 万元，增值税税额为 26 万元；收回残料价值 8 万元，收到保险公司赔偿款 112 万元。假定不考虑其他因素，经批准企业确认该材料毁损净损失的会计分录是（　　）。

A. 借：营业外支出　　1 140 000
　　贷：待处理财产损溢　1 140 000

B. 借：管理费用　　1 140 000
　　贷：待处理财产损溢　1 140 000

C. 借：营业外支出　　800 000
　　贷：待处理财产损溢　800 000

D. 借：管理费用　　800 000
　　贷：待处理财产损溢　800 000

【答案】 C

【解析】 该材料毁损的净损失＝200－8－112＝80（万元）；因自然灾害造成的材料毁损的增值税进项税额不用转出，其毁损净损失应记入“营业外支出”账户。

自主测试

一、单项选择题

1. 某工业企业为增值税小规模纳税人，2×24 年 12 月 10 日购入材料一批，取得的增值税专用发票上注明的价款为 10 000 元，增值税额为 300 元。材料入库前的挑选整理费为 100 元，材料已验收入库。则该企业取得材料的入账价值应为（　　）元。

A. 11 300　　　　B. 10 400

C. 11 400　　　　D. 10 100

2. 琴岛有限责任公司为增值税一般纳税人，适用的增值税税率为13%，2×24年10月5日购入材料一批，增值税专用发票上注明的价款为25 000元，增值税额为3 250元，运输途中合理损耗3%，材料入库前的挑选整理费为600元，材料已验收入库。则该企业取得的该材料的入账价值为(　　)元。

A. 25 000　　　　B. 28 950

C. 29 250　　　　D. 25 600

3. 琴岛有限责任公司材料采用计划成本核算。月初结存材料计划成本为200万元，材料成本差异为节约10万元，当月购入材料一批，实际成本为125万元，计划成本为150万元，领用材料的计划成本为180万元，当月结存材料的实际成本为(　　)万元。

A. 153　　　　B. 162

C. 170　　　　D. 187

4. 琴岛有限责任公司采用先进先出法计算发出原材料的成本。2×24年9月1日，甲材料结存200千克，每千克实际成本为300元；9月7日，购入甲材料350千克，每千克实际成本为310元；9月21日，购入甲材料400千克，每千克实际成本为290元；9月28日，发出甲材料500千克。9月份甲材料发出成本为(　　)元。

A. 145 000　　　　B. 150 000

C. 153 000　　　　D. 155 000

5. 琴岛有限责任公司采用计划成本进行材料的日常核算。月初结存材料的计划成本为80万元，成本差异为超支20万元。当月购入材料一批，实际成本为110万元，计划成本为120万元。当月领用材料的计划成本为100万元，当月领用材料应负担的材料成本差异为(　　)万元。

A. 超支5　　　　B. 节约5

C. 超支15　　　　D. 节约15

6. 企业对随同商品出售而不单独计价的包装物进行会计处理时，该包装物的实际成本应结转到(　　)账户。

A. "制造费用"　　　　B. "销售费用"

C. "管理费用"　　　　D. "其他业务成本"

7. 企业出售原材料的成本，记入(　　)账户。

A. "销售费用"　　　　B. "其他业务成本"

C. "营业外成本"　　　　D. "管理费用"

8. 下列各项关于企业存货的表述中，不正确的是(　　)。

A. 存货应按照成本进行初始计量

B. 存货成本包括采购成本、加工成本和其他成本

C. 存货期末计价应按照成本与可变现净值孰高计量

D. 存货采用计划成本核算的，期末应将计划成本调整为实际成本

9. 某企业2×24年5月31日，乙存货的实际成本为100万元，可变现净值为90万元。假定乙存货月初"存货跌价准备"账户余额贷方为5万元，2×24年5月31日应计提的存货

跌价准备为(　　)万元。

A. -10　　　　B. 12

C. 10　　　　D. 5

10. 某企业采用月末一次加权平均法核算发出材料成本。6月1日结存乙材料200件，单位成本35元；6月10日购入乙材料400件，单位成本40元；6月20日购入乙材料400件，单位成本45元；当月发出乙材料600件。不考虑其他因素，该企业6月份发出乙材料的成本为(　　)元。

A. 24 600　　　　B. 25 000

C. 26 000　　　　D. 23 000

二、多项选择题

1. 下列各项中，应计入存货成本的有(　　)。

A. 商品流通企业在采购商品过程中发生的运输费

B. 非正常消耗的直接材料、直接人工和制造费用

C. 在生产过程中为达到下一个生产阶段所必需的仓储费用

D. 运输途中的合理损耗

2. 下列各项关于存货计量的相关表述中，正确的有(　　)。

A. 发出原材料可采用先进先出法计价

B. 材料采购过程中发生的保险费应计入材料成本

C. 资产负债表日原材料应当按照成本与可变现净值孰低计量

D. 外购库存商品应当按照实际成本计量

3. 某企业为增值税一般纳税人，委托其他单位加工应税消费品，该产品收回后继续加工成应税消费品，下列各项中，应计入委托加工物资成本的有(　　)。

A. 发出材料的成本　　　　B. 支付给受托方的加工费

C. 支付给受托方的增值税　　　　D. 受托方代收代缴的消费税

4. 下列各项中，企业可以采用发出存货成本计价方法的有(　　)。

A. 先进先出法　　　　B. 移动加权平均法

C. 个别计价法　　　　D. 成本与可变现净值孰低法

5. 盘亏的存货，记入"管理费用"账户的有(　　)。

A. 定额内的自然损耗　　　　B. 收发计量差错造成的净损失

C. 管理不善造成的净损失　　　　D. 自然灾害等非常原因造成的净损失

三、判断题

1. 在发票账单尚未收到，材料已经验收入库的情况下，期末按照暂估价先入账，等到发票账单收回后，按照差额入账即可。　　(　　)

2. 企业采用计划成本核算原材料，平时收到原材料时应按实际成本，借记"原材料"账户，领用或发出原材料时应按计划成本，贷记"原材料"账户，期末再将发出材料和期末材料调整为实际成本。　　(　　)

3. 先进先出法假设实物的流转顺序为先购入的存货先发出，采用这种方法的工作量

大，但可以随时结转存货发出成本，有利于企业日常存货的监管。（　　）

4. 委托加工的物资收回后用于连续生产的，应将受托方代收代缴的消费税计入委托加工物资的成本。（　　）

5. 企业为生产产品而购入的材料，属于存货；为建造固定资产而购入的材料，不属于存货。（　　）

四、计算及账务处理题

1. 琴岛有限责任公司为增值税一般纳税人，适用增值税税率为13%，存货按实际成本计价。该企业发生以下业务：

(1) 7月1日，从本地购入原材料一批，增值税专用发票注明的材料价款为50 000元，增值税额为6 500元，材料已验收入库，发票账单等结算凭证已收到，货款已通过银行支付。

(2) 7月15日，从外地采购原材料一批，材料已验收入库，但发票账单等结算凭证未到达。

(3) 7月31日，该批原材料结算凭证仍未到达，琴岛有限责任公司按该批材料估价40 000元入账。

(4) 8月1日，冲回暂估入库分录。

(5) 8月5日，根据合同规定，向供货商预付材料款60 000元。

(6) 预付款材料已运到并验收入库，收到发票账单等结算凭证，材料价款100 000元，增值税额13 000元。

(7) 8月6日，补付上述余款53 000元。

要求：根据上述材料购入业务，逐项编制会计分录。（应交税费需写出明细科目，单位：元）

2. 华美公司为增值税一般纳税人，材料按计划成本法核算。甲材料计划单位成本10元。该企业2×24年4月有关资料如下：

(1) “原材料”账户月初余额40 000元，“材料成本差异”账户月初贷方余额548元，“材料采购”账户月初借方余额10 600元（上述账户核算的均为甲材料）。

(2) 4月5日，上月已付款的甲材料1 000千克如数收到，已验收入库。

(3) 4月15日，从外地A公司购入甲材料6 000千克，增值税专用发票注明价款59 000元，增值税额7 670元，企业已用银行存款支付上述款项，材料尚未到达。

(4) 4月20日，从A公司购入的甲材料到达，验收入库时发现短缺40千克，属于定额内自然损耗。按实收数量验收入库。

(5) 4月30日，汇总本月发料凭证，本月共发出甲材料7 000千克，全部用于生产产品。

要求：(1) 编制相关会计分录。

(2) 计算本月材料成本差异率、本月发出材料应负担的成本差异及月末库存材料的实际成本。

3. 琴岛有限责任公司为增值税一般纳税人，2×24年12月31日，对存货进行期末清查，发生如下经济业务：

(1) 在财产清查中盘盈A材料1 000千克，重置成本为每千克60元，经查属于材料收发计量方面的错误。

(2) 因台风造成一批库存材料毁损，实际成本为 70 000 元，相关增值税专用发票上注明的增值税额为 9 100 元。根据保险责任范围及保险合同规定，应由保险公司赔偿50 000 元。

要求：分别编制上述不同情况下存货清查的会计分录。

第四章　金 融 资 产

学习目的与要求

通过本章学习，学生应掌握金融资产的分类，掌握交易性金融资产、债权投资和应收款项的核算，掌握应收款项减值的核算；熟悉其他金融工具投资的核算；理解金融资产的重分类和减值的核算；了解各类金融资产的概念及主要特征。

本章基本内容框架

- 金融资产概述
  - 金融资产的内容
  - 金融资产的分类
- 交易性金融资产
  - 交易性金融资产概述
  - 交易性金融资产的核算原则
  - 交易性金融资产相关的核算账户
  - 交易性金融资产的初始计量
  - 交易性金融资产的后续计量
  - 交易性金融资产的处置
  - 转让金融商品应交增值税
- 债权投资
  - 债权投资的核算原则
  - 债权投资相关的核算账户
  - 债权投资的主要核算账户
  - 债权投资的主要会计处理
- 应收款项
  - 应收款项概述
  - 应收账款
  - 应收票据
  - 预付账款
  - 其他应收款
- 其他金融工具投资
  - 其他债权投资
  - 其他权益工具投资
- 金融资产的重分类
  - 以公允价值计量且其变动计入当期损益的金融资产的重分类
  - 以摊余成本计量的金融资产的重分类
  - 以公允价值计量且其变动计入其他综合收益的金融资产的重分类
- 金融资产的减值
  - 金融资产减值的一般处理
  - 应收款项的减值

重点、难点讲解及典型例题

一、金融资产的分类

金融资产通常是指企业的库存现金、银行存款、应收账款、应收票据、其他应收款、股权投资、债权投资等。本章介绍的金融资产的分类如图 4-1 所示。

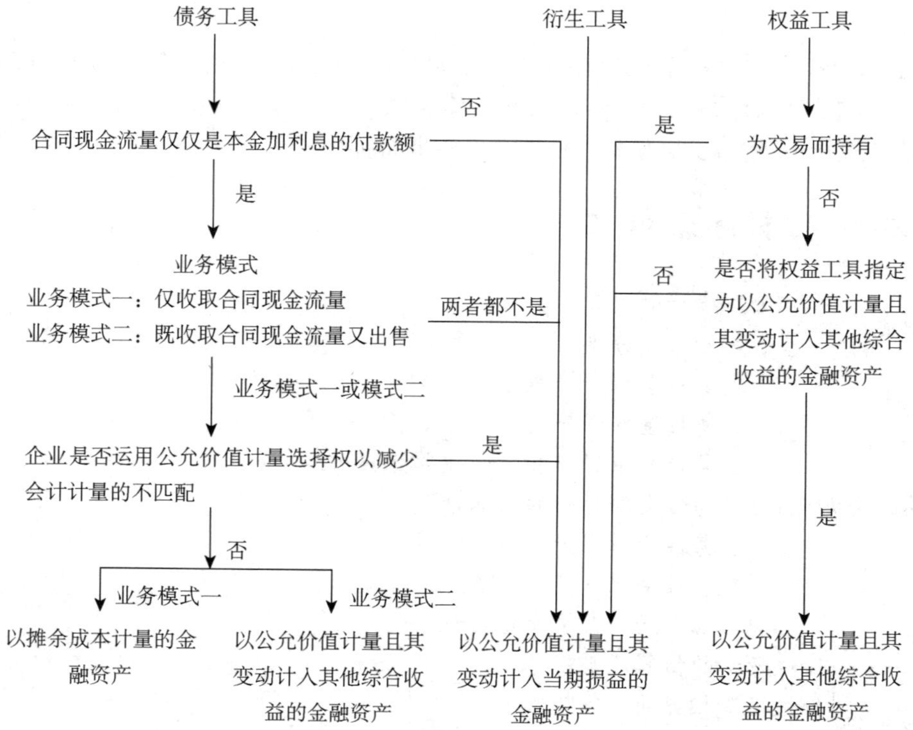

图 4-1　金融资产的分类示意图

二、交易性金融资产

1. 交易性金融资产相关的核算账户(见表 4-1)

表 4-1　交易性金融资产相关的核算账户

核算账户		账户性质	核算内容
交易性金融资产	交易性金融资产——××(成本)【明细分类账户】	资产类	核算交易性金融资产的取得成本
	交易性金融资产——××(公允价值变动)【明细分类账户】	资产类	核算交易性金融资产在持有期间的公允价值变动金额
应收股利		资产类	核算应收取的现金股利和应收取其他单位分配的利润
应收利息		资产类	核算分期付息债券在资产负债表日按照面值乘以票面利率计算确定的应收未收的利息

（续表）

核算账户	账户性质	核算内容
投资收益	损益类	核算金融资产持有期间取得的投资收益以及处置金融资产实现的损益
公允价值变动损益	损益类	核算交易性金融资产等的公允价值变动形成的应计入当期损益的利得和损失

2. 交易性金融资产的初始计量(见表4-2)

表4-2　交易性金融资产的初始计量

初始计量核算要点	分　录	备　注
(1) 按公允价值计量	借：交易性金融资产——××(成本) 　　投资收益 　　应交税费——应交增值税(进项税额) 　贷：其他货币资金——存出投资款等	【公允价值】 【交易费用】 【按交易费用可以抵扣的增值税进项税额】
(2) 相关交易费用记入当期损益“投资收益”账户(借方，冲减)		
(3) 价款中，如果包含已宣告但尚未发放的现金股利或已到付息期但尚未领取的债券利息，不构成交易性金融资产的初始入账金额，单独作为应收项目		
(4) 发生交易费用取得增值税专用发票的，按其注明的增值税进项税额，借记“应交税费——应交增值税(进项税额)”账户		

【例题4-1·单项选择题】　企业取得交易性金融资产时，支付的手续费，应当记入(　　)账户。

A. “财务费用”　　B. “投资收益”

C. “交易性金融资产”　　D. “管理费用”

【答案】　B

【解析】　相关的交易费用借记“投资收益”账户，即冲减投资收益。

【例题4-2·单项选择题】　琴岛有限责任公司从证券市场购入乙公司股票50 000股，划分为交易性金融资产。琴岛有限责任公司为此支付价款105万元，其中包含已宣告但尚未发放的现金股利1万元，另支付相关交易费用0.5万元，假定不考虑其他因素，琴岛有限责任公司该项投资的入账金额为(　　)万元。

A. 104　　B. 105.5　　C. 105　　D. 104.5

【答案】　A

【解析】　代垫股利和交易费用均不计入成本。

3. 交易性金融资产的后续计量(表4-3)

表4-3　交易性金融资产的后续计量

后续计量核算要点		分　录	备注
(1) 持有期间：确认投资收益	A. 被投资方宣告发放现金股利(股票)，确认投资收益	借：应收股利/应收利息 　贷：投资收益	
	B. 资产负债表日或付息日计算应收利息(债券)，确认投资收益		

（续表）

后续计量核算要点	分　录	备注
(2) 期末计量：资产负债表日按公允价值计量，其变动计入当期损益	借：交易性金融资产——××（公允价值变动） 　　贷：公允价值变动损益	【价值上升】
	借：公允价值变动损益 　　贷：交易性金融资产——××（公允价值变动）	【价值下跌】

【例题 4-3·单项选择题】 在资产负债表日企业计算确认所持有交易性金融资产的公允价值低于其账面余额的金额，应借记的会计账户是（　　）。

A. “营业外支出”　　B. “投资收益”

C. “公允价值变动损益”　　D. “其他业务成本”

【答案】 C

【解析】 交易性金融资产在持有期间公允价值的变动计入当期损益，账户为“公允价值变动损益”。

【例题 4-4·单项选择题】 交易性金融资产在持有期间，获得的现金股利收益，应（　　）。

A. 冲减财务费用　　B. 记入“投资收益”账户

C. 记入“其他业务收入”账户　　D. 记入“资本公积”账户

【答案】 B

【解析】 交易性金融资产在持有期间，获得的现金股利收益，应确认为投资收益，贷记“投资收益”账户。

4. 交易性金融资产的处置(表 4-4)

表 4-4　交易性金融资产的处置

处置核算要点	分　录	备　注
售价与账面价值(余额)的差记入“投资收益”账户，尚有未收回的现金股利或利息，贷记“应收股利/应收利息”账户	借：其他货币资金——存出投资款等 　　贷：交易性金融资产——××（成本） 　　　　　　　　　　——××（公允价值变动） 　　　投资收益 　　　应收股利/应收利息	【实收金额】 【可借】 【差，可借】

5. 转让金融商品应交增值税(表 4-5)

表 4-5　转让金融商品应交增值税

核算要点	分　录	备　注
(1) 产生转让收益	借：投资收益等 　　贷：应交税费——转让金融商品应交增值税	应交增值税＝（卖出价－买入价）÷1.06×6%
(2) 产生转让损失	借：应交税费——转让金融商品应交增值税 　　贷：投资收益等	

说明：转让金融商品出现的正差，按盈亏相抵后的余额，为销售额。若相抵后出现负差，可结转下一纳税期与下期转让金融商品销售额相抵。但年末时仍出现负差的（即“应交税费——转让金融商品应交增值税”年末借方出现余额），不得转入下一个会计年度。应编制

的会计分录如下：

借：投资收益等
　贷：应交税费——转让金融商品应交增值税

三、债权投资

1. 债权投资相关的核算账户（表 4-6）

表 4-6　债权投资相关的核算账户

核算账户		账户性质	核算内容
债权投资	债权投资——××（成本）【明细分类账户】	资产类	核算债权投资的面值
	债权投资——××（利息调整）【明细分类账户】	资产类	核算债权投资初始确认金额与其面值的差额，以及按照实际利率法分期摊销该差额后的摊余金额
	债权投资——××（应计利息）【明细分类账户】	资产类	核算到期一次还本付息债券在资产负债表日按照面值乘以票面利率计算确定的应收未收的利息
其他综合收益		所有者权益类	核算直接计入所有者权益的利得和损失

2. 债权投资的初始计量（表 4-7）

表 4-7　债权投资的初始计量

初始计量核算要点	分　录	备　注
（1）按公允价值加交易费用计量，其中，交易费用倒挤在“债权投资——利息调整”账户	借：债权投资——××（成本） 应收利息 债权投资——××（利息调整） 贷：其他货币资金——存出投资款等	【面值】 【代垫利息】 【差额，交易费用倒挤至此，可贷】
（2）实际支付的价款中，如果包含已到付息期但尚未领取的债券利息，应当单独确认为“应收利息”账户		

【例题 4-5 · 单项选择题】 2×24 年 1 月 1 日，琴岛有限责任公司购入乙公司于 2×23 年 1 月 1 日发行的面值为 1 800 万元、期限 5 年、票面利率 5%、每年 12 月 31 日付息的债券，并作为债权投资，实际支付价款 1 900 万元（包括债券利息 90 万元、交易费用 4 万元）。该债权投资的初始入账金额为（　　）万元。

A. 1 810　　B. 1 900
C. 1 814　　D. 1 800

【答案】 A

【解析】 债权投资初始入账金额＝1 900－90＝1 810（万元），交易费用倒挤到“债权投资——乙公司债券（利息调整）”明细账户，也构成其入账价值。其会计分录如下：

借：债权投资——乙公司债券（成本）　　18 000 000
　应收利息　　900 000
　债权投资——乙公司债券（利息调整）　　100 000
　贷：其他货币资金——存出投资款等　　19 000 000

通过以上分录，可得债权投资初始入账金额＝1 800＋10＝1 810（万元）。

3. 债权投资的后续计量(表4-8)

表4-8　债权投资的后续计量

原　则	分　录	备　注
确认投资收益,摊销利息调整 利息收入＝摊余成本×实际利率(记入"投资收益"账户) 应收利息＝面值×票面利率 利息收入与应收利息差额记入"债权投资——××(利息调整)"账户	A. 分期付息,到期还本债券 借:应收利息 　贷:投资收益 　　债权投资——××(利息调整)	【面值×票面利率】 【摊余成本×实际利率】 【差,可借】
	B. 到期一次还本付息债券 借:债权投资——××(应计利息) 　贷:投资收益 　　债权投资——××(利息调整)	【面值×票面利率】 【摊余成本×实际利率】 【差,可借】

4. 债权投资的处置(表4-9)

表4-9　债权投资的处置

处置核算要点	分　录	备　注
售价与账面价值的差记入"投资收益"账户	借:其他货币资金——存出投资款等 　债权投资减值准备 　贷:债权投资——××(成本) 　　　——××(利息调整) 　　　——××(应计利息)/应收利息 　　投资收益	 【可借】 【差,可借】

四、应收款项

1. 应收账款

商业折扣与现金折扣的区别如表4-10所示。

表4-10　商业折扣与现金折扣的区别

折扣形式	目　的	发生时间	处理方法
商业折扣	促销	一般在交易发生时	扣除商业折扣后的实际售价
现金折扣	鼓励债务人提前付款	赊销商品或提供劳务后	扣除极可能发生的可变对价的金额

【例题4-6·单项选择题】 琴岛有限责任公司为增值税一般纳税人,于2×24年9月6日赊销一批商品给B公司,满足收入确认的条件,价格为100 000元,给B公司的商业折扣为10%,问琴岛有限责任公司赊销时,确认的"应收账款"为(　　)元。

A. 113 000　　B. 101 700　　C. 100 000　　D. 90 000

【答案】 B

【解析】 商业折扣在交易发生时即已确定,在存在商业折扣的情况下,应收账款入账金额以扣除商业折扣以后的实际售价确定。本题应收账款＝100 000×(1－10%)×(1＋13%)＝101 700(元),会计分录如下:

借:应收账款——B公司　　101 700
　贷:主营业务收入[100 000×(1－10%)]　　90 000
　　应交税费——应交增值税(销项税额)　　11 700

2. 应收票据

应收票据的会计处理如表 4-11 所示。

表 4-11 应收票据的会计处理

<table>
<tr><th>情 形</th><th colspan="2">会计处理</th></tr>
<tr><td>（1）应收票据取得</td><td colspan="2">借：应收票据
　　贷：主营业务收入
　　　　应交税费——应交增值税（销项税额）
或
借：应收票据
　　贷：应收账款</td></tr>
<tr><td>（2）到期收回</td><td>① 不带息的应收票据收回
借：银行存款
　　贷：应收票据</td><td>② 带息的应收票据收回
借：银行存款
　　贷：应收票据　【面值＋已计提利息】
　　　　财务费用　【未计提利息】</td></tr>
<tr><td>（3）到期未收回</td><td colspan="2">借：应收账款
　　贷：应收票据</td></tr>
<tr><td>（4）票据贴现</td><td>① 不附追索权的票据贴现
借：银行存款　【到期价值－贴现息】
　　财务费用　【差额】
　　贷：应收票据　【面值＋已计提利息】</td><td>② 附追索权的票据贴现
借：银行存款　【到期价值－贴现息】
　　财务费用　【差额】
　　贷：短期借款　【到期价值】</td></tr>
<tr><td>（5）票据背书转让</td><td colspan="2">借：库存商品等
　　应交税费——应交增值税（进项税额）
　　贷：应收票据
　　　　银行存款　【差额，也可能在借方】</td></tr>
</table>

其中，应收票据的贴现：

贴现所得额（实收额）＝票据到期值－贴现息

票据到期值＝票据面值＋票据利息

贴现息＝票据到期值×贴现率×贴现期

票据贴现期＝票据期限－持票期限

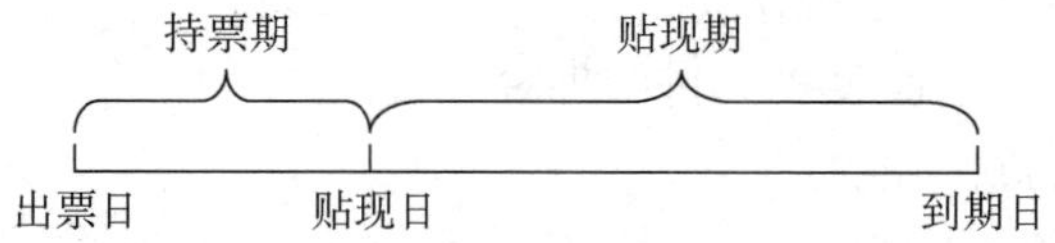

【例题 4-7 · 单项选择题】 企业将持有的不带息商业汇票向银行申请贴现，支付给银行的贴现息应记入（　　）账户。

A. “财务费用”　　B. “管理费用”

C. “投资收益”　　D. “营业外支出”

【答案】 A

【解析】 商业汇票的贴现息记入“财务费用”账户核算。

3. 预付账款

企业应当设置“预付账款”账户，核算预付账款的增减变动及其结存情况。预付账款方式购买材料物资的核算流程如图 4-2 所示。

预付款项	收到货物	多退少补
借：预付账款 　贷：银行存款	借：原材料等 应交税费——应交增值税（进项税额） 　贷：预付账款	（少补：支付补款） 借：预付账款 　贷：银行存款 （多退：收回退款） 借：银行存款 　贷：预付账款

图 4-2　预付账款方式购买材料物资的核算流程

预付款项情况不多的企业，可以不设置“预付账款”账户，而直接通过“应付账款”账户核算。无论采用哪个账户，核算的原则是自始至终均要采用该账户。

【例题 4-8·单项选择题】 企业未设置“预付账款”账户，发生预付货款业务时应借记的会计账户是（　　）。

A. “预收账款”　　B. “其他应付款”

C. “应收账款”　　D. “应付账款”

【答案】 D

【例题 4-9·判断题】 企业日常核算中不设置“预付账款”账户，期末编制资产负债表时不需要填列“预付款项”项目。（　　）

【答案】 ×

【解析】 预付账款情况不多的企业，可以不设置“预付账款”账户，而将预付的款项通过“应付账款”账户借方核算，期末“应付账款”明细账户借方余额需要填列在“预付款项”项目。

4. 其他应收款

其他应收款主要内容包括：

（1）应收的各种赔款、罚款。

（2）应收的出租包装物租金。

（3）应向职工收取的各种垫付款项。

（4）存出保证金，如租入包装物支付的押金。

（5）其他各种应收、暂付款项。

【例题 4-10·单项选择题】 下列各项中，属于“其他应收款”账户核算内容的是（　　）。

A. 为购货单位垫付的运费　　B. 应收的劳务款

C. 应收的销售商品款　　D. 为职工垫付的房租

【答案】 D

五、其他金融工具投资

1. 其他债权投资

（1）其他债权投资相关的核算账户（表 4-12）。

表 4-12　其他债权投资相关的核算账户

核算账户		账户性质	核算内容
其他债权投资	其他债权投资——××(成本)【明细分类账户】	资产类	核算其他债权投资的成本
	其他债权投资——××(利息调整)【明细分类账户】	资产类	核算其他债权投资初始确认金额与其面值的差额，以及按照实际利率法分期摊销该差额后的摊余金额
	其他债权投资——××(应计利息)【明细分类账户】	资产类	核算到期一次还本付息债券在资产负债表日按照面值乘以票面利率计算确定的应收未收的利息
其他综合收益		所有者权益类	核算企业直接计入所有者权益的利得和损失

(2) 其他债权投资的主要账务处理(表 4-13)。

表 4-13　其他债权投资的主要账务处理

	核算要点	分录	备注
初始计量	按公允价值加交易费用计量。其中，交易费用倒挤在“其他债权投资——××(利息调整)”账户	借：其他债权投资——××(成本) 应收利息 其他债权投资——××(利息调整) 贷：其他货币资金——存出投资款等	【面值】 【代垫利息】 【差额，交易费用倒挤至此，可贷】
后续计量	资产负债表日/付息日确认投资收益	借：其他债权投资——××(应计利息) 贷：投资收益 其他债权投资——××(利息调整)	【面值×票面利率，或“应收利息”账户】 【摊余成本×实际利率】 【差，可借】
处置	(1) 售价与账面价值的差记入“投资收益”账户，尚有未收回的利息，贷记“应收利息”账户	借：其他货币资金——存出投资款等 贷：其他债权投资——××(成本) ——××(利息调整) ——××(应计利息) 投资收益	【实收金额】 【可借】 【或“应收利息”】 【差，可借】
	(2) 将持有期间累计的“其他综合收益”转入“投资收益”	借：其他综合收益 贷：投资收益	或作相反分录

2. 其他权益工具投资

(1) 其他权益工具投资相关的核算账户(表 4-14)。

表 4-14　其他权益工具投资相关的核算账户

核算账户		账户性质	核算内容
其他权益工具投资	其他权益工具投资——××(成本)【明细分类账户】	资产类	核算其他权益工具投资的成本
	其他权益工具投资——××(公允价值变动)【明细分类账户】	资产类	核算其他权益工具投资在持有期间的公允价值变动金额

(2) 其他权益工具投资的账务处理(表 4-15)。

表 4-15　其他权益工具投资的账务处理

	核算要点	分录	备注
初始计量	按公允价值加交易费用计量	借：其他权益工具投资——××(成本) 　　应收股利 　贷：其他货币资金——存出投资款等	【公允价值+交易费用】
后续计量	持有期间取得的现金股利，应计入投资收益	借：应收股利 　贷：投资收益	
处置	(1) 售价与账面价值的差记入"投资收益"账户，尚有未收回的股利，贷记"应收股利"账户	借：其他货币资金——存出投资款等 　贷：其他权益工具投资——××(成本) 　　　——××(公允价值变动) 　　应收股利 　　投资收益	【实收金额】 【可借】 【差，可借】
	(2) 将持有期间累计的"其他综合收益"转入留存收益	借：其他综合收益 　贷：盈余公积 　　利润分配——未分配利润	【或作相反分录】

六、金融资产的重分类

金融资产的重分类如表 4-16 所示。

表 4-16　金融资产的重分类

	重分类对象	核算要点	分录
以公允价值计量且其变动计入当期损益的金融资产的重分类	以摊余成本计量的金融资产	应当以其在重分类日的公允价值作为新的账面余额	借：债权投资 　贷：交易性金融资产
	以公允价值计量且其变动计入其他综合收益的金融资产	应当继续以公允价值计量该金融资产	借：其他债权投资 　贷：交易性金融资产
以摊余成本计量的金融资产的重分类	以公允价值计量且其变动计入当期损益的金融资产	应当按照该资产在重分类日的公允价值进行计量；原账面价值与公允价值之间的差额计入当期损益	借：交易性金融资产 　　债权投资损失准备 　　公允价值变动损益　【差额，可贷】 　贷：债权投资
	以公允价值计量且其变动计入其他综合收益的金融资产	应当按照该金融资产在重分类日的公允价值进行计量；原账面价值与公允价值之间的差额计入其他综合收益	借：其他债权投资　【重分类日公允价值】 　　其他综合收益　【差额，可贷】 　贷：债权投资
以公允价值计量且其变动计入其他综合收益的金融资产的重分类	以摊余成本计量的金融资产	应将之前计入其他综合收益的累计利得或损失转出，调整该金融资产在重分类日的公允价值，并以调整后的金额作为新的账面价值，即视同该金融资产一直以摊余成本计量	① 调整重分类日公允价值 借：其他综合收益——其他债权投资公允价值变动 　贷：其他债权投资——公允价值变动 ② 重分类 借：债权投资 　贷：其他债权投资
	以公允价值计量且其变动计入当期损益的金融资产	应继续以公允价值计量该金融资产。同时，企业应当将之前计入其他综合收益的累计利得或损失从其他综合收益转入当期损益	借：交易性金融资产 　贷：其他债权投资 借：其他综合收益——其他债权投资公允价值变动 　贷：公允价值变动损益　【或相反】

七、金融资产的减值

1. 金融资产减值的一般处理(表 4-17)

表 4-17　金融资产减值的一般处理

情　　形		分　　录
金融资产减值准备的计提	如果该预期信用损失大于该工具(或组合)当前减值准备的账面金额	借：信用减值损失 　贷：债权投资减值准备 　　坏账准备 　　其他综合收益等
金融资产减值准备的转回	如果该预期信用损失小于该工具(或组合)当前减值准备的账面金额	借：债权投资减值准备 　坏账准备 　其他综合收益等 　贷：信用减值损失
金融资产减值准备的转销	企业实际发生信用损失，认定相关金融资产无法收回	借：债权投资减值准备 　坏账准备 　其他综合收益等 　贷：债权投资 　　应收账款 　　其他债权投资等 　　信用减值损失　**【差额】**

2. 应收款项的减值

企业应当在资产负债表日对应收款项的账面价值进行评估，应收款项发生减值的，应当将减记的金额确认为减值损失，同时计提坏账准备。我国《企业会计准则》规定只能采用备抵法核算应收款项的减值。

【例题 4-11 · 判断题】 企业在确定应收款项减值的核算方法时，应根据本企业实际情况，按照成本效益原则，在备抵法和直接转销法之间合理选择。（　　）

【答案】 ×

【解析】 我国《企业会计准则》规定确定应收款项的减值只能采用备抵法，不得采用直接转销法。

(1) 应收款项减值的账户设置。企业应当设置“坏账准备”账户，“坏账准备”账户属于资产类会计科目的备抵账户，坏账准备减少记借方，增加记贷方，期末余额在贷方。具体见图 4-3。

坏 账 准 备

① 冲回坏账准备 ② 实际发生坏账	① 计提坏账准备 ② 收回已确认的坏账
	企业已计提但尚未转销的坏账准备

图 4-3　“坏账准备”账户结构

(2) 当期应计提或者冲回的坏账准备金额的计算。备抵法下每个会计期末预计的坏账损失通常是根据资产负债表日应收款项余额的一定比例计算，具体分为应收款项余额百分比法和账龄分析法。

第一步，计算“坏账准备”账户期末余额：

$$\text{“坏账准备”账户的期末余额}=\text{“应收账款”等账户的期末余额}\times\text{坏账百分比}$$

第二步，计算“坏账准备”账户原有余额：

$$\text{“坏账准备”账户的原有余额}=\text{“坏账准备”账户的期初余额}-\text{本期发生的坏账}+\text{本期收回前期已确认的坏账}$$

第三步，计算当期应计提或冲回的坏账准备：

$$\text{当期应计提或者冲回的坏账准备}=\text{“坏账准备”账户的期末余额}-\text{“坏账准备”账户的原有余额}$$

(3) 应收款项减值的账务处理(表 4-18)。

表 4-18　应收款项减值的账务处理

情形	相关会计分录	对应收账款账面价值的影响
计提坏账准备	借：信用减值损失 　　贷：坏账准备	坏账准备增加，使应收账款的账面价值减少
冲减多计提的坏账准备	借：坏账准备 　　贷：信用减值损失	坏账准备减少，使应收账款的账面价值增加
实际发生坏账损失	借：坏账准备 　　贷：应收账款	坏账准备与应收账款同时减少，不影响应收账款的账面价值
已确认并转销的应收账款以后又收回	借：应收账款 　　贷：坏账准备 同时， 借：银行存款 　　贷：应收账款	第一笔分录借贷方同时影响应收账款的账面价值，相互抵销后不影响应收账款账面价值 第二笔分录贷方登记应收账款，使应收账款的账面价值减少 该项业务使应收账款账面价值减少

【例题 4-12·单项选择题】 某企业年初“坏账准备”账户贷方余额为 2 万元。当年将无法收到的应收账款 1 万元确认为坏账。年末经评估，确定“坏账准备”账户贷方应保留的余额为 3.5 万元，不考虑其他因素，该企业年末应计提的坏账准备为(　　)万元。

A. 2　　B. 2.5　　C. 1.5　　D. 3.5

【答案】 B

【解析】 确认坏账损失时，借记“坏账准备”账户，贷记“应收账款”账户，该企业年末应计提的坏账准备＝3.5－(2－1)＝2.5(万元)。

【例题 4-13·单项选择题】 下列各项中，引起应收账款账面价值发生增减变化的有(　　)。

A. 计提应收账款坏账准备　　B. 结转已到期未兑现的商业承兑汇票

C. 收回应收账款　　D. 收回已作为坏账转销的应收账款

【答案】 ABCD

【解析】 应收账款账面价值＝应收账款账面余额－坏账准备，选项 A，计提应收账款的坏账准备，借：信用减值损失，贷：坏账准备，减少应收账款的账面价值；选项 B，已到期未兑现的商业承兑汇票应转至应收账款，增加应收账款的账面价值；选项 C，收回应收账款，借：银行存款，贷：应收账款，减少应收账款的账面价值；选项 D，收回已转销的应收账款，借：应收账款，贷：坏账准备，同时，借：银行存款，贷：应收账款，减少应收账款的账面价值。

自主测试

一、单项选择题

1. 琴岛有限责任公司从证券市场购入乙公司股票 50 000 股，划分为交易性金融资产。琴岛有限责任公司为此支付价款 105 万元，其中包含已宣告但尚未发放的现金股利 1 万元，另支付相关交易费用 0.5 万元。假定不考虑其他因素，琴岛有限责任公司该项投资的入账金额为（　　）万元。

A. 104　　　　B. 105.5
C. 105　　　　D. 104.5

2. 琴岛有限责任公司于 2×24 年 2 月 20 日从证券市场购入 A 公司股票 50 000 股，划分为交易性金融资产，每股买价 8 元，另外支付印花税及佣金 4 000 元。A 公司于 2×24 年 4 月 10 日宣告发放现金股利，每股 0.30 元。琴岛有限责任公司于 2×24 年 5 月 20 日收到该现金股利 15 000 元并存入银行。至 12 月 31 日，该股票的市价为 450 000 元。琴岛有限责任公司 2×24 年对该项金融资产应确认的投资收益为（　　）元。

A. 15 000　　　　B. 11 000
C. 50 000　　　　D. 61 000

3. 琴岛有限责任公司于 2×24 年 2 月 3 日以每股 15 元的价格购入某上市公司股票 100 万股，划分为交易性金融资产，购买该股票支付手续费 20 万元。6 月 22 日，收到该上市公司按每股 1 元发放的现金股利。12 月 31 日，该股票的市价为每股 18 元。2×24 年 12 月 31 日，该交易性金融资产的账面价值为（　　）万元。

A. 1 500　　　　B. 575
C. 1 800　　　　D. 1 000

4. 2×24 年 12 月 10 日，琴岛有限责任公司购入乙公司股票 10 万股，将其划分为交易性金融资产，购买日支付价款 249 万元，另支付交易费用 0.6 万元，2×24 年 12 月 31 日，该股票的公允价值为 258 万元，不考虑其他因素，琴岛有限责任公司 2×24 年度利润表“公允价值变动收益”项目本期金额为（　　）万元。

A. 9　　　　B. 9.6
C. 0.6　　　　D. 8.4

5. 琴岛有限责任公司将其持有的交易性金融资产全部出售，售价为 3 000 万元；出售前该金融资产的账面价值为 2 800 万元（其中成本 2 500 万元，公允价值变动 300 万元）。假定不考虑增值税等其他因素，琴岛有限责任公司对该交易应确认的投资收益为（　　）万元。

A. 200　　　　B. −200
C. 500　　　　D. −500

6. 琴岛有限责任公司于 2×24 年 2 月 28 日购入 K 公司股票作为交易性金融资产核算，实际支付价款 1 238 万元，其中包括已宣告但尚未发放的现金股利 33 万元、手续费 5 万元；截至 2×24 年 6 月 30 日，该股票的市场价格为 1 100 万元，琴岛有限责任公司于 2×24 年 7 月 16 日将其出售，收取价款 1 080 万元，不考虑增值税因素，则琴岛有限责任公司处置该交易性金融资产对当月损益的影响金额是（　　）万元。

A. −20　　B. 70

C. 75　　D. 30

7. 下列关于金融资产的说法中，错误的是（　　）。

A. 金融资产包含从其他单位收取现金或其他金融资产的合同权利

B. 金融资产包含持有的其他方的权益工具

C. 将来须用或可用企业自身权益工具进行结算的非衍生工具合同，且企业根据该合同将收到可变数量的自身权益工具，属于金融资产

D. 预付账款属于金融资产

8. 琴岛有限责任公司销售商品一批，增值税专用发票上标明的价款为50万元，适用的增值税税率为13%，为购买方代垫运杂费为3万元，款项尚未收回。该企业确认的应收账款为（　　）万元。

A. 50　　B. 56.5

C. 53　　D. 59.5

9. 琴岛有限责任公司2×24年12月31日应收甲公司账款1 000万元，该账款预计的未来现金流量现值为960万元，此前已对该账款计提了15万元的坏账准备，则12月31日琴岛有限责任公司为该笔应收账款应计提的坏账准备为（　　）万元。

A. 1 000　　B. 40

C. 25　　D. 15

10. 琴岛有限责任公司2×24年年初应收账款余额为1 800万元，本期赊销款为200万元，当期收回应收账款500万元，琴岛有限责任公司按应收账款余额百分比法计提坏账准备，计提比例始终为2%，则2×24年年末应当计提的坏账准备金额为（　　）万元。

A. 6　　B. 30

C. −6　　D. −3

二、多项选择题

1. 下列各项关于交易性金融资产的会计处理表述中，正确的有（　　）。

A. 持有期间发生的公允价值变动计入公允价值变动损益

B. 持有期间被投资单位宣告发放的现金股利计入投资收益

C. 取得时支付的价款中包含的应收股利计入初始成本

D. 取得时支付的相关交易费用计入投资收益

2. 关于贷款和应收款项，下列说法中，正确的有（　　）。

A. 贷款和应收款项在活跃市场中没有报价

B. 贷款和应收款项在活跃市场中有报价

C. 贷款和应收款项应当以公允价值进行后续计量

D. 贷款和应收款项的回收金额固定或可确定

3. 下列各项关于交易性金融资产表述中，正确的有（　　）。

A. 取得交易性金融资产所发生的相关交易费用应当在发生时计入投资收益

B. 资产负债表日交易性金融资产公允价值与账面余额的差额计入当期损益

C. 收到交易性金额资产购买价款中已到付息期尚未领取的债券利息计入当期损益

D. 出售交易性金融资产时应将其公允价值与账面余额之间的差额确认为投资收益

4. 下列各项中，应计入资产负债表"其他应收款"项目的有（　　）。

A. 借入包装物支付的押金

B. 销售商品应收取的包装物租金

C. 应收经营租赁固定资产的租金

D. 无力支付到期的银行承兑汇票

5. 下列各项中，应通过"其他应收款"账户核算的有（　　）。

A. 应收保险公司的赔款　　B. 代购货单位垫付的运杂费

C. 应收出租包装物租金　　D. 应向职工收取的各种垫付款

6. 下列各项有关交易性金融资产的说法中，正确的有（　　）。

A. 交易性金融资产期末按照公允价值进行后续计量

B. 处置交易性金融资产时，取得的价款计入其他业务收入

C. 持有期间，被投资单位宣告发放的现金股利计入投资收益

D. 如果持有期间公允价值下降幅度较大，需要计提减值准备，记入"交易性金融资产——减值准备"

7. 下列各项中，会导致企业应收账款账面价值减少的有（　　）。

A. 转销无法收回备抵法核算的应收账款　　B. 收回应收账款

C. 计提应收账款坏账准备　　D. 收回已转销的应收账款

8. 下列选项中，可能通过"其他应收款"账户核算的有（　　）。

A. 应收的各种赔款、罚款　　B. 存入保证金

C. 备用金　　D. 应收的出租包装物租金

9. 2×24 年 9 月，琴岛有限责任公司收回已确认为坏账的应收账款 3 万元，则琴岛有限责任公司正确的账务处理为（　　）。

A. 借：信用减值损失　　30 000

　　贷：坏账准备　　30 000

B. 借：信用减值损失　　30 000

　　贷：应收账款　　30 000

C. 借：银行存款　　30 000

　　贷：应收账款　　30 000

D. 借：应收账款　　30 000

　　贷：坏账准备　　30 000

10. 对以公允价值计量且其变动计入其他综合收益的权益工具投资，下列项目中，错误的有（　　）。

A. 符合条件的股利收入应计入其他综合收益

B. 当该金融资产终止确认时，之前计入其他综合收益的累计利得或损失应当从其他综合收益中转出，计入留存收益

C. 当该金融资产终止确认时，之前计入其他综合收益的累计利得或损失应当从其他综合收益中转出，计入投资收益

D. 确认的预期损失准备计入当期损益

三、判断题

1. 交易性金融资产持有期间,投资单位收到投资前被投资单位已宣告但尚未发放的现金股利时,应确认投资收益。 ( )

2. 交易性金融资产主要是指企业为了近期内出售而持有的金融资产,主要包括股票、基金等,不包括债券投资。 ( )

3. 根据承兑人不同,“应收票据”账户核算的内容包括银行汇票和商业汇票。 ( )

4. 会计期末,如果交易性金融资产的成本高于市价,应该确认交易性金融资产减值损失。 ( )

5. 收回已转销的应收账款,不会影响应收账款的账面价值。 ( )

6. 确定应收款项减值有两种方法,即直接转销法和备抵法,我国《企业会计准则》规定确定应收款项的减值只能采用备抵法,不得采用直接转销法。 ( )

7. 我国会计制度规定,应收账款的入账金额应该扣除商业折扣。 ( )

8. 当债券票面利率高于金融市场利率时,可能导致债券溢价。 ( )

9. 企业购入的债权投资实际支付的价款中,相关税费直接计入当期损益,不计入债权投资成本。 ( )

10. 债券折价差额属于债券发行者给予债券投资者的利息补偿。 ( )

四、计算及账务处理题

1. 甲公司是上市公司,按半年对外提供财务报表。企业有关交易性金融资产投资资料如下:

(1) 2×24 年 10 月 3 日,从二级市场购入 N 公司股票 1 000 万股,划分为交易性金融资产,购买价款为 12.6 元/股,购入时 N 公司已宣告但尚未发放的现金股利为 0.3 元/股,甲公司另支付交易费用 4 万元。

(2) 2×24 年 10 月 15 日,甲公司收到了上述现金股利。

(3) 2×24 年 12 月 31 日,N 公司股票收盘价为 13.1 元/股。

(4) 2×25 年 4 月 18 日,N 公司宣告发放现金股利 0.5 元/股。

(5) 2×25 年 5 月 15 日,甲公司收到了上述股利。

(6) 2×25 年 6 月 30 日,N 公司股票收盘价为 11.5 元/股。

(7) 2×25 年 7 月 9 日,甲公司将上述股票全部出售,售价共计 13 144 万元(含税,税率为 6%)。

要求:编制相关业务的会计分录。

2. 2×23 年 12 月 31 日,丙公司对应收 A 公司的账款进行减值测试。应收账款余额合计为 100 000 元,丙公司根据 A 公司的资信情况确定按 10%计提坏账准备。

(1) 假定“坏账准备”原账户余额为 0,编制丙公司计提坏账准备的会计分录。

(2) 假设 2×24 年 6 月,丙公司对 A 公司的应收账款实际发生坏账损失 7 000 元,编制丙公司确认坏账损失的会计分录。

(3) 丙公司 2×24 年年末应收 A 公司的账款金额为 120 000 元,经减值测试,丙公司决定仍按10%计提坏账准备。

要求：编制丙公司计提坏账准备的会计分录。

3. 丁公司按备抵法进行坏账损失的核算，采用应收账款余额百分比法计提坏账准备，比例为3‰。2×23年年末，应收账款余额为900 000元。2×24年，债务人A公司遭受重大火灾，应收A公司销货款15 000元无法收回，确认为坏账损失。同年，债务人B公司破产，应收B公司销货款12 500元无法收回，确认为坏账损失。2×24年年末，应收账款余额为1 080 000元。2×25年，收到法院送来的B公司破产财产1 000元清偿欠款。当年无其他坏账损失，年末应收账款余额为1 600 000元。假设丁公司于2×23年首次计提坏账准备。

要求：试编制与丁公司坏账准备和坏账损失有关的会计分录。

4. 戊公司2×24年1月1日购入某企业当天发行的面值为100 000元、期限2年、到期一次还本付息、票面利率为6%的债券作为债权投资，支付价款104 000元，实际利率为3.775%。

要求：采用实际利率法分别编制戊公司购入债券、年末确认应计利息及利息调整摊销和到期收回本息的会计分录。

第五章　长期股权投资

学习目的与要求

通过本章学习，学生应掌握长期股权投资的定义与范围、企业合并形成的长期股权投资的初始计量、长期股权投资的成本法和权益法、长期股权投资的处置；了解非企业合并方式取得长期股权投资的初始计量、长期股权投资核算方法（成本法、权益法）的转换。

本章基本内容框架

- 长期股权投资概述
  - 长期股权投资的定义
  - 长期股权投资的范围
- 长期股权投资的初始计量
  - 长期股权投资的确认
  - 初始计量的核算
- 长期股权投资的后续计量
  - 成本法：对子公司的投资
  - 权益法
    - 对合营企业的投资
    - 对联营企业的投资
- 长期股权投资的转换
  - 成本法转换为权益法
  - 权益法转换为成本法
- 长期股权投资的处置
  - 长期股权投资处置损益的构成
  - 处置长期股权投资的会计处理

重点、难点讲解及典型例题

一、长期股权投资的范围

长期股权投资的范围如表 5-1 所示。

表 5-1　长期股权投资的范围

范围	注意问题
实施控制的权益性投资，即对子公司的投资	控制必须同时具备以下三项基本要素： (1) 拥有对被投资单位的权力 (2) 通过参与被投资单位的相关活动而享有可变回报 (3) 有能力运用对被投资单位的权力影响其回报金额

（续表）

范围	注意问题
实施共同控制的权益性投资，即对合营企业的投资	合营安排分为共同经营和合营企业。长期股权投资仅指合营安排享有共同控制的参与方（即合营方）对其合营企业的权益性投资，不包括对合营安排不享有共同控制的参与方的权益性投资，也不包括共同经营
具有重大影响的权益性投资，即对联营企业的投资	通过以下一种或几种情形来判断是否对被投资单位具有重大影响： （1）在被投资单位董事会或类似权力机构中派有代表 （2）参与被投资单位的政策制定过程，包括股利分配政策等的制定 （3）与被投资单位之间发生重要交易 （4）向被投资单位派出管理人员 （5）向被投资单位提供关键技术资料

除能够实施控制的权益性投资、具有重大影响的权益性投资和对合营企业的权益性投资外，企业持有的其他权益性投资，应当按照金融工具确认和计量准则的规定，在初始确认时，分类为以公允价值计量且其变动计入当期损益的金融资产，或指定为以公允价值计量且其变动计入其他综合收益的金融资产。

【例题 5-1 · 案例分析题】 甲公司于2×24年8月10日以自有资金8亿元参股乙公司并占乙公司增资后总股本的9%，为乙公司的第三大股东。乙公司第一、第二大股东的持股比例分别为15%和12%。甲公司与乙公司的其他股东之间不存在关联方关系，乙公司的其他股东之间也不存在关联方关系。根据乙公司的章程以及合资协议的规定，乙公司董事会共有9名董事，甲公司自投资之日起即有权力向乙公司委派1名董事（即随时有权要求委派）。由于投资恰逢年中，为保持经营的稳定性，且甲公司根据投资前对乙公司的尽职调查认为，乙公司现有董事管理经验丰富，具备决策独立性，可在法律许可的范围内参与乙公司经营决策，维护包括甲公司在内的股东的合法利益，因此甲公司2×24年未实际向乙公司委派董事，而是自2×25年3月10日起才开始正式向乙公司委派了1名董事。

要求：判断甲公司对乙公司是否具有重大影响。

【答案】 甲公司自投资日起即对乙公司具有重大影响。

【解析】 重大影响是指对投资企业对被投资单位的财务和经营政策有参与决策的权力。其判断的核心应当是投资企业是否具备参与并施加重大影响的权力，而投资企业是否正在实际行使该权力并不是判断的关键所在。该案例中，甲公司并未在初始投资时派出董事，2×25年3月10日才向乙公司实际派出董事，是出于“投资恰逢年中，保持经营的稳定性，且根据尽职调查认可了现有董事的胜任能力”的考虑，并非受阻于机制上的实质性障碍。因此，甲公司在2×25年3月10日前较为被动地参与决策的情况，并不改变或者削弱甲公司对乙公司具有重大影响的事实，甲公司自投资日起即对乙公司具有重大影响，应自投资日开始对该投资采用权益法进行核算。

二、长期股权投资的初始计量

长期股权投资初始确认和计量的原则如表5-2所示。

表 5-2 长期股权投资初始确认和计量的原则

项目	企业合并形成的长期股权投资(对子公司的投资)		企业合并以外形成的长期股权投资(对联营/合营企业投资)
	同一控制下企业合并	非同一控制下企业合并	
长期股权投资初始投资成本	按照取得的被合并方所有者权益在最终控制方合并财务报表中的账面价值的份额作为长期股权投资的初始投资成本	以支付对价的公允价值作为长期股权投资的初始投资成本	一般以支付对价的公允价值作为长期股权投资的初始投资成本
取得时的直接相关费用	计入当期损益(管理费用)		计入投资成本
实际支付的价款或其他对价中包含已宣告但尚未发放的现金股利或利润	作为应收股利单独入账,不构成长期股权投资的初始投资成本		

1. 同一控制下企业合并形成的长期股权投资

(1) 以支付现金、转让非现金资产或承担债务方式作为合并对价。

借:长期股权投资(被合并方所有者权益在最终控制方合并财务报表中的账面价值的份额)
　　贷:资产(投出资产账面价值)
　　　　负债(承担债务账面价值)
　　　　资本公积——资本溢价(或股本溢价) 【差额,可能在借方】
借:管理费用(审计、法律服务等相关费用)
　　贷:银行存款

(2) 合并方以发行权益性证券作为合并对价。

借:长期股权投资(被合并方所有者权益在最终控制方合并财务报表中的账面价值的份额)
　　贷:股本(权益性证券的面值)
　　　　资本公积——股本溢价 【差额,可能在借方】
借:管理费用(审计、法律服务等相关费用)
　　贷:银行存款

2. 非同一控制下企业合并形成的长期股权投资

形成非同一控制下的控股合并,作为对价投出的资产为非货币性资产时,投出资产公允价值与其账面价值的差额应分别以不同资产进行会计处理(与出售资产影响损益的会计处理相同):

(1) 投出资产为固定资产或无形资产,其差额计入资产处置损益。

(2) 投出资产为存货,按其公允价值确认主营业务收入或其他业务收入,按其账面价值结转主营业务成本或其他业务成本,若存货计提跌价准备的,应将存货跌价准备一并结转。

(3) 投出资产为金融资产的,投出资产的公允价值与其账面价值的差额,计入投资收益,原持有期间公允价值变动形成的其他综合收益应一并转入投资收益。

【例题 5-2 · 单项选择题】 2×24 年 1 月 1 日,甲公司以定向增发股票的方式购买同一集团内另一企业持有的 A 公司 60%的股权。为取得该股权,甲公司增发 2 000 万股普通股,每股面值为 1 元,每股公允价值为 3.5 元;另支付承销商佣金 50 万元。取得该股权时,A 公司所有者权益在最终控制方合并财务报表中的账面价值总额为 2 300 万元。取得投资后,甲公司能够对A公司实施控制。假定甲公司和A公司采用的会计政策、会计期间相同。不考虑其他因素，甲公司2×24年1月1日取得的长期股权投资初始投资成本为（　　）万元。

A. 2 000　　B. 7 000

C. 7 050　　D. 1 380

【答案】 D

【解析】 该合并为同一控制下的企业合并，合并日长期股权投资的初始投资成本=2 300×60%=1 380（万元）。

【例题5-3·单项选择题】 2×24年2月1日，甲公司自其母公司取得B公司100%股权并能够对B公司实施控制。取得该股权时，B公司所有者权益在母公司合并财务报表中的账面价值总额为9.2亿元。甲公司用于支付购买B公司股权的对价为其账面持有的一项土地使用权，成本为7亿元，已摊销1.5亿元，评估价值为10亿元，同时该项交易中，甲公司另支付现金5亿元。当日，甲公司账面所有者权益项目构成为：股本6亿元，资本公积3.6亿元，盈余公积2.4亿元，未分配利润8亿元。不考虑其他因素，甲公司2×24年2月1日取得股权投资时应调整资本公积（　　）亿元。

A. 冲减1.3　　B. 确认1.3

C. 冲减3.6　　D. 确认0

【答案】 A

【解析】 该合并为同一控制下的企业合并，合并日长期股权投资的初始投资成本为9.2亿元，付出资产的账面价值=7−1.5+5=10.5（亿元）。长期股权投资初始投资成本与付出资产账面价值的差额为−1.3亿元（9.2−10.5），应冲减资本公积1.3亿元（甲公司账面中资本公积3.6亿元，足够冲减）。

【例题5-4·单项选择题】 甲公司和A公司为两个独立的法人企业，合并之前不存在任何关联方关系。2×24年1月15日，甲公司和A公司达成合并协议，约定甲公司以库存商品、机器设备和银行存款作为合并对价，取得A公司70%的股权。甲公司付出的库存商品账面价值900万元，未计提存货跌价准备，不含增值税的公允价值为1 000万元，增值税销项税额130万元；机器设备的账面原价为2 000万元，已计提折旧1 400万元，未计提减值准备，公允价值为500万元；付出银行存款的金额为1 500万元。2×24年2月1日，甲公司实际取得对A公司的控制权。在与A公司的合并中，甲公司以银行存款支付审计费用、评估费用、法律服务费用等共计70万元。不考虑其他因素，甲公司2×24年2月1日取得的长期股权投资初始投资成本为（　　）万元。

A. 3 030　　B. 3 130

C. 3 230　　D. 3 200

【答案】 B

【解析】 该合并为非同一控制下的企业合并，购买日长期股权投资的初始投资成本=1 000+130+500+1 500=3 130（万元）。合并中支付审计费用、评估费用、法律服务费用等共计70万元，计入当期损益（管理费用）。

【例题5-5·单项选择题】 2×24年5月1日，甲公司以一项以公允价值计量且其变动计入其他综合收益的债权性金融资产向A公司投资（甲公司和A公司不属于同一控制下的两个公司），取得A公司70%的有表决权股份，能够控制其生产经营决策。购买日，该金融资产的账面价值为3 000万元(其中成本为3 200万元,公允价值变动为−200万元),公允价值为3 600万元。不考虑其他相关税费,甲公司2×24年5月1日应确认的投资收益的金额为(　　)万元。

A. 500　　B. 600

C. 400　　D. 700

【答案】 C

【解析】 该合并为非同一控制下的企业合并,购买日长期股权投资的初始投资成本3 600万元。该金融资产的公允价值与其账面价值的差额600万元(3 600−3 000),计入投资收益,原持有期间公允价值变动形成的其他综合收益−200万元应一并转入投资收益,所以投资收益的金额=600−200=400(万元)。

三、长期股权投资的后续计量

长期股权投资的核算方法如表5-3所示。

表5-3　长期股权投资的核算方法

范围	核算方法
对子公司的投资	成本法
对合营企业和联营企业的投资	权益法

1. 成市法的核算

(1)“长期股权投资”账户反映取得时的成本。

(2)被投资单位宣告发放现金股利:

借:应收股利(享有被投资单位宣告发放的现金股利或利润)
　　贷:投资收益

2. 权益法的核算

(1)账户设置。

长期股权投资——投资成本(投资时点)
　　　　　　——损益调整(持有期间被投资单位净损益及利润分配变动)
　　　　　　——其他综合收益(投资后其他综合收益变动)
　　　　　　——其他权益变动(投资后其他权益变动)

(2)初始投资成本的调整。

① 长期股权投资的初始投资成本大于投资时,应享有被投资单位可辨认净资产公允价值份额不调整长期股权投资的初始投资成本。

② 长期股权投资的初始投资成本小于投资时,应享有被投资单位可辨认净资产公允价值份额。

借:长期股权投资——投资成本
　　贷:营业外收入

(3)投资损益的确认。投资企业取得长期股权投资后,应当按照应享有或应分担的被投资单位实现的净损益的份额,确认投资损益并调整长期股权投资的账面价值。

① 被投资单位实现净利润。

借：长期股权投资——损益调整
　　贷：投资收益

② 被投资单位发生净亏损。

借：投资收益
　　贷：长期股权投资——损益调整

采用权益法核算的长期股权投资，在确认应享有或应分担被投资单位的净利润或净亏损时，在被投资单位账面净利润的基础上，应考虑以下因素的影响进行适当调整：

① 被投资单位采用的会计政策及会计期间与投资企业不一致的，应按投资企业的会计政策及会计期间对被投资单位的财务报表进行调整。

② 以取得投资时被投资单位固定资产、无形资产的公允价值为基础计提的折旧额、摊销额，以及以取得投资时的公允价值为基础计算确定的资产减值准备金额与被投资单位以账面价值为基础计提的折旧额、摊销额，以及以账面价值为基础计算确定的资产减值准备金额之间存在差额的。

③ 投资企业与联营企业及合营企业之间进行商品交易形成的未实现内部交易损益，按照持股比例计算的归属于投资企业的部分，应当予以调整抵销。

根据相关资产公允价值与账面价值差额及内部交易调整净利润的计算方法如表 5-4 所示。

表 5-4　调整当期损益

项目	投资时点被投资单位资产公允价值与账面价值差额对当期损益的影响	内部交易对当期损益的影响
存货	调整后的净利润＝被投资单位当期实现净利润－(投资时点存货公允价值－存货账面价值)×当期出售比例	① 交易发生当期 调整后的净利润＝被投资单位当期实现净利润－(存货内部交易售价－存货账面价值)×(1－当期出售比例)
		② 后续期间 调整后的净利润＝被投资单位当期实现净利润＋(存货内部交易售价－存货账面价值)×当期出售比例(即上期尚未出售部分，在本期出售)
固定资产(无形资产)以年限平均法(直线法)为例	调整后的净利润＝被投资单位当期实现净利润－(资产公允价值÷尚可使用年限－资产原价÷预计使用年限)×(当期折旧、摊销月数÷12) 或： 调整后的净利润＝被投资单位当期实现净利润－(资产公允价值－资产账面价值)÷尚可使用年限×(当期折旧、摊销月数÷12)	① 交易发生当期 调整后的净利润＝被投资单位当期实现净利润－(资产售价－资产账面价值)＋(资产售价－资产账面价值)÷预计尚可使用年限×(当期折旧、摊销月数÷12)
		② 后续期间 调整后的净利润＝被投资单位当期实现净利润＋(资产售价－资产账面价值)÷预计尚可使用年限×(当期折旧、摊销月数÷12) 【提示】与固定资产(无形资产)相关的未实现内部交易损益的金额是通过在以后期间计提折旧予以实现的，所以在内部交易的以后期间该项资产的公允价值与账面价值的差额对应的折旧(或摊销)的金额应调整增加后续期间的净利润

(4) 被投资单位宣告分配现金股利或利润的处理。

借：应收股利

　　贷：长期股权投资——损益调整

借：银行存款

　　贷：应收股利

（5）超额亏损的确认。

在确认应分担被投资单位发生的净亏损时，应按以下顺序进行调整：

冲减 ↓　① 冲减长期股权投资账面价值　↑ 恢复

　　　　② 冲减长期应收款

　　　　③ 确认预计负债

　　　　④ 备查

（6）其他综合收益的确认。

被投资单位其他综合收益发生变动的，投资企业应当按照归属于本企业的部分，相应调整长期股权投资的账面价值，同时增加或减少其他综合收益。

借：长期股权投资——其他综合收益

　　贷：其他综合收益

或作相反会计分录。

（7）其他权益变动的确认。

投资企业对于被投资单位除净损益、其他综合收益以及利润分配以外所有者权益的其他变动，投资企业对于按照持股比例计算的应享有或应分担的被投资单位其他权益变动份额，应调整长期股权投资的账面价值，同时计入资本公积（其他资本公积）。

借：长期股权投资——其他权益变动

　　贷：资本公积——其他资本公积

或作相反会计分录。

【例题 5-6 · 多项选择题】 甲公司 2×24 年 1 月 2 日取得乙公司 30% 的股权，并与其他投资企业共同控制乙公司，甲公司、乙公司 2×24 年发生的下列交易或事项中，会对甲公司 2×24 年个别财务报表中确认对乙公司投资收益产生影响的有（　　）。

A. 甲公司将成本为 50 万元的产品以 80 万元出售给乙公司作为固定资产

B. 乙公司股东大会通过发放股票股利的议案

C. 乙公司将账面价值 200 万元的专利权作价 360 万元出售给甲公司作为无形资产

D. 投资时甲公司投资成本小于应享有乙公司可辨认净资产公允价值

【答案】 AC

【解析】 选项 B，甲公司不做会计处理；选项 A 和选项 C，属于内部交易，会影响调整后的净利润，因此会影响投资收益；选项 D，确认营业外收入，不影响投资收益。

【例题 5-7 · 单项选择题】 甲公司持有乙公司 30% 的股权，能够对乙公司施加重大影响。2×24 年度，乙公司实现净利润 8 000 万元，当年 6 月 20 日，甲公司将成本为 600 万元的商品以 1 000 万元的价格出售给乙公司，乙公司将其作为管理用固定资产并于当月投入使用，预计使用 10 年，净残值为零，采用年限平均法计提折旧。不考虑其他因素，甲公司在其2×24年度的个别财务报表中应确认对乙公司投资的投资收益为（　　）万元。

A. 2 100　　B. 2 280　　C. 2 286　　D. 2 400

【答案】 C

【解析】 甲公司在其2×24年度的个别财务报表中应确认对乙公司投资的投资收益=[8 000-(1 000-600)+(1 000-600)÷10×6÷12]×30%=2 286(万元)。

【例题5-8·单项选择题】 甲公司于2×24年1月1日取得乙公司40%的股权,实际支付价款为3 500万元,投资时乙公司可辨认净资产公允价值为8 000万元(各项可辨认资产、负债的公允价值与账面价值相同)。甲公司能够对乙公司施加重大影响。乙公司2×24年度实现净利润800万元,其中包括因向甲公司借款而计入当期损益的利息费用80万元。2×24年度,甲公司对乙公司长期股权投资应确认的投资收益是(　　)万元。

A. 240　　B. 288　　C. 320　　D. 352

【答案】 C

【解析】 2×24年度,甲公司对乙公司长期股权投资应确认投资收益=800×40%=320(万元),无需根据甲、乙公司之间借款形成的利息费用对投资收益进行调整。

四、长期股权投资的转换

长期股权投资转换的两种情形如表5-5所示。

表5-5　长期股权投资转换的两种情形

转换形式	个别报表
权益法转换为成本法	保持原投资的账面价值
成本法转换为权益法	剩余投资追溯调整到权益法账面价值

1. 成本法转换为权益法

关键点:剩余持股比例部分应视同取得投资时点即采用权益法核算,即对剩余持股比例投资追溯调整,将其调整到权益法核算的结果。

(1) 处置部分。

借:银行存款
　　贷:长期股权投资
　　　　投资收益(差额)

(2) 剩余部分追溯调整。

① 投资时点商誉的追溯。剩余的长期股权投资初始投资成本大于按照剩余持股比例计算原投资时,应享有被投资单位可辨认净资产公允价值份额的,属于投资作价中体现的商誉部分,不调整长期股权投资的账面价值;属于初始投资成本小于原投资时,应享有被投资单位可辨认净资产公允价值份额的,在调整长期股权投资成本的同时,应调整留存收益。

② 投资后的追溯调整。

借:长期股权投资
　　贷:留存收益(盈余公积、利润分配——未分配利润)(原投资时至处置投资当期期初被投资单位净损益变动×剩余持股比例)
　　　　投资收益(处置投资当期期初至处置日被投资单位的净损益变动×剩余持股比例)
　　　　其他综合收益(被投资单位其他综合收益变动×剩余持股比例)
　　　　资本公积——其他资本公积(其他原因导致被投资单位其他所有者权益变动×剩余持股比例)

2. 权益法转换为成本法

（1）同一控制下企业合并的，追加投资日长期股权投资初始投资成本为取得的被合并方所有者权益在最终控制方合并财务报表中的账面价值份额。

（2）非同一控制下企业合并的，追加投资日长期股权投资初始投资成本＝原投资账面价值＋新增投资成本。

【例题 5-9 · 单项选择题】 2×24 年 1 月 1 日，甲公司支付 800 万元取得乙公司 100%的股权。购买日乙公司可辨认净资产的公允价值为 600 万元。2×24 年 1 月 1 日至 2×24 年 12 月31 日，乙公司以购买日可辨认净资产公允价值为基础计算实现的净利润为 50 万元（未分配现金股利），持有以公允价值计量且其变动计入其他综合收益的金融资产（债务工具）的公允价值上升 20 万元。除上述外，乙公司无其他影响所有者权益变动的事项。2×25 年1 月 1 日，甲公司转让所持有乙公司 70%的股权，取得转让款项 700 万元；甲公司持有乙公司剩余 30%股权的公允价值为 300 万元。转让后，甲公司能够对乙公司施加重大影响。假定甲公司和乙公司提取盈余公积的比例均为 10%，不考虑其他因素。转让后甲公司剩余长期股权投资的账面价值为（　　）万元。

A. 300　　B. 240

C. 255　　D. 261

【答案】 D

【解析】 剩余长期股权投资的账面价值＝（800＋50＋20）×30%＝261（万元），相关会计分录如下：

借：长期股权投资——投资成本	2 400 000	
贷：长期股权投资		2 400 000
借：长期股权投资——损益调整	150 000	
贷：盈余公积		15 000
利润分配——未分配利润		135 000
借：长期股权投资——其他综合收益	60 000	
贷：其他综合收益		60 000

【例题 5-10 · 单项选择题】 2×24 年 1 月 1 日，甲公司支付 150 元取得乙公司 20%的股权。取得这部分股权投资后，甲公司对乙公司具有重大影响，当日乙公司的所有者权益账面价值与可辨认净资产公允价值均为 800 万元。乙公司 2×24 年实现净利润 50 万元；除上述外，乙公司无其他影响所有者权益变动的事项。2×25 年 2 月 8 日，甲公司又以银行存款 600 万元取得乙公司 60%的股权，相关手续于当日办理完成，取得这部分股权后，甲公司能够对乙公司实施控制。当日，乙公司可辨认净资产公允价值总额为 1 000 万元。甲公司原持有的乙公司 20%的股权投资在增资日的公允价值为 200 万元。在此之前，甲公司与乙公司不受同一方或相同多方控制。则追加投资日甲公司长期股权投资初始投资成本为（　　）万元。

A. 760　　B. 770

C. 800　　D. 750

【答案】 B

【解析】 追加投资日甲公司原投资账面价值＝150＋（800×20%－150）＋50×20%＝

170(万元),新增投资成本为600万元,则追加投资日甲公司长期股权投资初始投资成本=170+600=770(万元)。相关会计分录如下:

借:长期股权投资——投资成本	1 600 000	
贷:银行存款		1 500 000
营业外收入		100 000
借:长期股权投资——损益调整	10 000	
贷:投资收益		10 000
借:长期股权投资	7 700 000	
贷:长期股权投资——投资成本		1 600 000
——损益调整		100 000
银行存款		6 000 000

五、长期股权投资的处置

1. 长期股权投资的处置损益

长期股权投资的处置损益是指取得的处置收入扣除长期股权投资的账面价值和已确认但尚未收到的现金股利之后的差额。

2. 处置长期股权投资的会计分录

(1) 确认处置损益。

借:银行存款	【实际收到的价款】
长期股权投资减值准备	
贷:长期股权投资	【账面余额】
投资收益	【差额,可能在借方】

(2) 将原计入其他综合收益或资本公积的部分按比例转入当期损益。

借:其他综合收益	【按处置的比例结转,可能在贷方】
贷:投资收益	
借:资本公积	【按处置的比例结转,可能在贷方】
贷:投资收益	

【例题5-11·单项选择题】 甲企业原持有乙企业40%的股权,2×24年12月20日,甲企业决定出售10%的乙企业股权,出售时甲企业账面上对乙企业长期股权投资的构成为:投资成本1 800万元,损益调整480万元,可转入损益的其他综合收益100万元,其他权益变动200万元。出售取得价款750万元。则甲企业处置该股权应确认的投资收益的金额为(　　)万元。

A. 105　　　　B. 130

C. 155　　　　D. 180

【答案】 D

【解析】 处置的投资收益=750-(1 800+480+100+200)÷40%×10%=105(万元),原计入其他综合收益和资本公积的部分按比例转入的投资收益=(100+200)÷40%×10%=75(万元),所以应确认的投资收益=105+75=180(万元)。

自主测试

一、单项选择题

1. 同一控制下企业合并取得的长期股权投资，初始投资成本是指（　　）。

A. 支付合并对价的账面价值加直接合并费用

B. 支付合并对价的账面价值

C. 支付合并对价的公允价值

D. 占被合并方所有者权益账面价值的份额

2. 非同一控制下企业合并取得的长期股权投资，初始投资成本应当是（　　）。

A. 支付合并对价的账面价值

B. 支付合并对价的公允价值

C. 支付合并对价的账面价值加直接合并费用

D. 支付合并对价的公允价值加直接合并费用

3. 非同一控制下企业合并形成的长期股权投资，初始投资成本小于投资时应享有被投资单位可辨认净资产公允价值份额的差额，应当（　　）。

A. 记入"营业外收入"账户　　B. 记入"投资收益"账户

C. 记入"公允价值变动损益"账户　　D. 不作会计处理

4. 合并方或购买方为进行企业合并而发生的各项直接相关费用，如审计费用、评估费用、法律服务费用等，应当于发生时（　　）账户。

A. 记入"投资收益"　　B. 记入"管理费用"

C. 冲减"资本公积"　　D. 记入"初始投资成本"

5. 在下列情况下持有的长期股权投资中，应当采用成本法核算的是（　　）的长期股权投资。

A. 具有共同控制或重大影响　　B. 具有控制或共同控制

C. 具有控制或重大影响　　D. 具有控制

6. A公司和B公司为同一母公司所控制的两个子公司，A公司和B公司达成合并协议，约定A公司以固定资产作为合并对价，取得B公司80%的股权，合并日为2×24年3月1日。合并日，A公司报出固定资产的账面原价为4 500万元，已计提折旧1 050万元，已提取减值准备300万元，公允价值为3 000万元，在A公司和B公司的合并中，A公司支付审计费用、评估费用、法律服务费用等共计60万元。合并日，B公司所有者权益的账面价值为3 600万元，A公司该项长期股权投资的初始成本为（　　）万元。

A. 2 880　　B. 3 000　　C. 3 060　　D. 3 150

7. 2×24年1月，A公司取得B公司65%的股权，采用成本法核算，B公司于2×24年3月宣告派发2×23年度现金股利，A公司对该现金股利的会计处理是（　　）。

A. 冲减财务费用　　B. 作为投资收益

C. 作为资本公积　　D. 冲减投资成本长期股权投资

8. 长期股权投资采用成本法核算，如果被投资单位发生亏损且未分配股利，投资企业应当（　　）。

A. 冲减投资成本
B. 作为投资收益
C. 作为资本公积
D. 不作会计处理

9. 长期股权投资采用成本法核算时,以下不会影响投资企业利润表的事项是( )。

A. 被投资单位分派现金股利
B. 被投资单位分派股票股利
C. 长期股权投资发生减值
D. 部分处置长期股权投资

10. 长期股权投资采用权益法核算,如果初始投资成本小于取得投资时应享有被投资单位可辨认净资产公允价值的份额,则其差额应当调整长期股权投资的初始投资成本,同时记入( )账户。

A. "其他综合收益"
B. "投资收益"
C. "资本公积"
D. "营业外收入"

11. 长期股权投资采用权益法核算,在确认应负担的被投资单位亏损额时,长期股权投资的账面价值不足以冲减的,应当( )。

A. 继续冲减其他长期权益账面价值
B. 全部作为资产减值损失
C. 冲减资本公积
D. 计入营业外支出

12. A公司以银行存款6 000万元(其中包括20万元的直接相关费用),取得B公司20%有表决权股份,能够对B公司施加重大影响,采用权益法核算。投资时,B公司可辨认净资产公允价值为24 000万元,A公司在初始投资成本的基础上,应( )。

A. 调增投资成本1 200万元
B. 调减投资成本1 200万元
C. 调减投资成本1 180万元
D. 不调整投资成本

13. 2×24年5月1日,A公司购入B公司股票3 000万股,实际支付购买价款7 200万元(包括支付的手续费、佣金等直接相关的费用20万元),该股份占B公司普通股股份的20%,能够对B公司施加重大影响,A公司采用权益法核算。购买当日,B公司可辨认净资产公允价值为40 000万元,A公司确定的该项长期股权投资成本为( )万元。

A. 7 180
B. 7 200
C. 7 980
D. 8 000

二、多项选择题

1. 关于企业合并发生的审计费用、评估费用、法律服务费用等直接相关费用的处理,下列说法中,正确的有( )。

A. 同一控制下的企业合并计入投资成本
B. 同一控制下的企业合并计入管理费用
C. 非同一控制下的企业合并计入投资成本
D. 非同一控制下的企业合并计入管理费用

2. 企业持有的下列权益性投资中,应划分为长期股权投资的有( )。

A. 具有控制的权益性投资
B. 具有共同控制的权益性投资
C. 具有重大影响的权益性投资
D. 公允价值不能可靠计量的其他权益性投资

3. 下列关于同一控制下企业合并形成的长期股权投资会计处理表述中,正确的有（　　）。

A. 合并方发生的评估咨询费用，应计入当期损益

B. 合并成本与合并对价账面价值之间的差额，应计入其他综合收益

C. 与发行权益工具作为合并对价直接相关的交易费用，应计入当期损益

D. 发行债券支付的手续费、佣金等，应当计入所发行债券的初始确认金额

4. 下列各项中，应计入长期股权投资成本的有（　　）。

A. 同一控制下控股合并发生的相关交易费用

B. 非同一控制下控股合并发生的相关交易费用

C. 对合营企业投资发生的相关交易费用

D. 对联营企业投资发生的相关交易费用

5. 下列各项中，应采用权益法进行核算的有（　　）。

A. 同一控制下控股合并的长期股权投资

B. 非同一控制下控股合并的长期股权投资

C. 对合营企业的长期股权投资

D. 对联营企业的长期股权投资

6. 长期股权投资采用成本法核算，下列各项中，不会导致调整长期股权投资账面价值的有（　　）。

A. 被投资单位派发现金股利　　B. 被投资单位取得利润

C. 被投资单位发生亏损　　D. 投资发生减值

7. 长期股权投资采用权益法核算，下列属于“长期股权投资”账户下设置的明细账户的有（　　）。

A.“公允价值变动”　　B.“损益调整”

C.“其他权益变动”　　D.“其他综合收益”

三、判断题

1. 投资企业对被投资单位不具有控制、共同控制或重大影响的权益性投资，均应当划分为长期股权投资。（　　）

2. 同一控制下企业合并形成的长期股权投资，初始投资成本取决于合并方作为合并对价付出资产的账面价值。（　　）

3. 企业购入股票所支付的价款中，如果包含已宣告但尚未领取的现金股利，应计入长期股权投资的初始投资成本。（　　）

4. 投资企业为进行企业合并而发生的各项直接相关费用，如审计费用、评估费用、法律服务费用等，同一控制下的企业合并应计入发生当期管理费用，非同一控制下的企业合并应计入合并成本。（　　）

5. 非同一控制下的企业合并，购买方应当在购买日按照取得的被购买方可辨认净资产公允价值的份额作为长期股权投资的初始投资成本。（　　）

6. 企业采用权益法核算长期股权投资的，在确认投资收益时，不需考虑顺流交易产生的未实现内部交易对利润的影响。（　　）

7. 企业以发行权益性证券的方式取得的长期股权投资，应当按照所发行权益性证券的

公允价值作为初始投资成本。（　）

8. 长期股权投资采用成本法核算时，一定要按在被投资单位实现的净利润中投资企业应当享有的份额确认投资收益。（　）

9. 控股合并中，不论是同一控制下的控股合并还是非同一控制下的控股合并，长期股权投资入账价值的计量方法都是相同的。（　）

10. 长期股权投资采用权益法核算，确认被投资单位亏损时，应冲减"损益调整"明细账户，不冲减其他明细科目。（　）

四、计算及账务处理题

1. 2×24 年 1 月 20 日，A 公司以银行存款 1 000 万元及一项土地使用权作为对价自其母公司处取得 B 公司 80%的股权，并于当日起能够对 B 公司实施控制。合并日，A 公司付出的土地使用权的原价为 3 200 万元，已累计摊销 200 万元，公允价值为 4 000 万元。B 公司所有者权益在最终控制方合并财务报表中的账面价值为 6 000 万元。假定不考虑相关增值税因素。

要求：

(1) 根据上述资料，编制 A 公司的相关会计分录。

(2) 假定该项企业合并属于非同一控制下的企业合并，编制 A 公司的相关会计分录。

2. 2×24 年 9 月 1 日，A 公司以银行存款 1 980 万元取得 B 公司普通股股票 1 280 万股作为长期股权投资，占 B 公司普通股股份的 25%，能够对 B 公司施加重大影响，A 公司采用权益法核算。

要求：根据下列不同假定情况，编制 A 公司取得长期股权投资的会计分录。

(1) 假定投资时，B 公司可辨认净资产公允价值为 7 200 万元。

(2) 假定投资时，B 公司可辨认净资产公允价值为 8 000 万元。

3. A 公司 2×24 年至 2×25 年发生的对外投资业务如下：

(1) 2×24 年 1 月 1 日，A 公司以 2 800 万元取得 B 公司 70%的股权，能够对 B 公司实施控制。款项以银行存款支付，当日，B 公司可辨认净资产公允价值总额为 4 500 万元(假定其公允价值等于账面价值)，在此之前，A 公司与 B 公司不存在任何关联方关系。

(2) 2×24 年 3 月 1 日，B 公司宣告发放现金股利 300 万元。

(3) 2×24 年 3 月 20 日，B 公司实际发放现金股利 300 万元。

(4) 2×24 年，B 公司实现净利润 800 万元，因其持有的以公允价值计量且其变动计入其他综合收益的金融资产发生公允价值变动而计入其他综合收益的金额为 200 万元。

(5) 2×25 年 1 月 3 日，A 公司出售所持有的 B 公司 50%的股权，取得出售价款 2 200 万元。出售后 A 公司对 B 公司的持股比例下降为 35%，能对其施加重大影响。当日，B 公司可辨认净资产公允价值总额为 6 000 万元，该项交易不属于一揽子交易。

要求：根据上述资料，编制 A 公司的相关会计分录。

4. 甲公司为一上市的集团公司，原持有乙公司 30%的股权，能够对乙公司施加重大影响。甲公司 2×24 年及 2×25 年发生的相关交易事项如下：

(1) 2×24 年 1 月 1 日，甲公司从乙公司的控股股东——丙公司处受让乙公司 50%的股权，受让价格为 13 000 万元，款项已用银行存款支付，并办理了股东变更登记手续。甲公司受让乙公司 50%的股权后，共计持有乙公司 80%的股权，能够对乙公司实施控制。甲公司受让乙公司 50%的股权时，所持乙公司 30%股权的账面价值为 5 400 万元，其中投资成本 4 500万元，损益调整 870 万元，其他权益变动 30 万元；公允价值为 6 200 万元。

(2) 2×25 年 1 月 1 日，甲公司向丁公司转让所持乙公司股权的 70%，转让价格为 20 000万元，款项已经收到，并办理了股东变更登记手续。出售日，甲公司所持乙公司剩余 10%股权的公允价值为 2 500 万元。转让乙公司 70%的股权后，甲公司不能对乙公司实施控制、共同控制和重大影响，改为交易性金融资产核算。

其他相关资料：

甲公司与丙公司、丁公司于交易发生前无任何关联方关系。甲公司受让乙公司 50%的股权后，甲公司与乙公司无任何关联方交易。

不考虑相关税费及其他因素。

要求：

(1) 计算甲公司 2×24 年个别报表中受让乙公司 50%的股权后长期股权投资的初始投资成本，并编制与取得该股权相关的会计分录。

(2) 根据上述资料，编制甲公司 2×25 年个别财务报表中因处置 70%的股权相关会计分录。

5. 甲公司 2×23 年至 2×25 年发生的对外投资业务如下：

(1) 2×23 年 1 月 1 日，甲公司以银行存款 1 500 万元作为对价，取得乙公司 30%的股权，能够对乙公司施加重大影响。当日，乙公司可辨认净资产账面价值为 5 800 万元，公允价值为 6 000 万元，取得投资时乙公司持有的一批存货(A 商品)公允价值为 500 万元，账面价值为 300 万元。除此之外，乙公司其他可辨认资产、负债的公允价值与账面价值相等。截至 2×23 年年末，该批存货已对外部第三方出售 70%。剩余部分在 2×20 年全部出售给外部第三方。

(2) 2×23 年，乙公司实现净利润 790 万元。

(3) 2×24 年，乙公司发生亏损 6 090 万元。甲公司账上有应收乙公司长期应收款 50 万元，且乙公司无任何清偿计划。

(4) 2×25 年，乙公司在调整了经营方向后，扭亏为盈，当年实现净利润 500 万元。

假定不考虑所得税等其他因素的影响。

要求：根据上述资料，编制甲公司的相关会计分录。

第六章 固定资产

学习目的与要求

通过本章学习，学生应掌握企业通过外购、自行建造、投资转入、接受捐赠等方式取得固定资产的会计处理、固定资产折旧方法、固定资产处置、固定资产盘盈盘亏的会计处理，了解固定资产的概念、特征、分类、确认条件、固定资产的后续支出。

本章基本内容框架

- 固定资产概述
  - 固定资产的定义及特征
  - 固定资产的分类
- 固定资产的确认与初始计量
  - 固定资产的确认
  - 固定资产的初始计量
- 固定资产的后续计量
  - 固定资产折旧
  - 固定资产后续支出
- 固定资产的处置
  - 固定资产处置概述
  - 固定资产处置的核算
- 固定资产的清查
  - 固定资产盘盈
  - 固定资产盘亏

重点、难点讲解及典型例题

一、固定资产的定义和特征

1. 固定资产的定义

固定资产是指同时具有下列特征的有形资产：

(1) 为生产商品、提供劳务、出租或经营管理而持有的。

(2) 使用寿命超过一个会计年度。

2. 固定资产的确认条件

固定资产同时满足下列条件的，才能予以确认：

(1) 与该固定资产有关的经济利益很可能流入企业。

(2) 该固定资产的成本能够可靠地计量。

二、固定资产的初始计量

固定资产的初始计量是指确定固定资产的取得成本。

1. 外购固定资产

企业外购固定资产的成本，包括购买价款、相关税费（不含可抵扣的增值税进项税额）、使固定资产达到预定可使用状态前所发生的可归属于该项资产的运输费、装卸费、安装费和专业人员服务费等。

外购固定资产分为购入不需要安装的固定资产和购入需要安装的固定资产两类。

【提示】 员工培训费不计入固定资产的成本，应于发生时计入当期损益。

（1）外购不需安装的固定资产。

借：固定资产
　　应交税费——应交增值税（进项税额）
　　贷：银行存款等

（2）外购需安装的固定资产。

① 购入时：

借：在建工程
　　应交税费——应交增值税（进项税额）
　　贷：银行存款等

② 安装固定资产时：

借：在建工程
　　贷：应付职工薪酬等

③ 达到预定可使用状态后转入固定资产时：

借：固定资产
　　贷：在建工程

外购固定资产的账务处理如图 6-1 所示。

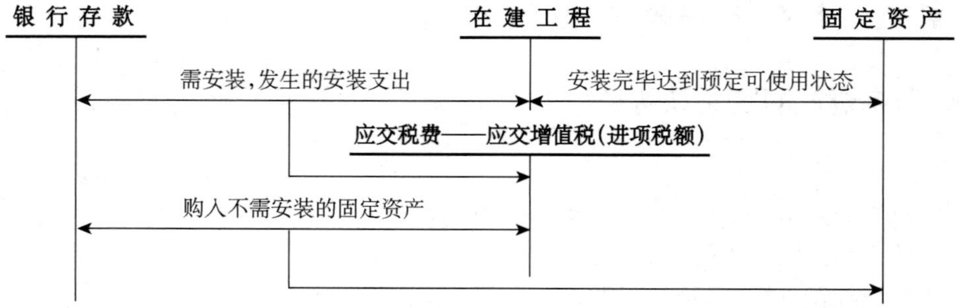

图 6-1　外购固定资产的账务处理

【例题 6-1 · 单项选择题】 甲公司为增值税一般纳税人，购入生产用设备一台，增值税专用发票上注明价款 10 万元，增值税税额 1.3 万元，发生运输费取得增值税专用发票注明运输费 0.5 万元，增值税额 0.045 万元，发生保险费取得增值税专用发票注明保险费 0.3 万元，增值税税额 0.018 万元，该设备取得时的成本为（　　）万元。

A. 10.818　　　　B. 10.8

C. 12.163　　　　D. 10.863

【答案】 B

【解析】 增值税一般纳税人取得的增值税专用发票,其进项税额可以抵扣。该设备取得成本=10+0.5+0.3=10.8(万元)。

【例题 6-2·单项选择题】 甲公司为一家制造业企业。2×24 年 4 月 1 日,为降低采购成本,向乙公司一次购进了三套不同型号且有不同生产能力的设备 X、Y 和 Z。甲公司以银行存款支付货款 880 000 元、包装费 20 000 元、增值税税额 117 000 元。X 设备在安装过程中领用生产用原材料账面成本 20 000 元,支付安装费 30 000 元。假定设备 X、Y 和 Z 分别满足固定资产的定义及其确认条件,公允价值分别为 300 000 元、250 000 元、450 000 元。假设不考虑其他相关税费,则 X 设备的入账价值为(　　)元。

A. 320 000　　　　B. 324 590

C. 350 000　　　　D. 327 990

【答案】 A

【解析】 X 设备的入账价值=(880 000+20 000)÷(300 000+250 000+450 000)×300 000+20 000+30 000=320 000(元)

2. 自行建造固定资产

(1) 自营工程。企业以自营方式建造固定资产,其成本应当按照直接材料、直接人工、直接机械施工费等计量。

① 购入工程物资时:

借:工程物资
　　应交税费——应交增值税(进项税额)
　　贷:银行存款等

② 领用工程物资时:

借:在建工程
　　贷:工程物资

③ 支付其他工程费用时:

借:在建工程
　　贷:银行存款

④ 支付工程人员工资及福利时:

借:在建工程
　　贷:应付职工薪酬

⑤ 领用本企业产品时:

借:在建工程
　　贷:库存商品　　　　【成本价】

⑥ 领用本企业外购的材料时：

借：在建工程
　　贷：原材料　　　　　　　　　　　　　　　　　　　　　　　　【成本价】

⑦ 工程完工，达到预定可使用状态时：

借：固定资产
　　贷：在建工程

自营工程建造固定资产的账务处理如图6-2所示。

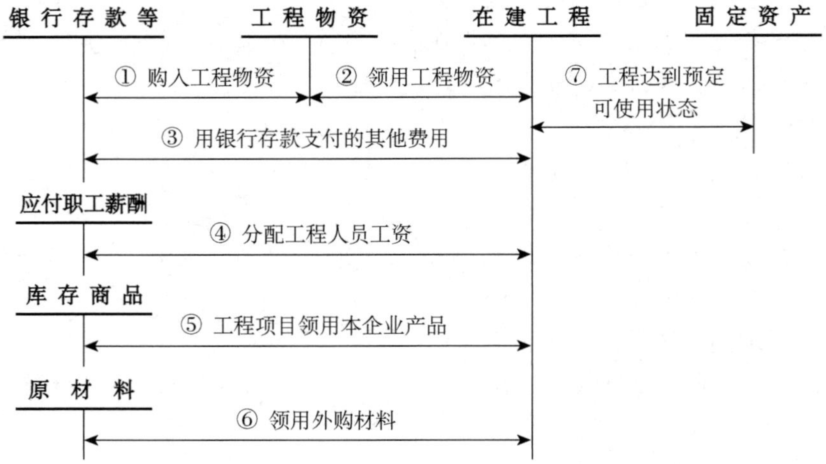

图6-2　自营工程建造固定资产的账务处理

【提示】

① 购入的工程物资如果用于生产经营所用设备的建造，所支付的增值税额可以抵扣；如果用于厂房、建筑物等不动产建筑工程，所支付的增值税税额也可以一次性抵扣（2×19年4月1日后）；但如果用于企业职工集体福利设施工程，则支付的增值税税额不得抵扣，应计入工程成本。

② 自营工程领用外购存货，应按成本转入，计入在建工程的成本。如果领用外购存货用于企业职工集体福利设施工程，则支付的增值税税额不能从销项税额中抵扣，而应计入工程成本。

③ 自营工程领用自制半成品或产成品，应按其生产成本计入自营工程成本。若自营工程属于企业职工集体福利设施工程，领用自制半成品、产成品，应视同企业销售货物按适用税率计算销项税额，并计入自营工程成本。

④ 自营方式建造固定资产应负担的职工薪酬、辅助生产部门为之提供的水、电、修理、运输等劳务，以及其他必要支出等也应计入所建工程项目的成本。

⑤ 在建工程进行负荷联合试车发生的费用，计入工程成本（待摊支出）；试车期间形成的产品或副产品对外销售或转为库存商品时，借记“银行存款”“库存商品”等账户，贷记“在建工程”账户（待摊支出）。

⑥ 建设期间发生的工程物资盘亏、报废及毁损，减去残料价值以及保险公司、过失人等

赔款后的净损失，计入工程成本。

⑦ 建设期间盘盈的工程物资或处置净收益，冲减所建工程项目的成本。

⑧ 工程完工后，发生的工程物资盘盈、盘亏、报废、毁损，计入当期营业外收支。

⑨ 符合资本化条件，应计入所建造固定资产成本的借款费用按照《企业会计准则第17号——借款费用》的有关规定处理。

⑩ 工程完工后，剩余的物资转为本企业存货的，按其实际成本或计划成本进行结转，同时，冲减所建工程的成本，借记“原材料”等账户，贷记“在建工程”账户。

⑪ 工程完工后，对于已领出的未用完的工程物资办理退库手续时，应借记“工程物资”账户，贷记“在建工程”账户。

⑫ 在建工程达到预定可使用状态时，对发生的待摊支出(工程管理费、征地费、公证费等)应分配计算。

⑬ 所建造的固定资产已达到预定可使用状态，但尚未办理竣工决算的，应当自达到预定可使用状态之日起，根据工程预算、造价或者工程实际成本等，按暂估价值转入固定资产，并按有关计提固定资产折旧的规定，计提固定资产折旧。待办理了竣工决算手续后再调整原来的暂估价值，但不需要调整原来的折旧额。

【例题6-3·单项选择题】 某增值税一般纳税人自建仓库一幢，购入工程物资200万元，增值税税额为26万元，已全部用于建造仓库；耗用库存原材料50万元，购入时的增值税税额为6.5万元；支付建筑工人工资30万元。不考虑其他因素，该仓库建造完成并达到预定可使用状态，其入账价值为(　　)万元。

A. 306　　B. 280

C. 321.5　　D. 230

【答案】 B

【解析】 一般纳税人建造固定资产相关的增值税可以抵扣，另外领用原材料建造仓库，购入时的增值税可以正常抵扣，按照当时购入原材料的实际成本50万元计入在建工程即可。所以该仓库的入账价值＝200＋50＋30＝280(万元)。

【例题6-4·单项选择题】 下列各项中，不应计入在建工程成本的是(　　)。

A. 在建工程试运行收入　　B. 建造期间工程物资盘盈净收益

C. 建造期间工程物资盘亏净损失　　D. 为在建工程项目取得的财政专项补贴

【答案】 D

【解析】 为在建工程项目取得的财政专项补贴，属于与资产相关的政府补助，这类补助应该先确认为递延收益，然后自相关资产达到预定可使用状态时起，在该项资产使用寿命内平均分配，计入当期营业外收入，选项D不正确。

(2) 出包工程。企业以出包方式建造固定资产，其成本由建造该项固定资产达到预定可使用状态前所发生的必要支出构成，包括发生的建筑工程支出、安装工程支出，以及需分摊计入各固定资产价值的待摊支出。

待摊支出是指在建设期间发生的，不能直接计入某项固定资产价值，而应由所建造固定资产共同负担的相关费用，包括为建造工程发生的管理费、可行性研究费、临时设施费、公证费、监理费、应负担的税金、符合资本化条件的借款费用、建设期间发生的工程物资盘亏、报废及毁损净损失，以及负荷联合试车费等。

出包方式建造固定资产的账务处理如图 6-3 所示。

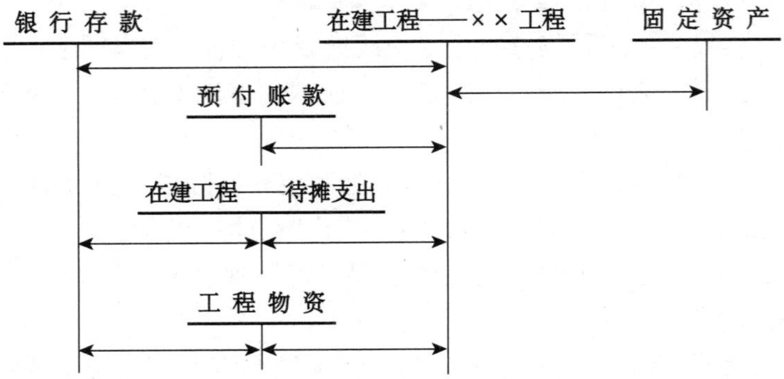

图 6-3　出包方式建造固定资产的账务处理

待摊支出分摊率 = 累计发生的待摊支出 ÷（建筑工程支出 + 安装工程支出 + 在安装设备支出）× 100%

某项工程应分配的待摊支出 = 该项工程支出 × 待摊支出分配率

【例题 6-5 · 多项选择题】 甲公司以出包方式建造厂房，建造过程中发生的下列支出中，应计入所建造厂房成本的有（　　）。

A. 支付给第三方监理公司的监理费

B. 为取得土地使用权而缴纳的土地出让金

C. 建造期间进行试生产发生的负荷联合试车费用

D. 建造期间因可预见的不可抗力导致暂停施工发生的费用

【答案】 ACD

【解析】 选项 B，应作为无形资产核算。

3. 投资转入固定资产

借：固定资产　　【投资合同或协议约定价值】

　　贷：实收资本　　【或股本，注册资本中享有份额】

　　　　资本公积——资本溢价（或股本溢价）

三、固定资产的后续计量

1. 固定资产折旧

（1）固定资产折旧的定义。固定资产折旧是指在固定资产使用寿命内，按照确定的方法对应计折旧额进行系统分摊。

应计折旧额是指应当计提折旧的固定资产的原值扣除预计净残值后的金额。如果已对固定资产计提减值准备，还应当扣除已计提固定资产减值准备累计金额。

（2）影响固定资产折旧的因素：

① 固定资产原价。

② 预计净残值。

③ 固定资产减值准备。

④ 固定资产的使用寿命。

（3）固定资产折旧范围。企业应当对所有的固定资产计提折旧，但是，已提足折旧仍继续使用的固定资产和单独计价入账的土地除外。

【提示】 在确定计提折旧的范围时还应注意以下几点：

① 固定资产应当按月计提折旧。固定资产应自达到预定可使用状态时开始计提折旧，终止确认时或划分为持有待售非流动资产时停止计提折旧。当月增加的固定资产，当月不计提折旧，从下月起计提折旧；当月减少的固定资产，当月仍计提折旧，从下月起不计提折旧。

② 固定资产提足折旧后，不论能否继续使用，均不再计提折旧，提前报废的固定资产也不再补提折旧。所谓提足折旧是指已经提足该项固定资产的应计折旧额。

③ 已达到预定可使用状态但尚未办理竣工决算的固定资产，应当按照估计价值确定其成本，并计提折旧；待办理竣工决算后再按实际成本调整原来的暂估价值，但不需要调整原已计提的折旧额。

④ 处于更新改造过程停止使用的固定资产，应将其账面价值转入在建工程，不再计提折旧。更新改造项目达到预定可使用状态转为固定资产后，再按重新确定的折旧方法和该项固定资产尚可使用寿命计提折旧。

【例题 6-6·单项选择题】 下列各项关于固定资产计提折旧的表述中，正确的是（　　）。

A. 单独计价入账的土地应计提折旧　　B. 提前报废的固定资产应补提折旧

C. 已提足折旧继续使用的房屋应计提折旧　D. 暂时闲置的库房应计提折旧

【答案】 D

【解析】 单独计价入账的土地不计提折旧，选项 A 不正确；提前报废的固定资产无需补提折旧，选项 B 不正确；已提足折旧仍继续使用的房屋无需计提折旧，选项 C 不正确。

【例题 6-7·多项选择题】 下列各项中，应计提固定资产折旧的有（　　）。

A. 短期租入的设备

B. 短期租出的办公楼

C. 已投入使用但未办理竣工决算的厂房

D. 已达到预定可使用状态但未投产的生产线

【答案】 BCD

【解析】 以短期方式租入的设备承租人不计提折旧，出租人计提折旧，选项 A 不正确。

（4）固定资产折旧方法。企业选择固定资产折旧方法时，应当根据与固定资产有关的经济利益的预期消耗方式作出决定。收入可能受到投入、生产过程、销售等因素的影响，这些因素与固定资产有关经济利益的预期消耗方式无关，因此，企业不应以包括使用固定资产在内的经济活动所产生的收入为基础进行折旧。可选用的折旧方法包括年限平均法、工作量法、双倍余额递减法和年数总和法等。固定资产的折旧方法一经确定，不得随意变更。

① 年限平均法。

第 1 种思路计算步骤：

$$\text{年折旧额}=\frac{\text{固定资产原值}-\text{预计净残值}}{\text{预计折旧年限}}=\frac{\text{固定资产原值}\times(1-\text{预计净残值率})}{\text{预计折旧年限}}$$

$$\text{月折旧额}=\text{年折旧额}\div 12$$

第 2 种思路计算步骤：

$$年折旧率 = \frac{1 - 预计净残值率}{预计折旧年限} \times 100\%$$

$$月折旧率 = 年折旧率 \div 12$$

$$年折旧额 = 固定资产原价 \times 年折旧率$$

$$月折旧额 = 年折旧额 \div 12(或:固定资产原价 \times 月折旧率)$$

② 工作量法。

$$单位工作量折旧额 = 固定资产原价 \times (1 - 预计净残值率) \div 预计总工作量$$

$$某项固定资产月折旧额 = 该项固定资产当月工作量 \times 单位工作量折旧额$$

③ 双倍余额递减法。

$$年折旧额 = 期初固定资产净值 \times 2 \div 预计使用年限$$

最后 2 年改为年限平均法。

$$固定资产净值 = 固定资产原价 - 累计折旧$$

【提示】 在改为年限平均法前，计算折旧额时不考虑预计净残值的影响。

④ 年数总和法。

$$年折旧额 = (原价 - 预计净残值) \times 年折旧率$$

年折旧率用一个递减分数来表示，将逐期年数相加作为递减分数的分母，将逐期年数倒转顺序分别作为各年递减分数的分子。

【例题 6-8 · 单项选择题】 甲公司为增值税一般纳税人。2×24 年 2 月 28 日，甲公司购入一台需安装的设备，以银行存款支付设备价款 120 万元、增值税进项税额 15.6 万元。3 月 6 日，甲公司以银行存款支付装卸费 0.6 万元。4 月 10 日，设备开始安装，在安装过程中，甲公司发生安装人员工资 0.8 万元；领用原材料一批，该批原材料的成本为 6 万元，相应的增值税进项税额为 0.78 万元，市场价格(不含增值税)为 6.3 万元。设备于 2×24 年 6 月 20 日完成安装，达到预定可使用状态。该设备预计使用 10 年，预计净残值为零，甲公司采用年限平均法计提折旧。甲公司该设备 2×24 年应计提的折旧是(　　)万元。

A. 6.37　　B. 6.39　　C. 6.42　　D. 7.44

【答案】 A

【解析】 固定资产的入账价值＝120＋0.6＋0.8＋6＝127.4(万元)，2×24 年应计提的折旧＝127.4÷10÷12×6＝6.37(万元)。

【例题 6-9 · 单项选择题】 2×21 年 11 月 20 日，甲公司购进一台需要安装的 A 设备，取得的增值税专用发票上注明的设备价款为 950 万元，可抵扣增值税进项税额为 123.5 万元，款项已通过银行支付。安装 A 设备时，甲公司领用原材料 36 万元(不含增值税额)，支付安装人员工资 14 万元。2×21 年 12 月 30 日，A 设备达到预定可使用状态。A 设备预计使用年限为 5 年，预计净残值率为 5%，甲公司采用双倍余额递减法计提折旧。甲公司 2×24 年度对 A 设备计提的折旧是(　　)万元。

A. 136.8　　B. 144　　C. 187.34　　D. 190

【答案】 B

【解析】 甲公司 A 设备的入账价值＝950＋36＋14＝1 000(万元)，2×22 年计提的折旧＝1 000×2÷5＝400(万元)，2×23 年计提的折旧＝(1 000－400)×2÷5＝240(万元)，2×24 年计提的折旧＝(1 000－400－240)×2÷5＝144(万元)。

【例题 6-10・单项选择题】 甲公司为增值税一般纳税人，该公司 2×23 年 5 月 10 日购入需安装设备一台，价款为 500 万元，可抵扣增值税进项税额为 65 万元。为购买该设备发生运输途中保险费 20 万元。设备安装过程中，领用材料 50 万元，相关增值税进项税额为 6.5 万元；支付安装工人工资 12 万元。该设备于 2×23 年 12 月 30 日达到预定可使用状态。甲公司对该设备采用年数总和法计提折旧，预计使用 10 年，预计净残值为零。假定不考虑其他因素，2×24 年该设备应计提的折旧额为(　　)万元。

A. 102.18　　B. 103.64　　C. 105.82　　D. 120.64

【答案】 C

【解析】 甲公司购入固定资产的入账价值＝500＋20＋50＋12＝582(万元)，2×24 年，该设备应计提的折旧额＝582×10÷55＝105.82(万元)。

(5) 固定资产折旧的会计处理(见表 6-1)。

表 6-1　固定资产折旧的会计处理

使用部门	借记账户	备注
管理部门	管理费用	
未使用的固定资产		如未使用的房屋建筑物计提的折旧
内设销售机构		
生产部门	制造费用	如生产设备、厂房的折旧
专设销售机构	销售费用	如售后服务网点、销售网点的固定资产折旧
经营性出租	其他业务成本	如经营性出租设备的折旧
用于自行建造其他固定资产	在建工程	如用于自行建造办公楼的设备折旧
用于内部研发形成无形资产，开发阶段符合资本化条件的	研发支出——资本化支出	如用于专利权研发的设备折旧

借：制造费用
　　管理费用
　　销售费用
　　其他业务成本
　　研发支出——资本化支出
　　在建工程
　　贷：累计折旧

【例题 6-11・多项选择题】 下列固定资产中，企业应当计提折旧且应将所计提的折旧额记入“管理费用”账户的有(　　)。

A. 以经营租赁方式出租的机器设备　　B. 生产车间使用的机器设备
C. 行政管理部门使用的办公设备　　D. 未使用的厂房

【答案】 CD

【解析】 行政管理部门的固定资产和未使用的固定资产计提的折旧应该记入“管理费

用”账户，所以选项CD正确；选项A，应记入“其他业务成本”账户；选项B，应记入“制造费用”账户。

2. 固定资产后续支出

固定资产后续支出是指固定资产在使用过程中发生的更新改造支出、修理费用等。

后续支出的处理原则为：符合固定资产确认条件的，应当计入固定资产成本，同时将被替换部分的账面价值扣除；不符合固定资产确认条件的，应当计入当期损益。

(1) 资本化的后续支出。与固定资产有关的更新改造等相关后续支出，符合固定资产确认条件的，应当计入固定资产成本，同时将被替换部分的账面价值扣除。企业将固定资产进行更新改造的，应将相关固定资产的原价、已计提的累计折旧和减值准备转销，将固定资产的账面价值转入在建工程，并停止计提折旧。固定资产发生的可资本化的后续支出，通过“在建工程”账户核算。待固定资产发生的后续支出完工并达到预定可使用状态时，再从在建工程转为固定资产，并按重新确定的使用寿命、预计净残值和折旧方法计提折旧。

① 固定资产转入改扩建时：

借：在建工程
　　累计折旧
　　固定资产减值准备
　　贷：固定资产

② 发生可资本化改扩建工程支出时：

借：在建工程
　　应交税费——应交增值税(进项税额)
　　贷：银行存款等

③ 扣除被替换部件账面价值：企业发生的一些固定资产后续支出可能涉及替换原固定资产的某组成部分，当发生的后续支出符合固定资产确认条件时，应将其计入固定资产成本，同时将被替换部分的账面价值扣除。

借：银行存款等
　　营业外支出(净损失)
　　贷：在建工程

④ 达到预定可使用状态时：

借：固定资产
　　贷：在建工程

(2) 费用化的后续支出。与固定资产有关的修理费用等后续支出中，不符合固定资产确认条件的部分，应当根据不同情况分别在发生时计入当期管理费用或销售费用。

【提示】

(1) 企业对固定资产进行定期检查发生的大修理费用，符合资本化条件的，可以计入固定资产成本或其他相关资产的成本，不符合资本化条件的，应当费用化，计入当期损益。固定资产在定期大修理间隔期间，照提折旧。

(2) 企业以经营租赁方式租入的固定资产发生的改良支出，应予资本化，作为长期待摊费用，合理进行摊销。

(3) 固定资产账面价值＝固定资产成本－累计折旧－固定资产减值准备。

【例题 6-12 · 单项选择题】 甲公司 2×24 年取得一项固定资产，与取得该资产相关的支出包括：①支付购买价款 300 万元、增值税进项税额 39 万元，另支付购入过程中发生的运输费 8 万元、相关增值税进项税额 0.8 万元；②为使固定资产符合甲公司特定用途，购入后甲公司对其进行了改造。改造过程中领用本公司原材料 6 万元，相关增值税额为 0.78 万元，发生职工薪酬 3 万元。甲公司为增值税一般纳税人，不考虑其他因素，甲公司该固定资产的入账价值是(　　)万元。

A. 317　　B. 369.90　　C. 317.88　　D. 318.02

【答案】 A

【解析】 甲公司该固定资产的入账价值＝300＋8＋6＋3＝317(万元)。

【例题 6-13 · 单项选择题】 甲公司的某项固定资产原价为 2 000 万元，采用年限平均法计提折旧，使用寿命为 10 年，预计净残值为零，在第 4 个折旧年度年末甲公司对该项固定资产的某一主要部件进行更换，发生支出合计 1 000 万元，符合准则规定的固定资产确认条件，被更换的部件的原价为 800 万元。固定资产更新改造后的原价为(　　)万元。

A. 2 200　　B. 1 720　　C. 1 200　　D. 1 400

【答案】 B

【解析】 甲公司该固定资产进行更换后的原价＝该项固定资产进行更换前的账面价值＋发生的后续支出－该项固定资产被更换部件的账面价值＝(2 000－2 000÷10×4)＋1 000－(800－800÷10×4)＝1 720(万元)。

四、固定资产的处置

企业出售、转让划归为持有待售类别的，按照持有待售非流动资产、处置组的相关内容进行会计处理；未划归为持有待售类别而出售、转让的，通过"固定资产清理"账户归集所发生的损益，其产生的利得或损失转入"资产处置损益"账户，计入当期损益；固定资产因报废毁损等原因而终止确认的，通过"固定资产清理"账户归集所发生的损益，其产生的利得或损失计入营业外收入或营业外支出。

其会计处理一般经过以下几个步骤。

1. 固定资产转入清理

借：固定资产清理
　　累计折旧
　　固定资产减值准备
　　贷：固定资产

2. 发生清理费用等

借：固定资产清理
　　应交税费——应交增值税(进项税额)
　　贷：银行存款

3. 回收出售固定资产的价值、残料价值和变价收入等

借：银行存款
　　原材料
　　贷：固定资产清理
　　　　应交税费——应交增值税（销项税额）

4. 确认应收责任单位（或个人）赔偿损失

借：其他应收款等
　　贷：固定资产清理

5. 结转清理净损益

固定资产清理完成后，对清理净损益，应区别不同情况进行账务处理：

（1）因出售、转让等原因产生的固定资产处置利得或损失。

借：固定资产清理
　　贷：资产处置损益　　【或作相反分录】

（2）因固定资产已丧失使用功能等原因而报废清理产生的损益。

借：营业外支出——非流动资产处置损失　　【正常原因】
　　贷：固定资产清理

或：借：固定资产清理
　　贷：营业外收入——非流动资产处置利得

（3）因自然灾害发生毁损等原因而报废清理产生的损失。

借：营业外支出——非常损失　　【非正常原因】
　　贷：固定资产清理

固定资产处置的账务处理如图 6-4 所示。

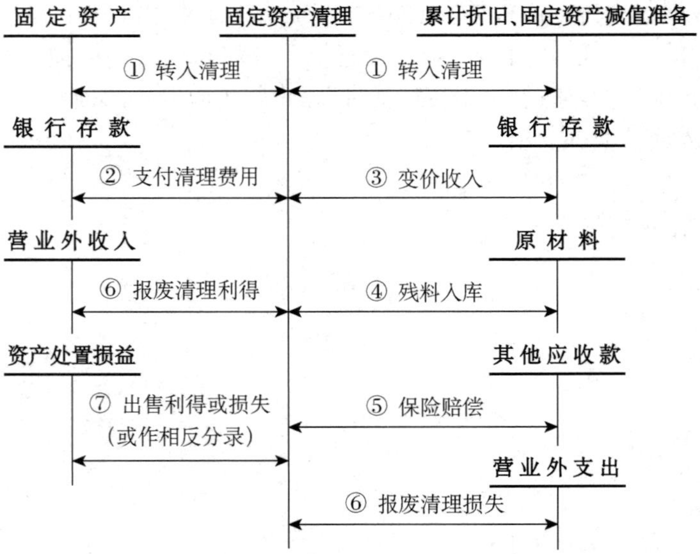

图 6-4　固定资产外置的账务处理

【例题6-14·单项选择题】 甲公司出售一台旧设备，原价为23万元，已计提折旧5万元。出售该设备开具的增值税专用发票上注明的价款为20万元，增值税税额为2.6万元，发生的清理费用为1.5万元，不考虑其他因素，该企业出售设备应确认的净收益为（　　）万元。

A. －2.9　　B. 0.5

C. 20　　D. 2

【答案】 B

【解析】 甲公司出售设备后确认的净收益＝20－(23－5)－1.5＝0.5(万元)。

【例题6-15·多项选择题】 下列各项中，应通过"固定资产清理"账户核算的有（　　）。

A. 盘亏固定资产的账面价值　　B. 固定资产更新改造支出

C. 毁损固定资产的账面价值　　D. 出售固定资产的账面价值

【答案】 CD

【解析】 选项A，通过"待处理财产损溢"账户进行核算；选项B，通过"在建工程"账户进行核算。

五、固定资产的清查

1. 固定资产盘盈

盘盈的固定资产，作为前期差错处理。在按管理权限报经批准前，应通过"以前年度损益调整"账户核算。

（1）批准前：

借：固定资产
　　贷：以前年度损益调整

（2）批准后：

借：以前年度损益调整
　　贷：盈余公积
　　　　利润分配——未分配利润

2. 固定资产盘亏

（1）批准前：

借：待处理财产损溢——待处理固定资产损溢
　　累计折旧
　　固定资产减值准备
　　贷：固定资产

（2）批准后：

借：其他应收款
　　银行存款等
　　营业外支出——盘亏损失
　　贷：待处理财产损溢——待处理固定资产损溢

固定资产盘亏的账务处理如图 6-5 所示。

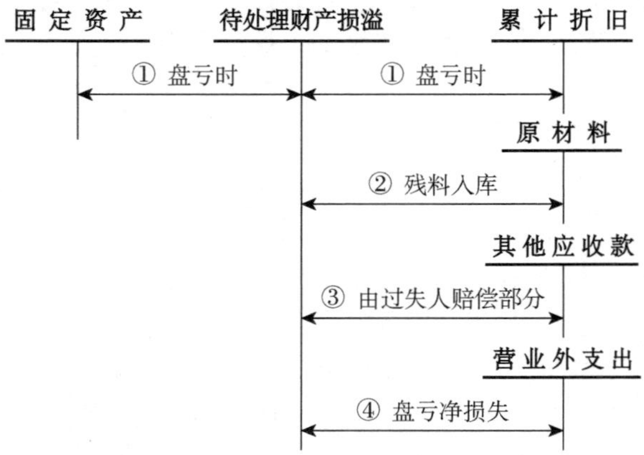

图 6-5　固定资产盘亏的账务处理

【例题 6-16 · 多项选择题】 下列各项中，会导致企业固定资产账面价值减少的事项有(　　)。

A. 计提固定资产折旧　　B. 提前报废固定资产

C. 盘亏固定资产　　D. 确认固定资产减值损失

【答案】 ABCD

【解析】 固定资产账面价值=账面原值—累计折旧—固定资产减值准备，选项 A，增加累计折旧，账面价值减少；选项 BC，账面原值减少，账面价值减少；选项 D，增加固定资产减值准备，账面价值减少。

【例题 6-17 · 多项选择题】 下列各项中，应通过“固定资产清理”账户核算的有(　　)。

A. 改扩建的固定资产　　B. 报废的固定资产

C. 盘亏的固定资产　　D. 毁损的固定资产

【答案】 BD

【解析】 企业出售、报废、毁损的固定资产应通过“固定资产清理”账户核算；企业盘亏的固定资产应通过“待处理财产损溢”账户核算，报经批准转销时，再转入“营业外支出”等账户；改扩建的固定资产应通过“在建工程”账户核算。

自主测试

一、单项选择题

1. 某企业以 400 万元购入 A、B、C 三项没有单独标价的固定资产。这三项资产的公允价值分别为 180 万元、140 万元和 160 万元。不考虑其他因素。则 A 固定资产的入账成本为(　　)万元。

A. 150　　B. 180

C. 130　　D. 125

2. A 企业购入一台需要安装的设备，实际支付买价 40 万元，增值税税额 5.2 万元；另支付运杂费 0.6 万元，途中保险费 0.2 万元；安装过程中，领用一批原材料，成本 8 万元，售价为 10 万元，支付安装人员的工资 4 万元，该设备达到预定可使用状态时，假设不考虑其他因素，其入账价值为（　　）万元。

A. 61.3　　　　B. 54.16

C. 60.96　　　　D. 52.8

3. 2×24 年 3 月 31 日，A 公司采用出包方式对某固定资产进行改良，该固定资产账面原价为 1 800 万元，预计使用年限为 5 年，已使用 3 年，预计净残值为零，采用年限平均法计提折旧，A 公司支付出包工程款 48 万元，2×24 年 8 月 31 日，改良工程达到预定可使用状态并投入使用，预计尚可使用 4 年，预计净残值为零，采用年限平均法计提折旧。2×24 年度，该固定资产应计提的折旧额为（　　）万元。

A. 128　　　　B. 180

C. 154　　　　D. 192

4. 下列支出项目中，不应计入自营工程成本的是（　　）。

A. 辅助生产部门为工程提供的水电费

B. 工程领用库存商品的销项税额

C. 建设期间工程物资发生的盘亏

D. 建设期间发生的工程物资报废的净损失

5. A 企业接受一台捐赠的设备，同类新设备的市价为 200 万元，估计成新率为 60%，预计尚可使用 6 年，预计净残值为 12.6 万元，支付关税 10 万元，国内运杂费 2 万元，设备已安装完毕，支付安装调试费 4 万元，假设不考虑其他因素，该设备的入账价值是（　　）万元。

A. 136　　　　B. 216

C. 203.4　　　　D. 132

6. 下列各项中，不会影响固定资产折旧计算的因素是（　　）。

A. 固定资产的原始价值　　　　B. 固定资产预计净残值

C. 固定资产的性能　　　　D. 固定资产预计使用年限

7. 一般而言，下列固定资产后续支出中，不属于资本性支出的是（　　）。

A. 固定资产日常修理支出　　　　B. 固定资产重新安装支出

C. 固定资产单元换新支出　　　　D. 租入固定资产改良支出

8. 下列固定资产不能计提折旧的是（　　）。

A. 单独计价入账的土地　　　　B. 大修理期间的固定资产

C. 季节性停产的固定资产　　　　D. 未使用的固定资产

9. 下列各项固定资产中，应计提折旧的是（　　）。

A. 未提足折旧提前报废的设备　　　　B. 闲置的设备

C. 已提足折旧继续使用的设备　　　　D. 经营租赁租入的设备

10. 企业对生产线进行扩建。该生产线原价为 1 600 万元，已提折旧 400 万元，扩建生产线时领用原材料的账面成本为 100 万元，计税价格为 140 万元，增值税税率为 13%，为扩建资产支付给职工的人工费为 40 万元，扩建时残料产生变价收入 8 万元，扩建支出符合固定资产确认条件，扩建后生产线新的原价应为（　　）万元。

A. 1 749　　　　B. 1 332

C. 1 755.8　　D. 1 349

11. A 企业大型生产线达到预定可使用状态前进行联合试车发生的费用，应记入的账户是（　　）。

A. "长期待摊费用"　　B. "营业外支出"

C. "在建工程"　　D. "管理费用"

12. A 公司是增值税一般纳税人，2×24 年 6 月 1 日购入需要安装的设备一台，取得的增值税专用发票上注明的设备价款为 100 万元，增值税税额为 13 万元。购买过程中，以银行存款支付运杂费等费用 5 万元。安装时，领用材料 7 万元，该材料负担的增值税税额为 0.91 万元；支付安装工人工资 8 万元。该设备于 2×24 年 6 月 30 日达到预定可使用状态。甲公司对该设备采用年限平均法计提折旧，预计使用年限为 10 年，预计净残值为零。假定不考虑其他因素，2×24 年该设备应计提的折旧额为（　　）万元。

A. 12　　B. 7.11

C. 6　　D. 13.2

13. 某企业一台生产设备原价为 800 万元，预计净残值为 38.4 万元，预计可使用 5 年，采用双倍余额递减法计提折旧。至 2×23 年 12 月 31 日，该设备已使用 3 年，账面净值为 172.8 万元，未计提固定资产减值准备。不考虑其他因素，该设备 2×24 年应计提的折旧额为（　　）万元。

A. 86.4　　B. 67.2

C. 53.76　　D. 69.12

14. 某企业采用双倍余额递减法计算固定资产折旧。2×23 年 12 月购入一项固定资产，原价为 200 000 元，预计使用年限为 5 年，预计净残值为 4 000 元，不考虑其他因素，2×24年，该项固定资产应计提的折旧额为（　　）元。

A. 80 000　　B. 65 333

C. 39 200　　D. 78 400

15. 2×22 年 12 月，某企业购入一台设备，初始入账价值为 400 万元。设备于当月交付使用，预计使用寿命为 5 年，预计净残值为 4 万元，采用年数总和法计提折旧。不考虑其他因素，2×24 年，该设备应计提的折旧额为（　　）万元。

A. 160　　B. 96

C. 132　　D. 105.6

16. A 公司对一幢办公楼进行更新改造，该办公楼原值为 1 000 万元，已计提折旧 500 万元。更新改造过程中发生支出 600 万元，被替换部分账面原值为 100 万元，出售价款为2 万元。不考虑相关税费，则新办公楼的入账价值为（　　）万元。

A. 1 100　　B. 1 050

C. 1 048　　D. 1 052

17. 企业的某项固定资产账面原价为 2 000 万元，采用年限平均法计提折旧，预计使用寿命为 10 年，预计净残值为零。在第 4 个折旧年度末企业对该项固定资产的某一主要部件进行更换，发生支出合计 1 000 万元，符合准则规定的固定资产确认条件。被更换部件的账面原价为 800 万元，出售取得变价收入 1 万元。固定资产更新改造后的入账价值为（　　）万元。

A. 2 200　　B. 1 720
C. 1 200　　D. 2 199

18. A公司为增值税一般纳税人，自行建造某项生产用大型设备，建造过程中发生外购设备和材料成本共100万元，增值税额共13万元，已全部投入使用，人工成本80万元，资本化的借款费用5万元，安装费用10万元，为达到正常运转发生测试费2万元，外聘专业人员服务费1万元，员工培训费0.5万元。甲公司建造该设备的成本为（　　）万元。
A. 198.5　　B. 211.5
C. 198　　D. 211

19. 下列关于企业计提固定资产折旧会计处理的表述中，不正确的是（　　）。
A. 对管理部门使用的固定资产计提的折旧应计入管理费用
B. 对财务部门使用的固定资产计提的折旧应计入财务费用
C. 对生产车间使用的固定资产计提的折旧应计入制造费用
D. 对专设销售机构使用的固定资产计提的折旧应计入销售费用

20. 某运输企业（增值税一般纳税人）的一辆运货卡车，购入时取得增值税专用发票注明的价款为40万元，增值税税额为5.2万元。预计总行驶里程为50万千米，预计报废时的净残值为零。该企业对运货卡车采用工作量法计提折旧。当月卡车行驶3 000千米，则该辆卡车本月应当计提的折旧额为（　　）万元。
A. 0.21　　B. 0.22
C. 0.23　　D. 0.24

二、多项选择题

1. 按固定资产的使用情况，可以将固定资产划分为（　　）。
A. 经营用固定资产　　B. 未使用固定资产
C. 不需用固定资产　　D. 出租固定资产

2. 固定资产的特征主要有（　　）。
A. 固定资产是有形资产　　B. 可供企业长期使用
C. 不以投资和销售为目的而取得　　D. 具有可衡量的未来经济利益

3. 固定资产可选择的计量属性有（　　）。
A. 原始价值　　B. 重置完全价值
C. 公允价值　　D. 可变现净值

4. 计算固定资产折旧额需要考虑的因素包括（　　）。
A. 固定资产的用途　　B. 固定资产的原始价值
C. 固定资产预计使用年限　　D. 固定资产预计净残值

5. 下列支出项目中，应计入自营工程成本的有（　　）。
A. 购买工程物资支付的增值税进项税额　　B. 耗用自产品的销项税额
C. 建设期间工程物资发生的盘亏　　D. 建设期间工程物资发生的盘盈

6. 下列固定资产中，应计提折旧的有（　　）。
A. 因大修理停用的固定资产　　B. 单独计价入账的土地
C. 融资租入固定资产　　D. 未使用的机器设备

7. 下列固定资产后续支出中，需要资本化的有（　　）。

A. 固定资产日常修理支出　　B. 固定资产重新安装支出

C. 固定资产改建、扩建支出　　D. 固定资产单元换新支出

8. 下列固定资产中，不应计提折旧的有（　　）。

A. 经营性租入固定资产

B. 未使用的房屋、建筑物

C. 已提足折旧仍继续使用的固定资产

D. 因季节性等原因而暂停使用的固定资产

9. 下列各项中，需要通过“固定资产清理”账户进行核算的有（　　）。

A. 固定资产重新安装　　B. 固定资产出售

C. 固定资产报废　　D. 固定资产盘亏

10. 下列业务中，需要通过“营业外支出”账户进行处理的有（　　）。

A. 固定资产报废　　B. 固定资产盘亏

C. 固定资产毁损　　D. 固定资产出售

11. 下列各项中，不会引起固定资产账面价值发生变化的有（　　）。

A. 计提固定资产折旧　　B. 固定资产扩建

C. 固定资产产生租金收入　　D. 固定资产日常修理

12. 下列各项中，应记入“固定资产清理”账户借方的有（　　）。

A. 因出售厂房而缴纳的相关增值税　　B. 因自然灾害损失的固定资产账面净值

C. 因自然灾害损失固定资产取得的赔款　　D. 支付清理固定资产人员的工资

13. 下列各项中，需记入“在建工程”账户的有（　　）。

A. 不需安装的固定资产　　B. 需要安装的固定资产

C. 固定资产的改扩建　　D. 应计入固定资产账面价值的后续支出

14. 关于固定资产，下列说法中，正确的有（　　）。

A. 购置的不需要安装的固定资产，按实际支付的买价、包装费、运输费、安装成本、缴纳的有关税金（不含增值税）等，作为入账价值

B. 自行建造的固定资产，按建造该项资产达到预定可使用状态前所发生的必要支出，作为入账价值

C. 投资者投入的固定资产，按投资方原账面价值作为入账价值

D. 固定资产减值准备可以转回，但转回的金额不应超过原已计提的固定资产减值准备

三、判断题

1. 按使用情况，固定资产可划分为经营用和非经营用固定资产两大类。（　　）

2. 工程完工后发生的工程物资盘盈应冲减工程成本。（　　）

3. 企业生产车间发生的定期日常维修费，应作为制造费用核算计入产品成本。（　　）

4. 大修理期间停用的固定资产属于使用中的固定资产。（　　）

5. 辅助生产部门为工程提供的水电费应计入工程成本。（　　）

6. 采用年数总和法计提折旧可以使固定资产的使用成本各年保持大致相同。（　　）

7. 采用双倍余额递减法计算折旧，开始时并不考虑预计净残值。（　　）

8. 企业采用出包方式建造固定资产时按合同规定向建造承包商预付的款项，应在资产负债表中列示为流动资产。 （ ）

9. 已达到预定可使用状态暂按估计价值确定成本的固定资产在办理竣工决算后，应按实际成本调整原来的暂估价值，但不需调整原已计提的折旧额。 （ ）

10. 企业当月新增加的固定资产，当月不计提折旧，自下月起计提折旧，当月减少的固定资产，当月仍计提折旧。 （ ）

四、计算及账务处理题

1. A企业为增值税一般纳税人。2×23年至2×24年，该企业发生的有关固定资产业务如下：

（1）2×23年12月22日，购入一台不需要安装的生产用M设备，增值税专用发票上注明的价款为120万元，增值税税额为15.6万元。发生保险费用2万元，增值税额为0.12万元，款项均以银行存款支付，预计该设备可使用10年，预计净残值为2万元，按照年限平均法计提折旧。

（2）2×24年12月25日，M设备因雷电后意外毁损，以银行存款支付不含税清理费用1万元，应收保险公司赔款50万元。

要求：

（1）编制购入M设备的会计分录。

（2）编制M设备2×24年计提折旧和毁损的会计分录。

2. A企业为增值税一般纳税人。2×23年至2×24年，该企业发生的有关固定资产业务如下：

（1）2×23年3月1日，该企业准备自建一栋库房。3月5日，购入工程物资取得增值税专用发票上注明的价款为200万元，增值税额为26万元，款项以银行存款支付。3月10日，该批物资全部用于工程建筑。3月15日，领用本企业生产的钢材一批，市场售价为90万元，实际成本为60万元。6月30日，确认3月至6月累计支付的工程人员薪酬40万元。

（2）2×23年6月30日，自建库房工程完工达到预定可使用状态，预计该库房可以使用50年，预计净残值为零，按照年限平均法计提折旧。

（3）2×24年12月2日，A企业将自建的库房对外出售，实际出售价格为300万元，增值税税额为39万元，款项已存入银行。

要求：

（1）编制自建库房过程中相关的会计分录。

（2）编制库房工程完工达到预定可使用状态的会计分录。

（3）编制出售库房相关的会计分录。

3. A公司为增值税一般纳税人，其作为固定资产核算的生产设备适用的增值税税率为13%，2×24年12月1日，A公司购入一台生产设备，价款为800万元，增值税税额为104万元，运杂费4万元（假定不考虑运费作为增值税进项税额抵扣的因素），购入后立即投入安装。安装过程中领用工程物资100万元，领用原材料的实际成本为16万元，发生安装人员薪酬20万元。为达到正常运转发生测试费52万元，外聘专业人员服务费8万元，员工培训费70万元，款项均以银行存款支付。安装完毕投入使用，该设备预计使用5年，预计净残值为 100 万元。2×24 年 12 月 31 日，该生产设备安装完毕达到预定可使用状态。

要求：

(1) 计算安装完毕投入使用的固定资产成本，并作出购入、安装、达到预计可使用状态相关的会计分录。

(2) 假定该设备采用年限平均法计提折旧，计算该项固定资产在 2×25 年、2×26 年的年折旧额，并作出计提折旧的会计分录。

(3) 假定该设备采用年数总和法计提折旧，计算该项固定资产在 2×25 年、2×26 年的年折旧额。

(4) 假定该设备采用双倍余额递减法计提折旧，计算该项固定资产在 2×25 年、2×26 年的年折旧额。

4. A 公司有关固定资产更新改造的资料如下：

(1) 2×22 年 12 月 30 日，该公司自行建成了一条生产线，建造成本为 1 136 000 元；采用年限平均法计提折旧；预计净残值率为 3%，预计使用寿命为 6 年。

(2) 2×24 年 12 月 31 日，由于生产的产品适销对路，现有生产线的生产能力已难以满足公司生产发展的需要，但若新建生产线则建设周期过长。A 公司决定对现有生产线进行改扩建，以提高其生产能力。假定该生产线未发生减值。

(3) 2×24 年 12 月 31 日至 2×25 年 3 月 31 日，经过 3 个月的改扩建，完成了对这条生产线的改扩建工程，达到预定可使用状态共发生支出 537 800 元，全部以银行存款支付。

(4) 该生产线改扩建工程达到预定可使用状态后，大大提高了生产能力，预计将其使用寿命延长 4 年，即为 10 年。假定改扩建后的生产线的预计净残值率为改扩建后固定资产账面价值的 3%；折旧方法仍为年限平均法。

(5) 为简化计算过程，整个过程不考虑其他相关税费；公司按年度计提固定资产折旧。

要求：

(1) 计算 2×23 年和 2×24 年的年折旧额，并作出计提折旧的会计分录。

(2) 2×24 年 12 月 31 日，固定资产转入改扩建时的账面价值，并作出相关会计分录。

(3) 作出发生改扩建工程支出的会计分录。

(4) 计算改扩建后的固定资产的入账价值，并作出相关的会计分录。

(5) 计算固定资产 2×25 年应计提的折旧额，并作出计提折旧的会计分录。

第七章　无 形 资 产

学习目的与要求

通过本章学习，学生应掌握外购、内部研究开发取得无形资产的会计处理，无形资产摊销、出售、出租、报废的会计处理；理解投资者投入及政府补助取得的无形资产的会计处理；了解无形资产的基本特征与分类。

本章基本内容框架

- 无形资产概述
  - 无形资产的含义及特征
  - 无形资产的内容
  - 无形资产的分类
  - 无形资产的确认
- 无形资产的初始计量
  - 外购的无形资产
  - 投资者投入的无形资产
  - 政府补助取得的无形资产
- 内部研究开发费用的确认与计量
  - 研究阶段和开发阶段的划分
  - 开发阶段有关支出资本化的条件
  - 内部开发的无形资产的计量
  - 内部研究开发费用的会计处理
- 无形资产的后续计量
  - 无形资产的使用寿命
  - 使用寿命有限的无形资产摊销的账务处理
  - 寿命不确定的无形资产
- 无形资产的处置
  - 无形资产的出售
  - 无形资产的出租
  - 无形资产的报废

重点、难点讲解及典型例题

一、无形资产概述

1. 无形资产的含义及特征

无形资产是指企业拥有或者控制的没有实物形态的可辨认非货币性资产。无形资产具有以下特征：

(1) 由企业拥有或者控制并能为其带来未来经济利益的资源。

(2) 无形资产不具有实物形态。

(3) 无形资产具有可辨认性。

(4) 无形资产属于非货币性资产。

商誉通常是与企业整体价值联系在一起的,无法与企业自身相分离而存在,不具有可辨认性,不属于本章所指的无形资产。

【例题 7-1 · 判断题】 无形资产是指企业拥有或控制的没有实物形态的非货币性资产,包括可辨认非货币性资产和不可辨认非货币性资产。 (　　)

【答案】 ×

【解析】 无形资产是指企业拥有或控制的没有实物形态的可辨认非货币性资产。不可辨认的非货币性资产(如商誉)不属于无形资产。

2. 无形资产的内容

无形资产通常包括专利权、非专利技术、商标权、著作权、特许权、土地使用权等。

【例题 7-2 · 多项选择题】 以下属于企业无形资产的有(　　)。

A. 专利权　　B. 非专利技术

C. 商标权　　D. 商誉

E. 特许权

【答案】 ABCE

【解析】 商誉由于其存在无法与企业自身分离,不具有可辨认性,不属于无形资产。

3. 无形资产的确认

无形资产应当在符合定义的前提下,同时满足以下两个确认条件时,才能予以确认。

(1) 与该资产有关的经济利益很可能流入企业。

(2) 该无形资产的成本能够可靠地计量。

二、无形资产的初始计量

1. 外购的无形资产

外购的无形资产,其成本包括购买价款、相关税费以及直接归属于使该项资产达到预定用途所发生的其他支出。其中,相关税费不包括按照现行增值税制度规定,可以从销项税额中抵扣的进项税额。直接归属于使该项资产达到预定用途所发生的其他支出,包括使无形资产达到预定用途所发生的专业服务费用、测试无形资产是否能够正常发挥作用的费用等。

企业外购取得无形资产,应按实际成本的金额,借记"无形资产"账户,按可抵扣的增值税进项税额,借记"应交税费——应交增值税(进项税额)"账户,贷记"银行存款"等账户。

【例题 7-3 · 单项选择题】 琴岛有限责任公司为增值税一般纳税人,因生产活动的需要,外购 A 专利权,取得的增值税专用发票上注明的价款为 120 000 元,增值税税额为7 200元,另支付相关税费等 400 元和有关专业服务费用 2 000 元,A 专利权的入账金额为(　　)元。

A. 120 000　　B. 120 400　　C. 122 400　　D. 122 000

【答案】 C

【解析】 A 专利权的入账金额=120 000+400+2 000=122 400(元)。

2. 投资者投入的无形资产

投资者投入的无形资产的成本，应当按照投资合同或协议约定的价值确定，在投资合同或协议约定价值不公允的情况下，应按无形资产的公允价值入账。如果无形资产的入账价值大于投资方在企业注册资本或股本中占有的份额，其差额应贷记“资本公积”账户。

3. 政府补助取得的无形资产

通过政府补助取得的无形资产成本，应当按照公允价值计量；公允价值不能可靠取得的，按照名义金额(1 元)计量。企业收到政府补助的无形资产时，一方面增加企业的无形资产，记入“无形资产”账户的借方；另一方面要作为递延收益，记入“递延收益”账户的贷方。企业由于政府补助形成的无形资产而确认的递延收益应在无形资产的使用寿命内按合理、系统的方法分期计入损益。但是，对以名义金额计量的政府补助，在取得时计入当期损益。

三、内部研究开发费用的确认与计量

1. 研究阶段和开发阶段的划分

对于企业自行进行的研究开发项目，应当区分研究阶段与开发阶段分别进行核算。研究阶段是指为获取新的技术和知识等进行的有计划的调查。开发阶段是指在进行商业性生产或使用前，将研究成果或其他知识应用于某项计划或设计，以生产出新的或具有实质性改进的材料、装置、产品等。

2. 内部研究开发费用的账务处理

(1) 基本原则。无形资产准则规定，企业研究阶段的支出全部费用化，计入当期损益(管理费用)；开发阶段的支出符合条件的才能资本化，不符合资本化条件的计入当期损益(管理费用)。如果确实无法区分研究阶段的支出和开发阶段的支出，应将其所发生的研发支出全部费用化，计入当期损益。

(2) 账户设置。企业应设置“研发支出”账户，以反映企业内部在研发过程中发生的支出。“研发支出”账户应当按照研究开发项目，分别“费用化支出”与“资本化支出”进行明细核算。

① “研发支出——费用化支出”。本明细账户核算研究阶段及开发阶段不符合资本化条件的支出，期末(月末)将“研发支出——费用化支出”的借方余额转入“管理费用”，该明细账户结转后无余额。

② “研发支出——资本化支出”。本明细账户核算开发阶段符合资本化条件的支出，期末(月末)借方余额，反映企业正在进行中的研究开发项目中符合资本化条件的支出。借方余额计入资产负债表中的“开发支出”项目。

(3) 内部研究开发费用的账务处理。企业自行开发无形资产发生的研发支出，不满足资本化条件的，借记“研发支出——费用化支出”账户，满足资本化条件的，借记“研发支出——资本化支出”账户，贷记“原材料”“银行存款”“应付职工薪酬”等账户。自行研究开发无形资产发生的支出取得增值税专用发票可抵扣的进项税额，借记“应交税费——应交增值税(进项税额)”账户。

研究开发项目达到预定用途形成无形资产的，应按“研发支出——资本化支出”账户的余额，借记“无形资产”账户，贷记“研发支出——资本化支出”账户。期末(月末)，应将“研发支出——费用化支出”账户归集的金额转入“管理费用”账户，借记“管理费用”账户，贷记“研发支出——费用化支出”账户。

【例题 7-4 · 单项选择题】 琴岛有限责任公司自行研发非专利技术共发生支出560 000元，其中：研究阶段发生支出 150 000 元；开发阶段发生支出 410 000 元，符合资本化条件的支出为 300 000 元。不考虑其他因素，该研发活动应计入当期损益的金额为（　　）元。

A. 560 000　　B. 150 000　　C. 260 000　　D. 300 000

【答案】 C

【解析】 开发阶段发生的符合资本化条件的支出 300 000 元，应计入无形资产成本；研究阶段发生的支出 150 000 元和开发阶段发生的不符合资本化条件的支出 110 000 元（410 000－300 000）全部计入当期损益，所以该研发活动应计入当期损益的金额＝150 000＋110 000＝260 000（元）。

【例题 7-5 · 单项选择题】 琴岛有限责任公司自行研究开发一项技术，共发生研发支出 700 000 元，其中，研究阶段发生职工薪酬 150 000 元，专用设备折旧费用 50 000 元；开发阶段满足资本化条件的支出 500 000 元，通过银行转账支付，开发阶段结束，研究开发项目达到预定用途形成无形资产。不考虑其他因素，下列各项中，关于该企业研发支出会计处理表述中，正确的是（　　）。

A. 确认管理费用 150 000 元，确认无形资产 550 000 元

B. 确认管理费用 150 000 元，确认无形资产 500 000 元

C. 确认管理费用 200 000 元，确认无形资产 700 000 元

D. 确认管理费用 200 000 元，确认无形资产 500 000 元

【答案】 D

【解析】 研究阶段支出应计入管理费用。

研究阶段：

借：研发支出——费用化支出	200 000	
贷：应付职工薪酬		150 000
累计折旧		50 000

开发阶段：

借：研发支出——资本化支出	500 000	
贷：银行存款		500 000

研发项目达到预定用途时：

借：无形资产	500 000	
贷：研发支出——资本化支出		500 000

期末结转费用化支出时：

借：管理费用	200 000	
贷：研发支出——费用化支出		200 000

【例题 7-6 · 单项选择题】 琴岛有限责任公司期末"研发支出——资本化支出"明细账户的余额为 300 000 元，在编制资产负债表时，应将 300 000 元填至（　　）项目的期末余额栏。

A. "开发支出"　　B. "固定资产"

C. "无形资产"　　D. "在建工程"

【答案】 A

【解析】 “研发支出——资本化支出”明细账户期末(月末)借方余额,反映企业正在进行中的研究开发项目中符合资本化条件的支出。在资产负债表中,应填列在“开发支出”项目。

四、无形资产的后续计量

1. 无形资产的使用寿命

确定无形资产在使用过程中的累计摊销额,基础是估计其使用寿命,只有使用寿命有限的无形资产才需要在估计的使用寿命内采用系统合理的方法进行摊销,对于使用寿命不确定的无形资产则不需要摊销。无形资产使用寿命的确定如下:

(1) 源自合同性权利或其他法定权利取得的无形资产,其使用寿命不应超过合同性权利或其他法定权利的期限。但如果企业使用资产的预期的期限短于合同性权利或其他法定权利规定的期限的,则应当按照企业预期使用的期限确定其使用寿命。

如果合同性权利或其他法定权利能够在到期时因续约等延续,当有证据表明企业续约不需要付出重大成本时,续约期才能够包括在使用寿命的估计中。

(2) 没有明确的合同或法律规定无形资产的使用寿命的,企业应当综合各方面情况,如聘请相关专家进行论证或与同行业的情况进行比较以及参考企业的历史经验等,来确定无形资产为企业带来未来经济利益的期限。

(3) 企业经过上述努力仍确实无法合理确定无形资产为企业带来经济利益期限的,才能将其作为使用寿命不确定的无形资产。

2. 使用寿命有限的无形资产摊销的账务处理

使用寿命有限的无形资产,应在其预计的使用寿命内采用系统合理的方法对应摊销金额进行摊销。其中,应摊销金额是指无形资产的成本扣除残值后的金额。已计提减值准备的无形资产,还应扣除已计提的无形资产减值准备累计金额。

(1) 无形资产的摊销期和摊销方法。无形资产的摊销期自其可供使用(即其达到预定用途)时起至终止确认时止。即:当月增加的无形资产,当月开始摊销;当月减少的无形资产,当月不再摊销。

无形资产摊销方法包括直线法、生产总量法等。企业选择的无形资产摊销方法,应当能够反映与该项无形资产的经济利益的预期消耗方式,并一致地运用于不同会计期间。无法可靠确定其预期消耗方式的,应当采用直线法进行摊销。

(2) 无形资产残值的确定。无形资产的残值一般为零,但下列情况除外:

① 有第三方承诺在无形资产使用寿命结束时购买该无形资产。

② 可以根据活跃市场得到无形资产预计残值信息,并且该市场在该项无形资产使用寿命结束时很可能存在。

(3) 无形资产摊销的账务处理。无形资产的摊销额一般应当计入当期损益。如果某项无形资产包含的经济利益是通过所生产的产品或其他资产实现的,其摊销金额应当计入相关资产成本。

企业按月计提无形资产摊销额时,借记“管理费用”“其他业务成本”“制造费用”等账户,贷记“累计摊销”账户。

【例题 7-7 · 单项选择题】 下列各项关于无形资产摊销的会计处理表述中,正确的是(　　)。

A. 无形资产摊销额应全部计入管理费用

B. 用于生产产品的无形资产的摊销额应计入其他业务成本

C. 使用寿命有限的无形资产自可供使用下月开始摊销

D. 使用寿命不确定的无形资产不应摊销

【答案】 D

【解析】 选项A,企业管理用的无形资产,其摊销金额计入管理费用;出租的无形资产,其摊销金额计入其他业务成本;某项无形资产包含的经济利益通过所生产的产品或其他资产实现的,其摊销金额应当计入相关资产成本;选项B,用于生产产品的无形资产的摊销额计入产品成本;选项C,使用寿命有限的无形资产自可供使用当月开始摊销。

【例题7-8·多项选择题】 琴岛有限责任公司为增值税一般纳税人,2×24年11月1日购入一项无形资产,取得的增值税专用发票上注明价款为900万元,增值税税额为54万元。该无形资产使用年限为5年,按月进行摊销,预计净残值为零。下列关于该项无形资产的会计处理中,正确的有(　　)。

A. 2×24年11月1日,取得该无形资产的成本为900万元

B. 该项无形资产自2×24年12月起开始摊销

C. 该无形资产的应计摊销总额为954万元

D. 2×24年12月31日,该无形资产的累计摊销额为30万元

【答案】 AD

【解析】 无形资产按照取得时的成本进行初始计量,选项A正确;对于使用寿命有限的无形资产应当自可供使用当月起开始摊销,选项B错误;因预计净残值为零,该无形资产的应计摊销总额为无形资产的成本900万元,选项C错误;2×24年12月31日,累计摊销额=900÷5÷12×2=30(万元),选项D正确。

【例题7-9·单项选择题】 琴岛有限责任公司2×20年1月1日购入一项无形资产,实际成本为400万元。摊销年限为10年,采用直线法摊销,预计净残值为零。2×23年12月31日,该无形资产预计可收回金额为180万元,该无形资产原摊销年限和摊销方法不变,使用4年后,尚可使用6年。2×24年无形资产的摊销金额为(　　)万元。

A. 30　　B. 40　　C. 18　　D. 20

【答案】 A

【解析】 2×23年12月31日,无形资产累计摊销金额=400÷10×4=160(万元);无形资产的账面价值=400－160=240(万元),可收回金额为180万元,因此发生了减值,无形资产减值金额=240－180=60(万元);2×24年无形资产的摊销金额=(400－160－60)÷6=30(万元)。

五、无形资产的处置

1. 无形资产的出售

企业出售无形资产实质上是将对无形资产的占有、使用、收益及处置的权利转让给受让方,表明企业放弃无形资产的所有权。企业出售无形资产的净损益计入资产处置损益。其会计分录如下:

借：银行存款
　　无形资产减值准备　　【已计提的减值准备】
　　累计摊销　　【已计提的累计摊销额】
　　贷：无形资产　　【“无形资产”账面余额】
　　　　应交税费——应交增值税（销项税额）
　　　　资产处置损益　　【差额，也可能在借方】

2. 无形资产的出租

让渡无形资产使用权而取得的租金收入，借记“银行存款”等账户，贷记“其他业务收入”“应交税费——应交增值税（销项税额）”等账户；摊销出租无形资产的成本并发生与出租有关的各种费用支出时，借记“其他业务成本”账户，贷记“累计摊销”等账户。无形资产出租，即转让无形资产使用权时，除了符合法律规定的免征增值税项目外，应缴纳增值税。

3. 无形资产的报废

如果无形资产预期不能为企业带来未来经济利益，例如，某项无形资产已被其他新技术所替代或超过法律保护期，不能再为企业带来经济利益的，则不再符合无形资产的定义，企业应将其报废并予以转销，其账面价值转作当期损益。

其会计分录如下：

借：营业外支出——处置非流动资产损失　　【净损失】
　　累计摊销　　【已计提的累计摊销额】
　　无形资产减值准备　　【已计提的减值准备】
　　贷：无形资产　　【“无形资产”账面余额】

【例题 7-10 · 单项选择题】 琴岛有限责任公司（为增值税一般纳税人）出售一项专利权，开具的增值税专用发票上注明的价款为 200 000 元，增值税税额为 12 000 元，款项已收，该专利权的账面原价为 800 000 元，已累计摊销 560 000 元，未计提减值。不考虑其他因素，该企业出售专利权应确认的资产处置收益为（　　）元。

A. －52 000　　B. －40 000

C. 200 000　　D. －600 000

【答案】 B

【解析】 会计分录如下：

借：银行存款　　212 000
　　累计摊销　　560 000
　　资产处置损益　　40 000
　　贷：无形资产——专利权　　800 000
　　　　应交税费——应交增值税（销项税额）　　12 000

自主测试

一、单项选择题

1. 关于无形资产，下列说法中，不正确的是（　　）。

A. 无形资产属于非货币性资产　　B. 无形资产的使用寿命一定是确定的

C. 合并中产生的商誉不作为无形资产　　D. 无形资产具有可辨认性

2. 琴岛有限责任公司为增值税一般纳税人，购入一项专利，取得并经税务机关认证的增值税专用发票上注明的价款为60万元，增值税税额为3.6万元。为宣传该专利权生产的产品，另外发生宣传费支出10万元。不考虑其他因素，该专利的入账价值为(　　)万元。

A. 63.6　　B. 73.6

C. 60　　D. 70

3. 研究开发活动无法区分研究阶段和开发阶段的，当期发生的研究开发支出应在资产负债表日确认为(　　)。

A. 开发支出　　B. 营业外支出

C. 研发支出　　D. 管理费用

4. 下列各项关于企业无形资产表述中，不正确的是(　　)。

A. 使用寿命不确定的无形资产不应摊销

B. 研究阶段和开发阶段的支出应全部计入无形资产成本

C. 出租无形资产的摊销额应计入其他业务成本

D. 企业出售无形资产的净损益计入资产处置损益

5. 2×24年10月16日，琴岛有限责任公司自行研究开发一套软件，研究阶段发生支出30 000元，开发阶段发生支出200 000元，开发阶段的支出均满足资本化条件；12月16日，该软件开发成功并依法申请了专利，支付相关手续费5 000元，不考虑其他因素，该项无形资产的入账价值为(　　)元。

A. 170 000　　B. 200 000

C. 205 000　　D. 230 000

6. 下列各项关于制造业企业让渡无形资产使用权的相关会计处理表述中，正确的是(　　)。

A. 转让无形资产使用权的收入计入营业外收入

B. 已转让使用权的无形资产应停止计提摊销

C. 已转让使用权的无形资产计提的摊销额计入管理费用

D. 转让无形资产使用权的收入计入其他业务收入

7. 下列关于无形资产会计处理的表述中，正确的是(　　)。

A. 企业内部产生的品牌确认为无形资产

B. 将已转让所有权的无形资产的账面价值计入其他业务成本

C. 将预期不能为企业带来经济利益的无形资产账面价值计入管理费用

D. 将以支付土地出让金方式取得的自用土地使用权单独确认为无形资产

8. 2×24年12月，琴岛有限责任公司转让一项专利权，开具增值税专用发票上注明的价款为20万元，增值税税额为1.2万元，全部款项已存入银行，该专利权成本为40万元，已摊销30万元。不考虑其他因素，该企业转让专利权对利润总额的影响金额为(　　)万元。

A. 11.2　　B. −18.8

C. 10　　D. −30

9. 琴岛有限责任公司自行研发一项非专利技术，累计支出68万元，其中24万元属于研究阶段的支出，28万元属于开发阶段符合资本化条件的支出，16万元属于无法可靠区分研究阶段和开发阶段的支出。该技术研发完成并形成一项非专利技术。不考虑其他因素，该非专利技术的入账价值为（　　）万元。

A. 52　　B. 68

C. 28　　D. 44

10. 琴岛有限责任公司为增值税一般纳税人，2×24 年 11 月 1 日，外购一项 A 专利权用于生产新产品，取得的增值税专用发票上注明的价款为 100 万元，增值税税率为 6%，增值税税额为 6 万元。另支付专业服务费用 19 万元、测试无形资产是否能够正常发挥作用的费用 7 万元。为了宣传新产品而发生的广告费 3.6 万元，已经支付给广告公司。A 专利权预计法律剩余有效年限为 11 年，公司预计运用 A 专利权所生产的产品在未来 6 年内会为企业带来经济利益。预计净残值为零，采用直线法摊销。琴岛有限责任公司 2×24 年度应确认的无形资产摊销额为（　　）万元。

A. 3.6　　B. 1.9

C. 2.8　　D. 3.5

二、多项选择题

1. 下列各项目中，具有可辨认性的有（　　）。

A. 专利权　　B. 商标权

C. 非专利技术　　D. 著作权

E. 商誉

2. 下列关于内部研发无形资产的相关处理说法中，正确的有（　　）。

A. 研究阶段发生支出应区分是否满足资本化条件

B. 开发阶段发生的支出不满足资本化条件时计入当期损益

C. 研究阶段发生的符合资本化条件的支出可以计入无形资产成本

D. 开发阶段发生的符合资本化条件的支出应计入无形资产成本

E. 研究阶段的支出全部费用化，计入当期损益

3. 下列各项中，企业摊销管理用的无形资产应记入的会计账户有（　　）。

A. “制造费用”　　B. “管理费用”

C. “其他业务成本”　　D. “累计摊销”

E. “累计折旧”

4. 下列各项关于无形资产会计处理的表述中，正确的有（　　）。

A. 预期不能给企业带来经济利益的专利权应终止确认无形资产

B. 无形资产减值损失确认后不能转回

C. 出售无形资产形成的净损失应计入资产处置损益

D. 使用寿命不确定的无形资产不应摊销

E. 出租无形资产的摊销额计入其他业务成本

5. 下列交易事项中，会影响企业当期营业利润的有（　　）。

A. 无形资产租金收入　　B. 无形资产计提的减值

C. 出售无形资产的净损益　　D. 使用寿命有限的管理用无形资产摊销

E. 无形资产研究阶段的支出

三、判断题

1. 使用寿命不确定的无形资产，不应进行摊销。 （ ）

2. 企业自行研发无形资产过程中，如果无法可靠区分研究阶段支出和开发阶段支出的，应将相关支出计入所研发资产的成本。 （ ）

3. 企业自行研究开发并形成使用寿命有限的无形资产，应当自达到预定用途的次月开始摊销。 （ ）

4. 企业无形资产减值损失一经确认，在以后会计期间不得转回。 （ ）

5. 出租的无形资产，其摊销金额计入其他业务成本。 （ ）

四、计算及账务处理题

1. 2×24 年 7 月 1 日，琴岛有限责任公司开始自行研发一项非专利技术，7 月 31 日前发生研究阶段支出 60 万元，其中领用原材料 40 万元，应付人工工资 20 万元；从 8 月 1 日起，开始进入开发阶段，当月领用原材料 90 万元，应付人工工资 80 万元，其中符合资本化条件的支出为 120 万元；9 月 30 日，该非专利技术已经达到预定用途。

要求：编制相应的会计分录：

(1) 编制 2×24 年 7 月份的会计分录。

(2) 编制 2×24 年 8 月份的会计分录。

(3) 编制 2×24 年 9 月份的会计分录。

2. 琴岛有限责任公司为增值税一般纳税人，2×24 年 8 月 1 日，购买一项专利权用于产品生产，取得的增值税专用发票上注明的价款为 900 000 元，增值税税率为 6%，增值税税额为54 000元，以银行存款支付；该项专利权法律保护期间为 10 年，公司预计运用该专利生产的产品在未来 6 年内会为公司带来经济利益。假定这项无形资产的净残值为零，并按月采用直线法摊销。

要求：编制相应的会计分录。

3. 琴岛有限责任公司为增值税一般纳税人，拥有的 A 专利权成本为 900 000 元，已摊销 500 000 元，已计提减值准备 300 000 元。

要求：分别编制下列不同情况下，琴岛有限责任公司的会计分录：

(1) 该公司出售 A 专利权，开具增值税专用发票，注明价款为 200 000 元，增值税税率为 6%，增值税税额为 12 000 元，款项 212 000 元已存入银行。

(2) 该公司报废 A 专利权。

第八章　投资性房地产

学习目的与要求

通过本章学习，学生应掌握投资性房地产的核算范围、初始计量、后续计量、后续支出的账务处理、房地产转换账务处理及投资性房地产处置的账务处理，了解投资性房地产初始计量、后续计量等有关的会计规定。

本章基本内容框架

- 投资性房地产概述
  - 投资性房地产的定义及范围
  - 投资性房地产的确认条件
- 投资性房地产的初始计量
  - 外购的投资性房地产
  - 自建的投资性房地产
- 投资性房地产的后续计量
  - 投资性房地产的后续计量模式
  - 采用成本模式进行后续计量的投资性房地产
  - 采用公允价值模式进行后续计量的投资性房地产
  - 投资性房地产后续计量模式的变更
- 投资性房地产的后续支出
  - 投资性房地产后续支出的处理原则
  - 资本化的后续支出
  - 费用化的后续支出
- 投资性房地产与非投资性房地产的转换
  - 投资性房地产的转换形式
  - 投资性房地产转换的会计处理
- 投资性房地产的处置
  - 采用成本模式计量的投资性房地产的处置
  - 采用公允价值模式计量的投资性房地产的处置

重点、难点讲解及典型例题

一、投资性房地产的范围

投资性房地产的范围如表 8-1 所示。

表 8-1　投资性房地产的范围

范围	注意问题
已出租的土地使用权	企业计划用于出租但尚未出租的土地使用权，不属于此类
持有并准备增值后转让的土地使用权	按照国家有关规定认定的闲置土地，不属于持有并准备增值的土地使用权

（续表）

范围	注意问题
已出租的建筑物	(1) 是指企业拥有产权并以经营租赁方式出租的建筑物； (2) 以经营租赁方式租入再转租的建筑物不属于投资性房地产； (3) 对企业持有以备经营出租的空置建筑物或在建建筑物，只有企业管理当局（董事会或类似机构）作出正式书面决议，明确表明将其用于经营出租且持有意图短期内不再发生变化的，即使尚未签订租赁协议，也可视为投资性房地产

下列各项中，不属于投资性房地产：

(1) 自用房地产。即为生产商品、提供劳务或者经营管理而持有的房地产。例如，企业出租给本企业职工居住的房屋；企业拥有并自行经营的旅馆饭店；企业自用的办公楼、生产车间厂房等。

(2) 作为存货的房地产。作为存货的房地产是指房地产开发企业在正常经营过程中销售的或为销售而正在开发的商品房和土地。这部分房地产属于房地产开发企业的存货，不属于投资性房地产。

如果某项房地产，部分用于赚取租金或资本增值、部分用于生产商品、提供劳务或经营管理，能够单独计量和出售的、用于赚取租金或资本增值的部分，应当确认为投资性房地产。

【例题 8-1 · 多项选择题】 下列各项中，属于投资性房地产的有（　　）。

A. 已出租的建筑物

B. 待出租的建筑物

C. 已出租的土地使用权

D. 以经营租赁方式租入后再转租的建筑物

【答案】 AC

【解析】 选项 B，待出租的建筑物不属于投资性房地产；选项 D，以经营租赁方式租入的建筑物不属于企业持有的资产。

【例题 8-2 · 多项选择题】 下列各项关于土地使用权会计处理的表述中，正确的有（　　）。

A. 为建造固定资产购入的土地使用权确认为无形资产

B. 土地使用权在地上建筑物达到预定可使用状态时与地上建筑物一并确认为固定资产

C. 已出租的土地使用权及其地上建筑物一并确认为投资性房地产

D. 用于建造厂房的土地使用权摊销金额在厂房建造期间计入在建工程成本

【答案】 ACD

【解析】 土地使用权的账面价值不与地上建筑物合并计算其成本，而仍作为无形资产进行核算，选项 B 错误。

二、投资性房地产的初始计量

1. 外购的投资性房地产

【例题 8-3 · 单项选择题】 2×24 年 1 月 1 日，甲公司与乙公司签订一项租赁合同，将当日购入的一幢写字楼出租给乙公司，租赁期为 2×24 年 1 月 1 日至 2×24 年 12 月 31 日。

该写字楼购买价格为 1 000 万元，外购时发生直接费用 15 万元，为取得该写字楼所有权另支付了契税 85 万元，上述款项均以银行存款支付完毕。不考虑其他因素，则甲公司该项投资性房地产的入账价值为（　　）万元。

A. 1 000　　B. 1 015

C. 1 100　　D. 1 085

【答案】 C

【解析】 甲公司该项投资性房地产的入账价值＝1 000＋15＋85＝1 100（万元）。

2. 自建的投资性房地产

【例题 8-4·单项选择题】 甲公司以 1 400 万元取得土地使用权并自建三栋同样设计的厂房，其中一栋作为投资性房地产用于经营租赁，三栋厂房工程已经完工，全部成本合计 6 000万元，完工当日土地使用权账面价值为 1 200 万元，假定不考虑其他因素，租赁期开始日该投资性房地产的初始成本是（　　）万元。

A. 3 600　　B. 7 200

C. 2 400　　D. 2 000

【答案】 C

【解析】 初始成本＝1 200÷3＋6 000÷3＝2 400（万元）。

【例题 8-5·单项选择题】 2 月 1 日，甲公司从其他单位购入一块土地的使用权，并在这块土地上建造两栋厂房。9 月 1 日，甲公司预计厂房即将完工，与乙公司签订了经营租赁合同，将其中的一栋厂房租赁给其使用。租赁合同约定，该厂房于完工时开始出租。9 月 15 日，两栋厂房同时完工。该土地使用权的账面价值为 1 200 万元，两栋厂房实际发生的建造成本均为 300 万元，能够单独计量。甲公司采用成本模式对投资性房地产进行后续计量。则甲公司 9 月 15 日“投资性房地产——厂房”的入账价值为（　　）万元。

A. 900　　B. 300

C. 750　　D. 1 200

【答案】 B

【解析】 甲公司 9 月 15 日“投资性房地产——厂房”的入账价值为 300 万元。

三、投资性房地产的后续计量

投资性房地产的后续计量如表 8-2 所示。

表 8-2　投资性房地产的后续计量

采用成本模式进行后续计量	采用公允价值模式进行后续计量
会计处理 1. 按期（月）对投资性房地产计提折旧或进行摊销 借：其他业务成本 　贷：投资性房地产累计折旧 　　　投资性房地产累计摊销 2. 投资性房地产存在减值迹象的，应当适用资产减值的有关规定。经减值测试后确定发生减值的，应当计提减值准备 借：资产减值损失 　贷：投资性房地产减值准备	会计处理 投资性房地产采用公允价值模式计量的，不计提折旧或摊销，应当以资产负债表日的公允价值计量。 1. 投资性房地产的公允价值高于其账面余额的差额 借：投资性房地产——公允价值变动 　贷：公允价值变动损益 2. 公允价值低于其账面余额的差额做相反的会计分录

【例题 8-6 · 单项选择题】 甲公司采用成本模式对投资性房地产进行后续计量，2×24年3月20日，自行建造的办公楼达到预定可使用状态并于当日对外出租，该办公楼建造成本为6 750万元，预计使用年限为25年，预计净残值为50万元。在采用双倍余额递减法计提折旧的情况下，2×24年，该办公楼应计提的折旧额为（　　）万元。

A. 540　　B. 405

C. 536　　D. 402

【答案】 B

【解析】 2×23年，该办公楼应计提的折旧额=6 750×2÷25×9÷12=405(万元)。

【例题 8-7 · 单项选择题】 甲公司采用成本模式对投资性房地产进行后续计量。2×24年11月30日，甲公司将一栋办公楼出租给乙公司，办公楼成本为1 800万元，采用年限平均法计提折旧，预计使用年限为20年，预计净残值为零。按照经营租赁合同约定，乙公司每月应支付的租金为8万元。2×24年12月31日，该办公楼出现减值迹象，经减值测试，其可收回金额为1 200万元，此时办公楼的账面价值为1 500万元，以前未计提减值准备。不考虑其他因素，对于上述事项，下列说法中，正确的有（　　）。

A. 甲公司2×24年12月份计提折旧的金额为7.5万元

B. 甲公司2×24年12月31日计提减值准备的金额为300万元

C. 甲公司2×24年12月份确认其他业务收入的金额为8万元

D. 该投资性房地产影响甲公司2×24年12月份营业利润的金额为−299.5万元

【答案】 ABCD

【解析】

(1) 2×24年12月份，计提折旧=1 800÷20÷12=7.5(万元)。

借：其他业务成本　　7.5

　贷：投资性房地产累计折旧　　7.5

(2) 2×24年12月份，确认租金：

借：银行存款　　8

　贷：其他业务收入　　8

(3) 2×24年12月31日，计提减值准备：

借：资产减值损失　　300

　贷：投资性房地产减值准备　　300

该投资性房地产影响甲公司2×24年12月份营业利润的金额=−7.5+8−300=−299.5(万元)。

【例题 8-8 · 单项选择题】 甲房地产公司于2×24年1月1日将一栋新建成的商品房对外出租并采用公允价值模式进行后续计量，租期为3年，每年年末收取租金100万元。出租时，该商品房的成本为1 500万元，未计提跌价准备，公允价值为1 600万元；2×24年12月31日，该栋商品房的公允价值为1 800万元。不考虑其他因素的影响，下列说法中，正确的有（　　）。

A. 甲房地产公司因该项资产出租应确认公允价值变动损益100万元

B. 甲房地产公司因该项资产 2×23 年应确认的当期损益为 300 万元

C. 甲房地产公司因该项资产 2×23 年应确认的当期损益为 100 万元

D. 甲房地产公司因该项资产应确认的公允价值变动金额为 200 万元

【答案】 BD

【解析】 将商品房出租时公允价值大于成本的差额 100 万元应记入“其他综合收益”账户，不计入当期损益，因此影响 2×23 年当期损益的金额＝租金收入 100＋公允价值变动收益(1 800－1 600)＝300(万元)，选项 A 和选项 C 错误，选项 B 正确；甲房地产公司因该项资产2×23年应确认的公允价值变动金额为 200 万元(1 800－1 600)，选项 D 正确。

四、投资性房地产的后续支出

投资性房地产的后续支出如表 8-3 所示。

表 8-3　资本化的后续支出

后续计量模式	后续计量
采用成本模式进行后续计量	企业对某项投资性房地产进行改扩建等再开发且将来仍作为投资性房地产的，再开发期间应继续将其作为投资性房地产(通过“投资性房地产——在建”账户核算)，在开发期间不计提折旧或摊销。 1. 投资性房地产转入改扩建工程 借：投资性房地产——在建 　　投资性房地产累计折旧 　　贷：投资性房地产 2. 发生改扩建或装修支出 借：投资性房地产——在建 　　贷：银行存款等 3. 改扩建工程或装修完工 借：投资性房地产 　　贷：投资性房地产——在建
采用公允价值模式进行后续计量	企业对某项投资性房地产进行改扩建等再开发且将来仍作为投资性房地产的，在开发期间应继续将其作为投资性房地产(通过“投资性房地产——在建”账户核算)。 1. 投资性房地产转入改扩建工程 借：投资性房地产——在建 　　贷：投资性房地产——成本 　　　　　　　　　——公允价值变动 2. 发生改扩建或装修支出 借：投资性房地产——在建 　　贷：银行存款等 3. 改扩建工程或装修完工 借：投资性房地产——成本 　　贷：投资性房地产——在建

【例题 8-9 · 单项选择题】 3 月，甲公司与乙公司的一项写字楼经营租赁合同即将到期，该写字楼按照成本模式进行后续计量，为了提高写字楼的租金收入，甲公司决定在租赁期满后对写字楼进行改扩建，并与丙公司签订了经营租赁合同，约定自改扩建完工时将写字楼出租给丙公司。3 月 31 日，与乙公司的租赁合同到期，写字楼随即进入改扩建工程，原价为 10 000 万元，已计提折旧 2 000 万元。12 月 15 日，写字楼改扩建工程完工，共发生支出 3 000 万元，即日按照租赁合同出租给丙公司。改扩建支出属于资本化的后续支出。甲公司改扩建完工后的投资性房地产入账价值为(　　)万元。

A. 11 000　　B. 13 000

C. 3 000　　D. 10 000

【答案】 A

【解析】 改扩建完工后的投资性房地产入账价值=10 000－2 000+3 000=11 000(万元)。

【例题 8-10 · 单项选择题】 甲公司从事房地产开发经营业务，7 月 31 日收回租赁期届满的商铺，并计划对其重新装修后继续用于出租。该商铺成本为 3 000 万元，至重新装修之日，已计提折旧 1 000 万元，账面价值为 2 000 万元，其中原装修支出的账面价值为 300 万元。装修工程于 8 月 1 日开始，于年末完工并达到预定可使用状态，共发生装修支出 800 万元(均符合资本化条件)。装修后预计租金收入将大幅增加。甲公司对商铺采用成本模式进行后续计量。甲公司 12 月 31 日该项投资性房地产的账面价值为(　　)万元。

A. 2 300　　B. 2 500

C. 1 700　　D. 2 800

【答案】 B

【解析】 投资性房地产的账面价值=2 000－300+800=2 500(万元)。

五、投资性房地产与非投资性房地产转换

1. 房地产转换日的确认

房地产转换日的确定关系资产的确认时点和入账价值，因此非常重要。房地产转换日是指房地产的用途发生改变、状态相应发生改变的日期。转换日的确定标准主要如下：

(1) 投资性房地产开始自用，转换日是指房地产达到自用状态，企业开始将房地产用于生产商品、提供劳务或者经营管理的日期。

(2) 投资性房地产转换为存货，转换日为租赁期届满、企业董事会或类似机构作出书面决议明确表明将其重新开发用于对外销售的日期。

(3) 作为存货的房地产改为出租，或者自用建筑物或土地使用权停止自用改为出租转换日通常为租赁期开始日。租赁期开始日是指承租人有权行使其使用租赁资产权利的日期。

【例题 8-11 · 单项选择题】 甲公司为房地产开发企业，6 月 30 日，决定将原本用于出租的房地产重新开发用于对外销售，7 月 1 日，董事会作出书面决议表明将其重新开发。转换日，投资性房地产账面价值 4 000 万元(其中成本 3 700 万元，公允价值变动 300 万元)，公允价值为 4 500 万元。假设甲公司对投资性房地产采用公允价值模式进行后续计量，不考虑其他因素的影响，则下列说法中，正确的有(　　)。

A. 投资性房地产转为存货的日期为 6 月 30 日

B. 投资性房地产转为存货的日期为 7 月 1 日

C. 转换日，存货的入账价值为 4 500 万元，同时将投资性房地产持有期间的公允价值变动转出

D. 投资性房地产转为存货，转换日应确认公允价值变动损益 500 万元

【答案】 BD

【解析】 投资性房地产改为存货的，其转换日为董事会或类似机构作出书面决议明确表明将其重新开发用于对外销售的日期，选项 A 不正确，选项 B 正确；转换日，按该项投资

性房地产的公允价值入账，借记“开发产品”账户，对于投资性房地产持有期间产生的公允价值变动损益在投资性房地产转换为存货时不用作处理，待处置时结转到当期损益中，选项C不正确；转换日公允价值与账面价值的差额计入公允价值变动损益500万元（4 500—4 000），选项D正确。

2. 成本模式下的转换

成本模式下房地产转换的财务处理如表8-4所示。

表8-4 成本模式下房地产转换的账务处理

房地产转换形式	账务处理
自用房地产转换为投资性房地产	借：投资性房地产 【原值】 累计折旧（累计摊销） 固定资产减值准备（无形资产减值准备） 贷：固定资产（无形资产） 【原值】 投资性房地产累计折旧（投资性房地产累计摊销） 投资性房地产减值准备
投资性房地产转换为自用房地产	借：固定资产（无形资产） 【原值】 投资性房地产累计折旧（投资性房地产累计摊销） 投资性房地产减值准备 贷：投资性房地产 【原值】 累计折旧（累计摊销） 固定资产减值准备（无形资产减值准备）
作为存货的房地产转换为投资性房地产	借：投资性房地产 【账面价值】 存货跌价准备 【已计提存货跌价准备】 贷：开发产品 【账面余额】
投资性房地产转换为存货	借：开发产品 【账面价值】 投资性房地产累计折旧 投资性房地产减值准备 贷：投资性房地产 【账面金额】

【例题8-12·单项选择题】 甲公司12月将采用成本模式计量的投资性房地产转为自用固定资产，转换日该固定资产的公允价值为20 000万元，转换日之前“投资性房地产”账户余额为20 300万元，“投资性房地产累计折旧”账户金额为2 000万元，在转换日会计处理中，不正确的是（ ）。

A. 固定资产的入账价值为20 300万元，同时冲减投资性房地产20 300万元

B. 冲减投资性房地产累计折旧2 000万元，同时增加累计折旧2 000万元

C. 不确认转换损益

D. 确认转换损益1 700万元

【答案】 D

【解析】 成本模式下投资性房地产和非投资性房地产是对应结转，不确认损益。

3. 公允价值模式下的转换

公允价值模式下房地产转换的账务处理如表8-5所示。

表 8-5　公允价值模式下房地产转换的账务处理

房地产转换形式	账务处理
自用房地产转换为投资性房地产	借：投资性房地产——成本　【公允价值】 　累计折旧(累计摊销) 　固定资产减值准备(无形资产减值准备) 　公允价值变动损益　【借差】 　贷：固定资产(无形资产)　【原值】 　　其他综合收益　【贷差】
投资性房地产转换为自用房地产	借：固定资产(无形资产)　【公允价值】 　公允价值变动损益　【借差】 　贷：投资性房地产——成本 　　　　　　——公允价值变动 　　公允价值变动损益　【贷差】
作为存货的房地产转换为投资性房地产	借：投资性房地产——成本　【公允价值】 　存货跌价准备　【已计提存货跌价准备】 　公允价值变动损益　【借差】 　贷：开发产品　【账面余额】 　　其他综合收益　【贷差】
投资性房地产转换为存货	借：开发产品　【公允价值】 　公允价值变动损益　【借差】 　贷：投资性房地产——成本 　　　　　　——公允价值变动 　　公允价值变动损益　【贷差】

自主测试

一、单项选择题

1. 下列项目中，属于外购投资性房地产的是(　　)。

A. 企业购入的写字楼直接出租

B. 企业购入的土地准备建造办公楼

C. 企业购入的土地准备建造办公楼，之后改为持有以备增值

D. 企业购入的写字楼自用 2 年后再出租

2. 企业采用公允价值模式对投资性房地产进行后续计量的，资产负债表日应将投资性房地产公允价值与其账面价值的差额计入(　　)。

A. 其他综合收益　　B. 公允价值变动损益

C. 资本公积　　D. 资产减值损失

3. 7 月 1 日，甲公司将一项按照成本模式进行后续计量的投资性房地产转换为固定资产。该资产在转换前的账面原价为 4 000 万元，已计提折旧 200 万元，已计提减值准备 100 万元，转换日的公允价值为 3 850 万元，假定不考虑其他因素，转换日，甲公司应借记“固定资产”账户的金额为(　　)万元。

A. 3 700　　B. 3 800

C. 3 850　　D. 4 000

4. 甲公司采用公允价值模式对投资性房地产进行后续计量，2×24 年 3 月 10 日，将达

到预定可使用状态的自行建造的办公楼对外出租，该办公楼建造成本为 3 700 万元，预计使用年限为 30 年，预计净残值为 100 万元。在采用年限平均法计提折旧的情况下，2×24 年，该办公楼应计提的折旧额为（　　）万元。

A. 90　　B. 120
C. 0　　D. 100

5. 下列有关投资性房地产后续计量会计处理的表述中，不正确的是（　　）。

A. 不同企业可以分别采用成本模式或公允价值模式
B. 满足特定条件时可以采用公允价值模式
C. 同一企业可以分别采用成本模式和公允价值模式
D. 同一企业不得同时采用成本模式和公允价值模式

6. 投资性房地产的后续支出，不满足资本化条件的，应当在发生时计入（　　）。

A. 其他业务成本　　B. 管理费用
C. 营业外支出　　D. 主营业务成本

7. 投资性房地产由成本模式计量转为公允价值模式计量时，不考虑所得税影响，则转换时公允价值与原账面价值的差额应计入（　　）。

A. 资本公积　　B. 公允价值变动损益
C. 留存收益　　D. 投资收益

8. 长江公司为房地产开发企业，于 2×24 年 1 月 1 日将一幢商品房对外出租并采用公允价值模式计量，租期为 3 年，每年 12 月 31 日收取租金 100 万元，出租时，该幢商品房的成本为 2 000 万元，公允价值为 2 200 万元，2×24 年 12 月 31 日，该幢商品房的公允价值为 2 150万元。长江公司 2×24 年应确认的公允价值变动损益为（　　）万元。

A. －50　　B. 150
C. －150　　D. －100

9. 自用房地产转换为采用公允价值模式计量的投资性房地产，转换日，该房地产公允价值大于账面价值的差额，正确的会计处理是（　　）。

A. 计入其他综合收益　　B. 计入期初留存收益
C. 计入营业外收入　　D. 计入公允价值变动损益

10. A 公司于 2×24 年 1 月 30 日将采用公允价值模式计量的投资性房地产转为自用办公楼。该房地产在 2×23 年年末的公允价值为 2 000 万元，转换日的公允价值为 2 070 万元，预计尚可使用年限为 15 年。转换后采用年限平均法计提折旧，预计净残值为零，不考虑其他因素，则 A 公司在 2×24 年对该项房地产应计提的折旧额为（　　）万元。

A. 126　　B. 126.5　　C. 125　　D. 124.5

二、多项选择题

1. 下列有关投资性房地产的表述中，不正确的有（　　）。

A. 成本模式下，当月增加的房屋当月不计提折旧
B. 公允价值模式下，当月增加的房屋下月开始计提折旧
C. 成本模式下，当月增加的土地使用权当月进行摊销
D. 成本模式下，当月增加的土地使用权当月不进行摊销

2. 下列各项中，属于投资性房地产的有（　　）。

A. 已出租的建筑物

B. 待出租的土地使用权

C. 已出租的土地使用权

D. 企业持有的准备建造办公楼等建筑物的土地使用权

3. 下列关于投资性房地产后续计量的会计处理表述中，正确的有（　　）。

A. 企业通常应当采用成本模式对投资性房地产进行后续计量，也可采用公允价值模式对投资性房地产进行后续计量

B. 企业选择采用公允价值模式对投资性房地产进行后续计量的，以后期间也可采用成本模式对投资性房地产进行后续计量

C. 投资性房地产的后续计量模式一经确定不得随意变更

D. 企业只能采用公允价值模式对投资性房地产进行后续计量

4. 下列关于采用公允价值模式进行后续计量的投资性房地产会计处理的表述中，正确的有（　　）。

A. 按预计使用年限计提折旧

B. 公允价值变动的金额计入当期损益

C. 公允价值变动的金额计入其他综合收益

D. 自用房地产转换为采用公允价值模式进行后续计量的投资性房地产时，公允价值高于账面价值的差额计入其他综合收益

5. 下列各项中，一定影响企业当期损益的有（　　）。

A. 自用房地产转换为采用公允价值模式计量的投资性房地产时，转换日公允价值大于账面价值的差额

B. 投资性房地产的改良支出

C. 采用公允价值计量的投资性房地产的期末公允价值变动

D. 采用成本模式计量的投资性房地产发生减值

三、判断题

1. 企业将自行建造的房地产达到预定可使用状态时开始自用，之后改为对外出租，应当在该房地产达到预定可使用状态时确认为投资性房地产。（　　）

2. 企业通常应当采用成本模式对投资性房地产进行后续计量。（　　）

3. 投资性房地产采用公允价值模式进行后续计量的，不需计提折旧或摊销，但应于每期期末进行减值测试，如果可收回金额小于账面价值，应计提减值准备。（　　）

4. 采用成本模式计量的投资性房地产转为公允价值模式时，按照会计估计变更处理。（　　）

5. 投资性房地产不论在成本模式下，还是在公允价值模式下，其取得的租金收入，均确认为其他业务收入。（　　）

四、计算及账务处理题

1. 2×23 年 12 月 17 日，甲公司与乙公司签订租赁合同，甲公司将一栋办公楼整体出租

给乙公司，租赁合同约定，租期为3年，年租金为360万元(假定不考虑相关税费)，甲公司须每年年末前预付下一租赁年度的租金。2×23年12月31日为租赁期开始日。该办公楼原值为12 000万元(不含土地使用权价值)、办公楼预计使用年限为40年，已计提折旧300万元。办公楼的预计净残值为零，均采用直线法计提折旧。甲公司后续计量采用成本模式计量。

要求：编制甲公司的会计分录：

(1) 编制甲公司将办公楼转为投资性房地产的会计分录。

(2) 编制收到租金的会计分录。

(3) 编制2×24年1月31日对投资性房地产计提折旧的会计分录。

(4) 编制2×24年1月31日确认租金收入的会计分录。

2. 甲公司与乙公司的一项厂房经营租赁合同即将到期，为了提高办公楼的租金收入，甲公司决定在租赁期满后对办公楼进行改扩建，并与丙公司签订了经营租赁合同，约定自改扩建完工时将办公楼出租给丙公司。2×23年10月1日，进入改扩建工程。2×24年3月31日，办公楼改扩建工程完工，共发生支出400万元，均以银行存款支付，同时出租给丙公司。办公楼账面余额为1 000万元，已计提折旧100万元。甲公司采用成本计量模式。

要求：编制2×23年10月1日至2×24年3月31日有关改扩建的会计分录。

3. A公司采用公允价值模式计量投资性房地产，有关资料如下：

(1) 2×21年1月1日，A公司与B公司签订协议，将自用的办公楼出租给B公司，租期为3年，每年租金为500万元，于每年年末收取，2×21年1月1日为租赁期开始日，2×23年12月31日到期。2×21年1月1日，该办公楼的公允价值为9 000万元，账面原值为30 000万元，已计提的累计折旧为22 000万元，未计提减值准备。各年年末均收到租金。

(2) 2×21年12月31日，该办公楼的公允价值为12 000万元。

(3) 2×22年12月31日，该办公楼的公允价值为18 000万元。

(4) 2×23年12月31日，该租赁协议到期，A公司将办公楼出售，取得价款30 000万元。

要求：编制A公司的会计分录：

(1) 编制A公司转换日转换房地产的有关会计分录。

(2) 编制A公司2×21年收到租金、2×21年12月31日调整投资性房地产账面价值的会计分录。

(3) 编制A公司2×22年12月31日调整投资性房地产账面价值的会计分录。

(4) 编制A公司2×23年12月31日处置投资性房地产的相关会计分录。

第九章　资 产 减 值

学习目的与要求

通过本章学习，学生应掌握资产可收回金额的计量、各类资产减值损失的确认和计量以及资产减值损失确认后对该资产后续计量的影响；明确资产减值的含义、资产减值准则规定的资产的范围及认定标准；了解资产组的认定及减值处理，商誉减值测试及会计处理。

本章基本内容框架

- 资产减值概述
  - 资产减值的含义及核算范围
  - 资产减值的确认
- 资产可收回金额的计量
  - 估计资产可收回金额的基本方法
  - 资产的公允价值减去处置费用后净额的估计
  - 资产预计未来现金流量现值的估计
- 资产减值损失的确认和计量
  - 资产减值损失确认和计量的一般原则
  - 资产减值损失相关的核算账户
  - 资产减值损失的主要会计处理
- 资产组的认定及减值处理
  - 资产组的认定
  - 资产组减值测试
  - 总部资产的减值测试
- 商誉减值测试及会计处理
  - 商誉减值测试的基本要求
  - 商誉减值测试的方法与会计处理

重点、难点讲解及典型例题

一、资产减值的含义及范围

1. 资产减值的含义

资产减值是指因外部因素、内部使用方式或使用范围发生变化而对资产造成不利影响，导致资产使用价值降低，致使资产未来可流入企业的全部经济利益低于其现有的账面价值。

2. 资产减值的范围

本章涉及的主要是《企业会计准则第 8 号——资产减值》规范的企业的非流动资产，具体包括以下资产：

(1) 对子公司、联营企业和合营企业的长期股权投资。

(2) 采用成本模式进行后续计量的投资性房地产。

(3) 固定资产。

(4) 生产性生物资产。

(5) 无形资产。

(6) 商誉。

(7) 探明石油天然气矿区权益及相关设施。

《企业会计准则第 8 号——资产减值》准则规范的非流动资产的减值,一旦确认,以后各期不得转回。需要说明的是,企业存货的减值适用于存货准则,应收款项、债权投资和其他债权投资的减值适用于金融工具准则。并且,以上资产已计提的减值准备均可转回。

【例题 9-1 · 单项选择题】 下列资产中,其资产减值损失确认后可以转回的是(　　)。

A. 商誉　　B. 无形资产

C. 存货　　D. 固定资产

【答案】 C

【解析】 《企业会计准则第 8 号——资产减值》规范的非流动资产,减值损失一经确认,不得转回。

3. 资产减值损失确认的思路(图 9-1)

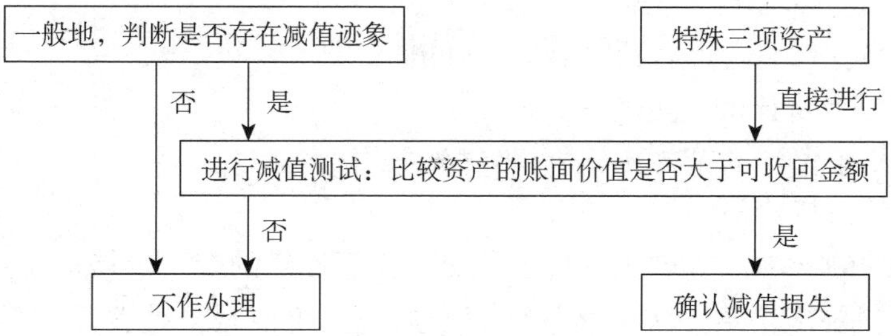

图 9-1　资产减值损失的思路

【例题 9-2 · 单项选择题】 下列各项资产中,无论是否存在减值迹象,至少应于每年年度终了对其进行减值测试的是(　　)。

A. 商誉　　B. 固定资产

C. 长期股权投资　　D. 投资性房地产

【答案】 A

【解析】 商誉和使用寿命不确定的无形资产无论是否存在减值迹象,都至少于每年年度终了进行减值测试,选项 A 正确。

二、资产可收回金额的计量

1. 估计资产可收回金额的基本方法

资产的可收回金额,应当根据资产的公允价值减去处置费用后的净额与资产预计未来现金流量的现值两者之间较高者确定。具体如图 9-2 所示。

【例题 9-3 · 判断题】 固定资产的可收回金额,应当根据该资产的公允价值减去处置费用后的净额和未来现金流量现值两者之中的较低确定。(　　)

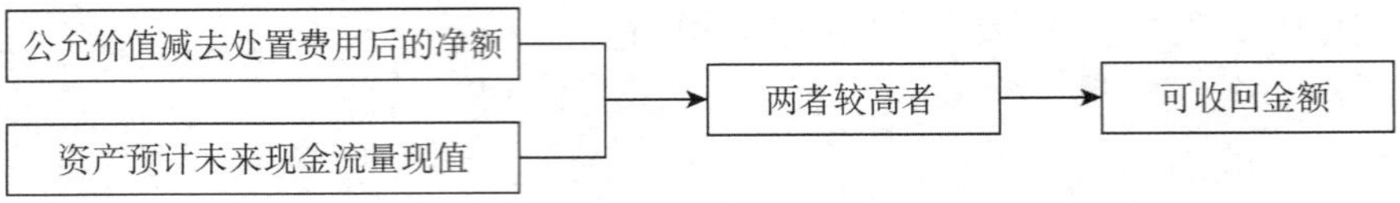

图 9-2　估计资产可收回金额的基本方法

【答案】 ×

【解析】 固定资产可收回金额应当根据公允价值减去处置费用后的净额和未来现金流量的现值两者较高者进行确认。

【例题 9-4 · 多项选择题】 企业在计算确定资产可收回金额时需要的步骤有（　　）。

A. 计算确定资产的公允价值减去处置费用后的净额

B. 计算确定资产预计未来现金流量的现值

C. 计算确定资产预计未来现金流量

D. 比较资产的公允价值减去处置费用后的净额与预计未来现金流量的现值，取其较高者

E. 比较资产的公允价值减去处置费用后的净额与预计未来现金流量，取其较高者

【答案】 ABD

【解析】 资产可收回金额的估计，应当根据其公允价值减去处置费用后的净额与资产预计未来现金流量的现值两者之间较高者确定。

2. 资产的公允价值减去处置费用后净额的估计

企业资产的公允价值的确定顺序：

（1）公平交易中资产的销售协议价格（优先采用）。

（2）该资产的市场价格。

（3）熟悉情况的交易双方自愿进行公平交易愿意提供的交易价格。

企业按照上述要求仍然无法可靠估计资产的公允价值减去处置费用后的净额的，应当以该资产预计未来现金流量的现值作为其可收回金额。

3. 资产预计未来现金流量现值的估计

企业在预计资产未来现金流量现值时，主要涉及以下三个方面：

（1）资产的预计未来现金流量。

（2）资产的使用寿命。

（3）折现率。

资产预计未来现金流量现值的估计如图 9-3 所示。

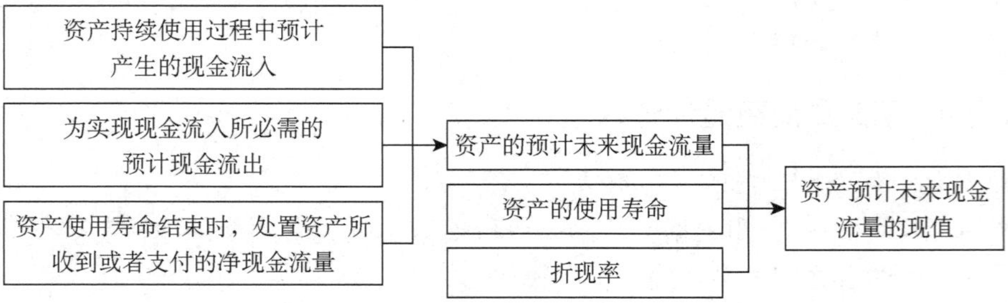

图 9-3　资产预计未来现金流量现值的估计

【例题 9-5 · 单项选择题】 2×24 年 12 月 31 日，企业某项固定资产的公允价值为 1 000万元，预计处置费用为 100 万元，预计未来现金流量的现值为 960 万元。当日，该项固定资产的可收回金额为（　　）万元。

A. 860　　B. 900

C. 960　　D. 1 000

【答案】 C

【解析】 可收回金额为公允价值减去处置费用后的净额与预计未来现金流量的现值两者之间较高者确定，其中公允价值减去处置费用后的净额＝1 000－100＝900（万元），预计未来现金流量现值为 960 万元，所以该固定资产的可收回金额为 960 万元，选项 C 正确。

三、资产减值损失的确认与计量

1. 资产减值损失确认与计量的一般原则

企业在对资产进行减值测试并计算了资产可收回金额后，如果资产的可收回金额低于其账面价值，应当将资产的账面价值减记至可收回金额，减记的金额确认为资产减值损失，计入当期损益，同时计提相应的资产减值准备。

资产的账面价值是指资产成本扣减累计折旧（或累计摊销）和累计减值准备后的金额。

2. 资产减值损失相关的核算账户（表 9-1）

表 9-1　与资产减值损失有关的会计账户

核算科目	科目性质	核算内容
资产减值损失	损益类	核算企业计提各项资产减值准备所形成的损失
固定资产减值准备	资产备抵科目	核算固定资产的减值准备
在建工程减值准备	资产备抵科目	核算在建工程的减值准备
投资性房地产减值准备	资产备抵科目	核算采用成本模式计量的投资性房地产的减值准备
无形资产减值准备	资产备抵科目	核算无形资产的减值准备
商誉减值准备	资产备抵科目	核算商誉的减值准备
长期股权投资减值准备	资产备抵科目	核算长期股权投资的减值准备

3. 资产减值损失的主要会计处理

（1）发生减值。

借：资产减值损失
　　贷：在建工程减值准备
　　　　固定资产减值准备
　　　　无形资产减值准备
　　　　商誉减值准备
　　　　长期股权投资减值准备等

（2）期末，将损益类账户“资产减值损失”转入“本年利润”。

借：本年利润
　　贷：资产减值损失

【例题 9-6 · 单项选择题】 资产发生减值，应借记的账户是（　　）。

A. 管理费用

B. 资产减值损失

C. 其他业务成本

D. 营业外支出

【答案】 B

【解析】 资产发生减值，应借记损益类账户"资产减值损失"账户。

【例题 9-7 · 单项选择题】 2×24 年 2 月 1 日，甲公司以 2 800 万元购入一项专门用于生产 H 设备的专利技术。该专利技术按产量进行摊销，预计净残值为零，预计该专利技术可用于生产 500 台 H 设备。甲公司 2×24 年共生产 90 台 H 设备。2×24 年 12 月 31 日，经减值测试，该专利技术的可收回金额为 2 100 万元。不考虑增值税等相关税费及其他因素。甲公司 2×24 年 12 月 31 日应该确认的资产减值损失金额为（　　）万元。

A. 700　　B. 0

C. 196　　D. 504

【答案】 C

【解析】 2×24 年年末，该专利技术的账面价值＝2 800－2 800÷500×90＝2 296（万元），应确认的资产减值损失金额＝2 296－2 100＝196（万元），选项 C 正确。

【例题 9-8 · 单项选择题】 2×23 年 12 月 20 日，甲公司以 4 800 万元购入一台设备并立即投入使用，预计使用年限为 10 年，预计净残值为零，按年限平均法计提折旧。2×24 年 12 月 31 日，该设备出现减值迹象，甲公司预计该设备的公允价值减去处置费用后的净额为 3 900 万元，未来现金流量的现值为 3 950 万元。不考虑增值税等相关税费及其他因素，2×24年 12 月 31 日，甲公司应为该设备计提减值准备的金额为（　　）万元。

A. 420　　B. 410

C. 370　　D. 460

【答案】 C

【解析】 固定资产可收回金额以公允价值减去处置费用后的净额与未来现金流量现值两者孰高计量，即可收回金额为 3 950 万元。2×24 年 12 月 31 日固定资产账面价值＝4 800－4 800÷10＝4 320（万元），应计提减值准备的金额为 370 万元（4 320－3 950）。

四、资产组的认定及减值处理

1. 资产组的认定

资产组是企业可以认定的最小资产组合，其产生的现金流入应当基本上独立于其他资产或者资产组。资产组应当由与创造现金流入相关的资产构成。资产组一经确定，在各个会计期间应当保持一致，不得随意变更。

【例题 9-9 · 判断题】 资产组一经确定，在各个会计期间应当保持一致，不得随意变更。（　　）

【答案】 √

【解析】 资产组一经确定，在各个会计期间不得随意变更。

2. 资产组减值测试

资产组的可收回金额，应当按照该资产组的公允价值减去处置费用后的净额与其预计未来现金流量的现值之间较高者确定。

如果资产组的可收回金额低于其账面价值，应当确认相应的减值损失。减值损失金额应当按照下列顺序进行分摊：

（1）首先抵减分摊至资产组中商誉的账面价值。

（2）然后根据资产组中除商誉之外的其他各项资产的账面价值所占比重，按比例抵减其他各项资产的账面价值。

以上资产账面价值的抵减，应当作为各单项资产（包括商誉）的减值损失处理，计入当期损益。

3. 总部资产的减值测试

企业对某一资产组进行减值测试，应当先认定所有与该资产组相关的总部资产，再根据相关总部资产能否按照合理和一致的基础分摊至该资产组。总部资产的减值测试如图 9-4 所示。

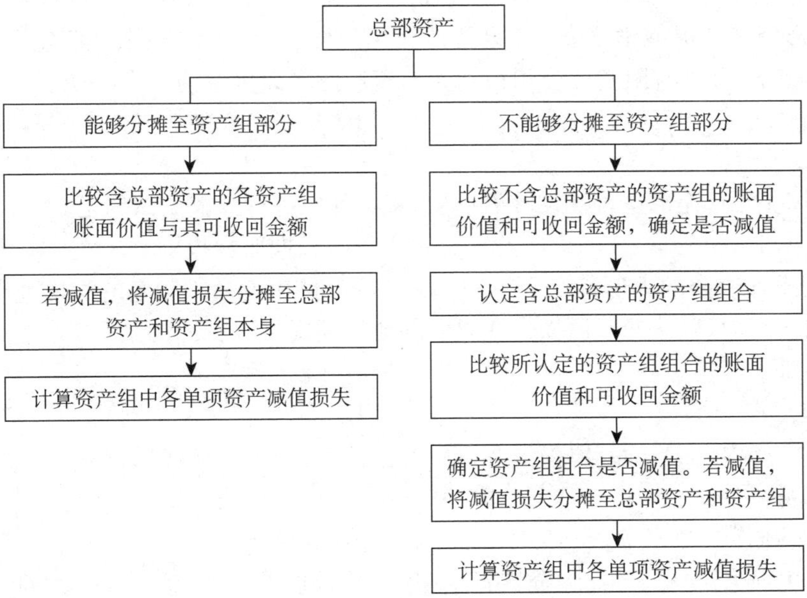

图 9-4　总部资产的减值测试

五、商誉减值测试及会计处理

1. 商誉减值测试的基本要求

企业合并所形成的商誉，至少应当在每年年度终了进行减值测试。由于商誉难以独立产生现金流量，商誉应当结合与其相关的资产组或者资产组组合进行减值测试。

2. 商誉减值测试的方法与会计处理

企业在对包含商誉的相关资产组或者资产组组合进行减值测试时，如与商誉有关的资产组或资产组组合存在减值迹象的，按以下方法进行商誉减值测试：

首先，对不包含商誉的资产组或资产组组合进行减值测试，计算可收回金额，并与相关账面价值相比较，确认相应的减值损失。

其次，对包含商誉的资产组或资产组组合进行减值测试，比较这些相关资产组或资产组组合的账面价值（包含所分摊的商誉的账面价值部分）与其可收回金额，如相关资产组或者资产组组合的可收回金额低于其账面价值的，应当确认商誉的减值损失。

最后，减值损失金额应当先抵减分摊至资产组或者资产组组合中商誉的账面价值，再根据资产组或者资产组组合中除商誉之外的其他各项资产的账面价值所占比重，按比例抵减其他各项资产的账面价值。

自主测试

一、单项选择题

1. 2×23 年 1 月 1 日，琴岛有限责任公司以银行存款 400 万元购入一项无形资产，预计使用年限为 10 年，采用直线法摊销。2×23 年年末，该项无形资产出现减值迹象，其可收回金额为 270 万元，2×24 年年末，该项无形资产又出现减值迹象，其可收回金额为 255 万元。假定该项无形资产计提减值准备后，原预计使用年限、摊销方法不变。假定不考虑其他因素，2×24 年年末，琴岛有限责任公司该项无形资产的账面价值为（　　）万元。

A. 255　　B. 270

C. 240　　D. 15

2. 下列资产中，无论是否存在减值迹象，每年都应进行减值测试的是（　　）。

A. 固定资产　　B. 长期股权投资

C. 使用寿命有限的无形资产　　D. 使用寿命不确定的无形资产

3. 下列资产中，确认的减值损失在以后的会计期间可以转回的是（　　）。

A. 固定资产　　B. 无形资产

C. 在建工程　　D. 存货

4. 下列资产中，确认的减值损失在以后的会计期间不可以转回的是（　　）。

A. 应收账款　　B. 无形资产

C. 其他应收款　　D. 存货

5. 对发生减值的资产确认资产减值损失并计提资产减值准备时，对企业的影响是（　　）。

A. 只影响财务状况，不影响经营成果　　B. 不影响财务状况，只影响经营成果

C. 既影响财务状况，又影响经营成果　　D. 既不影响财务状况，又不影响经营成果

6. 在判断下列资产是否存在可能发生减值的迹象时，不能单独进行减值测试的是（　　）。

A. 长期股权投资　　B. 专利技术

C. 商誉　　D. 金融资产

7. 假定某资产因受市场行情等因素的影响，在行情好、一般和差的情况下，预计未来第 3 年可能实现的现金流量和发生的概率分别是 100 万元（70%）、85 万元（20%）、60 万元（10%），则第 3 年的预计现金流量是（　　）万元。

A. 100　　B. 93

C. 85　　　　　　D. 70

8. 当有迹象表明公司已经计提了减值准备的固定资产减值因素消失时，其计提的减值准备应该（　　）。

A. 按照账面价值低于可收回金额的差额全部予以转回

B. 按照账面价值低于可收回金额的差额补提资产减值预备

C. 不进行账务处理

D. 按照账面价值低于可收回金额的差额在原来计提的减值准备范围内予以转回

9. 计提资产减值准备应借记的会计账户是（　　）。

A. “投资收益”　　　　　　B. “其他业务成本”

C. “管理费用”　　　　　　D. “资产减值损失”

10. 某企业2×23年12月31日购入一台设备，入账价值为200万元，预计使用寿命为10年，预计净残值为20万元，采用年限平均法计提折旧。2×24年12月31日，该设备存在减值迹象，经测试预计可收回金额为120万元。2×24年12月31日，该设备账面价值为（　　）万元。

A. 120　　　　　　B. 160

C. 180　　　　　　D. 182

二、多项选择题

1. 下列各项中，影响资产预计未来现金流量现值的有（　　）。

A. 资产预计未来现金流量　　　　　　B. 资产的使用寿命

C. 折现率　　　　　　D. 资产未来持有期间的公允价值变动

2. 下列资产中，无论是否存在减值迹象均需于年末进行减值测试的有（　　）。

A. 自创商誉　　　　　　B. 企业合并形成的商誉

C. 对联营公司的长期股权投资　　　　　　D. 使用寿命不确定的无形资产

3. 关于资产减值的论断中，正确的有（　　）。

A. 资产减值损失一经确认，在以后会计期间不得转回

B. 企业当期确认的资产减值损失应当反映在利润表中

C. 资产减值是资产的可收回金额低于其账面价值

D. 资产减值损失确认后，减值资产的折旧或摊销费用在未来期间需要作出调整

4. 关于资产可收回金额的计量，下列说法中，正确的有（　　）。

A. 可收回金额应当根据资产的销售净价减去处置费用后的净额与资产预计未来现金流量的现值两者之间较高者确定

B. 可收回金额应当根据资产的销售净价减去处置费用后的净额与资产预计未来现金流量的现值两者之间较低者确定

C. 可收回金额应当根据资产的公允价值减去处置费用后的净额与资产预计未来现金流量的现值两者之间较高者确定

D. 资产的公允价值减去处置费用后的净额与资产预计未来现金流量的现值，只要有一项超过了资产的账面价值，就表明资产没有发生减值，不需再估计另一项金额

E. 资产的公允价值减去处置费用后的净额如果无法可靠估计的，应当以该资产预计未

来现金流量的现值作为其可收回金额

5. 下列各项资产减值准备中，在相应资产的持有期间内不可以转回的有（　　）。

A. 固定资产减值准备　　B. 债权投资减值准备

C. 商誉减值准备　　D. 长期股权投资减值准备

三、判断题

1. 有关资产的特征不同，其减值会计处理也有所差别，因而适用的具体准则和会计处理也不尽相同。（　　）

2. 资产的公允价值减去处置费用后的净额与资产预计未来现金流量的现值，均大于资产的账面价值时，才表明资产没有发生减值，不需要计提减值准备。（　　）

3. 根据资产减值准则，对于企业持有待售的资产，通常以资产公允价值减去处置费用后的净额作为其可收回金额。（　　）

4. 资产可收回金额的估计，应当以其公允价值与资产预计未来现金流量现值两者孰高确定。（　　）

5. 企业在计量资产可收回金额时，未来年度为改良资产发生的现金流出不属于资产预计未来现金流量。（　　）

四、计算及账务处理题

琴岛有限责任公司有关无形资产的业务如下：

(1) 琴岛有限责任公司 2×24 年年初开始自行研究开发一项专利权，在研究开发过程中发生材料费 200 万元、应付工资 100 万元，以及其他费用 50 万元(以银行存款支付)，共计 350 万元，其中，符合资本化条件的支出为 200 万元；2×25 年 1 月，专利技术获得成功，达到预定用途。

对于该项专利权，相关法律规定该专利权的有效年限为 10 年，该公司估计该专利权的预计使用年限为 12 年，假定无法可靠确定该专利权预期经济利益的实现方式。

(2) 2×26 年 12 月 31 日，由于市场发生不利变化，该专利权发生减值，该公司预计其可收回的金额为 120 万元。计提减值后原预计年限不变。

(3) 2×27 年 12 月 31 日，公司出售该专利权，收到价款 100 万元，存入银行。假设不考虑相关税费。

要求：作出以下业务的会计处理：

(1) 2×24 年，该专利权发生的有关支出的会计处理。

(2) 2×24 年年末，对费用化支出的会计处理。

(3) 2×25 年 1 月，无形资产达到预定可使用状态的会计处理。

(4) 计算 2×25 年和 2×26 年对该无形资产每年的摊销额，并编制相应的会计分录。

(5) 判断 2×26 年该无形资产是否发生减值。若发生减值，计算减值金额，并编制相应的会计分录。

(6) 编制该无形资产处置时的会计分录。

第十章　负　　债

学习目的与要求

通过本章的学习，学生应掌握短期借款、应付票据、应付账款、预收账款、应付职工薪酬、应交税费、应付利息、其他应付款的核算内容及相关账务处理；理解非流动负债中，长期借款利息、应付债券的相关账务处理；了解负债的含义、特征及其分类。

本章基本内容框架

- 负债概述
  - 负债的定义及特征
  - 负债的分类
- 流动负债
  - 短期借款
  - 应付票据
  - 应付账款
  - 预收账款
  - 应付职工薪酬
  - 应交税费
  - 应付利息
  - 应付股利
  - 其他应付款
- 非流动负债
  - 长期借款
  - 应付债券
  - 长期应付款

重点、难点讲解及典型例题

一、负债的定义及分类

负债是指过去的交易、事项形成的现时义务，履行该义务预期会导致经济利益流出企业。

负债按其流动性，可分为流动负债和非流动负债(见图 10-1)。

【例题 10-1 · 单项选择题】 下列各项中，属于非流动负债的是(　　)。

A. 预收账款　　　　B. 其他应付款

C. 应付股利　　　　D. 递延收益

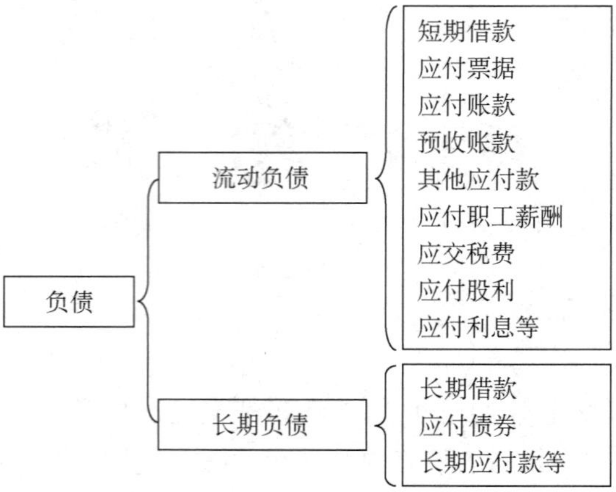

图 10-1　负债的分类

【答案】 D

【解析】 选项 ABC,均属于流动负债。

二、流动负债

1. 短期借款

短期借款是指企业向银行或其他金融机构等借入的期限在 1 年以下(含 1 年)的各种款项。短期借款的核算如表 10-1 所示。

表 10-1　短期借款的核算

账户设置	企业应当设置"短期借款"账户,核算企业从银行或其他金融机构取得和归还短期借款的经济业务。该账户贷方反映企业借入短期借款的本金数额,借方反映归还的短期借款本金数额,期末余额在贷方,反映企业尚未偿还的短期借款的本金数额
账务处理	(1) 取得短期借款时 借:银行存款 　　贷:短期借款 (2) 期末计提利息 借:财务费用 　　贷:应付利息 (3) 实际支付利息时 借:应付利息　　　　　　【归还已经预提的利息】 　　贷:银行存款 或借:财务费用　　　　　【利息没有预提,直接支付】 　　贷:银行存款/库存现金 (4) 归还短期借款本金 借:短期借款 　　贷:银行存款

【例题 10-2·单项选择题】 2×24 年 7 月 1 日,某企业向银行借入一笔生产用周转资金 200 万元,期限为 6 个月,到期一次归还本金,年利率为 6%,利息按季支付、分月预提。下列各项关于 2×24 年 9 月 30 日该企业支付借款利息相关账户的会计处理结果中,正确的是(　　)。

A. 借记"财务费用"账户 1 万元　　　　B. 贷记"应付利息"账户 3 万元

C. 借记“财务费用”账户 3 万元　　　　D. 贷记“银行存款”账户 1 万元

【答案】 A

【解析】 相关会计处理如下：

7 月 1 日：

借：银行存款　　2 000 000
　　贷：短期借款　　2 000 000

计提 7 月份利息：

借：财务费用(2 000 000×6%÷12)　　10 000
　　贷：应付利息　　10 000

8 月计提利息，其会计分录同上。

9 月 30 日支付利息时：

借：应付利息　　20 000
　　财务费用　　10 000
　　贷：银行存款　　30 000

所以，选项 A 正确。

【例题 10-3 · 单项选择题】 下列各项中，企业计提短期借款利息费用应贷记的会计账户是(　　)。

A. “其他应付款”　　　　B. “短期借款”

C. “银行存款”　　　　D. “应付利息”

【答案】 D

【解析】 相关会计处理如下：

借：财务费用
　　贷：应付利息

2. 应付票据

应付票据指企业购买材料、商品和接受劳务供应等而开出、承兑的商业汇票，包括商业承兑汇票和银行承兑汇票。我国商业汇票的付款期限不超过 6 个月。

(1) 购买原材料时开出应付票据。

借：原材料
　　应交税费——应交增值税(进项税额)
　　贷：应付票据

(2) 开出应付票据抵偿应付账款。

借：应付账款
　　贷：应付票据

(3) 支付应付票据的手续费。

借：财务费用
　　贷：银行存款

（4）带息票据计算利息。

借：财务费用
　　贷：应付票据

（5）偿还应付票据。

借：应付票据
　　贷：银行存款

（6）银行承兑汇票到期无力偿还。**【银行垫款，转为对银行的短期借款】**

借：应付票据
　　贷：短期借款

（7）商业承兑汇票到期无力偿还。**【无力偿还的商业承兑汇票，到期转入应付账款】**

借：应付票据
　　贷：应付账款

【例题 10-4・单项选择题】 企业无力支付到期的银行承兑汇票，应将应付票据账面余额转入（　　）账户。

A. “短期借款”　　　　B. “长期借款”
C. “银行存款”　　　　D. “应付账款”

【答案】 A

【解析】 相关会计处理如下：

借：应付票据
　　贷：短期借款

3. 应付账款

应付账款是指企业因购买材料、商品或接受劳务供应等经营活动应支付的款项。

应付账款包含购买货物的价款、增值税进项税额、销售方代垫费用。

（1）购入货物时发生应付账款。

借：原材料、材料采购等
　　应交税费——应交增值税（进项税额）
　　贷：应付账款　　　　**【扣除商业折扣，不能扣除现金折扣】**

（2）偿还应付账款。

借：应付账款
　　贷：银行存款

（3）无法归还的应付账款。

借：应付账款
　　贷：营业外收入

【例题 10-5・多项选择题】 企业发生赊购商品业务，下列各项中，影响应付账款入账金额的是（　　）。

A. 商品价款　　　　B. 增值税进项税额

C. 商业折扣　　D. 销货方代垫运杂费

【答案】 ABCD

【解析】 应付账款包含购买货物的价款、增值税进项税额、销售方代垫费用，并且企业按照扣除商业折扣后的金额计入应付账款。

【例题 10-6 · 单项选择题】 转销企业无法支出的应付账款，应贷记的账户是（　　）。

A. “其他应付款”　　B. “营业外收入”

C. “其他业务收入”　　D. “资本公积”

【答案】 B

【解析】 相关会计处理如下：

借：应付账款

　　贷：营业外收入

4. 预收账款

预收账款是指企业按照合同规定向购货单位预收的款项。预收账款的核算如表 10-2 所示。

表 10-2　预收账款的核算

账户设置	专设“预收账款”账户，该账户贷方登记发生的预收账款的数额和购货单位补付账款的数额，借方登记企业向购货方发货后冲销的预收账款数额和退回购货方多付账款的数额，余额一般在贷方，反映企业向购货单位预收款项但尚未向购货方发货的数额；期末余额如在借方，表示购货单位应补付给本企业的款项。对于预收账款业务不多的企业，也可以不设“预收账款”账户，而将其记入“应收账款”账户的贷方
账务处理	（1）取得预收账款： 借：银行存款 　　贷：预收账款 （2）发货时： 借：预收账款　　　　【按发票金额冲减】 　　贷：主营业务收入 　　　　应交税费——应交增值税（销项税额） （3）收到补付货款： 借：银行存款 　　贷：预收账款 或者，余款退回时： 借：预收账款 　　贷：银行存款

【例题 10-7 · 单项选择题】 预收账款情况不多的企业，可以不设“预收账款”账户，而将预收的款项直接记入的账户是（　　）。

A. “预付账款”　　B. “应付账款”

C. “应收账款”　　D. “其他应付款”

【答案】 C

【解析】 相关会计处理如下：

借：银行存款

　　贷：应收账款

5. 应付职工薪酬

职工薪酬是指企业为获得职工提供的服务或终止劳动合同关系而给予的各种形式的报酬。企业提供给职工配偶、子女、受赡养人、已故员工遗属及其他受益人等的福利,也属于职工薪酬。

“应付职工薪酬”账户应当按照“工资、奖金、津贴和补贴”“职工福利费”“非货币性福利”“社会保险费”“住房公积金”“工会经费和职工教育经费”“带薪缺勤”“利润分享计划”“设定提存计划”“设定受益计划义务”“辞退福利”等职工薪酬项目设置明细账进行明细核算。

(1) 货币性短期薪酬。

货币性短期薪酬的核算如表 10-3 所示。

表 10-3　货币性短期薪酬的核算

核算步骤	职工薪酬核算的两个步骤:第一步:确认应付职工薪酬;第二步:实际发放应付职工薪酬
账务处理	① 短期薪酬确认时: 确认原则:根据受益对象或岗位(谁受益谁买单)。 借:生产成本(生产工人的薪酬) 　　制造费用(车间主任的薪酬) 　　劳务成本(提供劳务人员的薪酬) 　　管理费用(行政管理人员的薪酬) 　　销售费用(销售人员的薪酬) 　　在建工程(在建工程人员的薪酬) 　　研发支出(研发人员的薪酬) 　　贷:应付职工薪酬——工资、奖金、津贴和补贴 　　　　　　　　　——职工福利费 　　　　　　　　　——工会经费和职工教育经费 　　　　　　　　　——社会保险费(企业负担部分) 　　　　　　　　　——住房公积金等(企业负担部分) ② 实际发放时: 借:应付职工薪酬——工资、奖金、津贴和补贴 　　　　　　　——职工福利费 　　　　　　　——工会经费和职工教育经费 　　　　　　　——社会保险费(企业负担部分) 　　　　　　　——住房公积金等(企业负担部分) 　　贷:库存现金 　　　　银行存款 　　　　其他应付款 　　　　其他应收款等

【例题 10-8 · 多项选择题】 下列各项中,计入应付职工薪酬的有(　　)。

A. 向职工发放非货币性福利　　B. 职工因工出差的差旅费

C. 按规定支付的工会经费　　D. 提供给职工配偶、子女福利费

【答案】 ACD

【解析】 选项 B,职工因工出差的差旅费记入“管理费用”账户。

【例题 10-9 · 多项选择题】 下列各项中,属于“应付职工薪酬”账户核算内容的有(　　)。

A. 已订立劳动合同的全职职工的奖金　　B. 正式任命并聘请的独立董事津贴

C. 已订立劳动合同的临时职工的工资　　D. 企业为职工缴纳的住房公积金

【答案】 ABCD

【解析】 选项B,职工也包括虽未与企业订立劳动合同但由企业正式任命的人员,如董事会成员、监事会成员等。所以支付给董事的津贴也属于职工薪酬。

(2) 非货币性职工福利。

非货币性职工福利的核算如表10-4所示。

表10-4　非货币性职工福利的核算

以其自产产品作为非货币性福利	① 确认时： 借：生产成本、制造费用、销售费用、管理费用等　【产品的价税合计金额】 　贷：应付职工薪酬——非货币性福利 ② 实际发放时： 借：应付职工薪酬——非货币性福利 　贷：主营业务收入 　　应交税费——应交增值税(销项税额) 借：主营业务成本 　贷：库存商品
以外购商品作为非货币性福利	① 以商品的价税合计认定福利费用： 借：生产成本、制造费用或管理费用等 　贷：应付职工薪酬 ② 购买商品时： 借：库存商品等 　应交税费——应交增值税(进项税额) 　贷：银行存款 ③ 发放时： 借：应付职工薪酬 　贷：库存商品等　【根据实际情况考虑是否作进项税额转出】
将固定资产无偿提供给职工使用	① 借：管理费用、生产成本、制造费用等 　贷：应付职工薪酬——非货币性福利 ② 借：应付职工薪酬 　贷：累计折旧　【企业自有资产的折旧计提】 　　银行存款或其他应付款　【企业经营租入房屋等资产支付或应付的租金】

【例题10-10·单项选择题】 某企业为增值税一般纳税人,增值税税率为13%。月末将自产的一批空气净化器作为福利发放给本企业职工。该批空气净化器实际成本为14万元,市场价格为20万元,增值税额为2.6万元。不考虑其他因素,该企业发放空气净化器应确认的应付职工薪酬为(　　)万元。

A. 20　　B. 14

C. 22.6　　D. 15.82

【答案】 C

【解析】 将自产产品用于职工福利,视同销售,确认收入。

借：应付职工薪酬　226 000

　贷：主营业务收入　200 000

　　应交税费——应交增值税(销项税额)　26 000

结转成本：

借：主营业务成本　140 000

　贷：库存商品　140 000

【例题10-11·单项选择题】 企业将自有房屋无偿提供给本企业行政管理人员使用,下列各项关于计提房屋折旧的会计处理表述中，正确的是（　　）。

A. 借记“其他业务成本”账户，贷记“累计折旧”账户

B. 借记“其他应收款”账户，贷记“累计折旧”账户

C. 借记“营业外支出”账户，贷记“累计折旧”账户

D. 借记“管理费用”账户，贷记“应付职工薪酬”账户，同时借记“应付职工薪酬”账户，贷记“累计折旧”账户

【答案】 D

【解析】 企业将自有房屋无偿提供给本企业行政管理人员使用，需计提折旧。

6. 应交税费

企业根据税法规定应交纳的各种税费包括增值税、消费税、城市维护建设税、资源税、企业所得税、土地增值税、房产税、车船税、城镇土地使用税、教育费附加、矿产资源补偿费、印花税、耕地占用税、契税等。企业应通过“应交税费”账户，核算各种税费的应交、交纳等情况。

【注意】 企业交纳的印花税、契税、耕地占用税、车辆购置税等不需要预计应交税金的，不通过“应交税费”账户核算，而是直接通过“银行存款”账户核算。

【例题 10-12 · 单项选择题】 下列各项中，不通过“应交税费”账户核算的是（　　）。

A. 应交城市维护建设税　　B. 应交增值税

C. 应交房产税　　D. 应交耕地占用税

【答案】 D

【解析】 耕地占用税不需要预计应交税金，不通过“应交税费”账户核算。

1）应交增值税

纳税人 —经营规模大小及会计核算水平的健全程度→ 一般纳税人 / 小规模纳税人

① 一般纳税人。

应纳税额 = 当期销项税额 − 当期进项税额 + 进项税额转出

销项税额 = 销售额 × 适用税率

不含税销售额 = 含税销售额 ÷（1 + 税率）

a. 购进货物、加工修理修配劳务、服务、无形资产或者动产：

借：材料采购/生产成本/管理费用等

　　应交税费——应交增值税（进项税额）

　　贷：银行存款等

b. 销售商品时：

借：应收账款/应收票据/银行存款等

　　贷：主营业务收入/固定资产清理等

　　　　应交税费——应交增值税（销项税额）

c. 缴纳增值税时：

缴纳本期增值税：

借：应交税费——应交增值税(已交税金)
　　贷：银行存款

缴纳上期增值税：

借：应交税费——未交增值税
　　贷：银行存款

d. 期末结转：应将本期欠交或多交的增值税转入“应交税费——未交增值税”账户：

对于企业期末应交未交的增值税：

借：应交税费——应交增值税(转出未交增值税)
　　贷：应交税费——未交增值税

对于企业期末多交的增值税：

借：应交税费——未交增值税
　　贷：应交税费——应交增值税(转出多交增值税)

【例题 10-13 · 单项选择题】 企业缴纳上月应交未交的增值税时，应借记(　　)账户。

A. “应交税费——应交增值税(转出未交增值税)”

B. “应交税费——未交增值税”

C. “应交税费——应交增值税(转出多交增值税)”

D. “应交税费——应交增值税(已交税金)”

【答案】 B

【解析】 企业交纳以前期间未交的增值税，借记“应交税费——未交增值税”账户，贷记“银行存款”账户。

【例题 10-14 · 单项选择题】 甲企业为增值税一般纳税人，本月发生进项税额 1 600 万元，销项税额 4 800 万元，进项税额转出 48 万元，同时月末以银行存款缴纳增值税 1 000 万元，那么本月尚未缴纳的增值税税额为(　　)万元。

A. 3 200　　　　B. 3 248

C. －3 152　　　　D. 2 248

【答案】 D

【解析】 本月尚未缴纳的增值税＝4 800＋48－1 600－1 000＝2 248(万元)。

② 小规模纳税人。

a. 小规模纳税人核算增值税采用简化的方法，即购进货物、应税劳务或应税行为，取得增值税专用发票上注明的增值税，一律不予抵扣，直接计入相关成本费用或资产。

小规模纳税人销售货物、应税劳务或应税行为时，按照不含税的销售额和规定的增值税征收率计算应交纳的增值税(即应纳税额)。

b. 不含税的销售额计算公式：

$$\text{不含税销售额} = \text{含税销售额} \div (1 + \text{征收率})$$

$$\text{应纳税额} = \text{不含税销售额} \times \text{征收率}$$

小规模纳税人进行账务处理时，只需在“应交税费”账户下设置“应交增值税”明细账户，该明细账户不再设置增值税专栏。

【例题 10-15 · 单项选择题】 某公司为增值税小规模纳税人，2×24 年 8 月购入原材料取得的增值税专用发票上注明的价款为 10 000 元，增值税税额为 1 300 元。当月销售产品开具的增值税普通发票注明价款为 123 600 元，适用的增值税税率为 3%。不考虑其他因素，该公司 2×24 年 8 月应缴纳的增值税额为（　　）元。

A. 2 108　　B. 3 708

C. 3 600　　D. 2 300

【答案】 C

【解析】 小规模纳税人，不管是取得增值税普通发票还是增值税专用发票，确认的进项税额都不能抵扣，需计入采购存货的成本中。所以本月应缴纳的增值税额＝123 600÷(1＋3%)×3%＝3 600(元)。

2) 应交消费税

消费税是指在我国境内生产、委托加工和进口应税消费品的单位和个人，按其流转额交纳的一种税。

消费税有从价定率、从量定额和既从价定率又从量定额复合计税（简称合计税）三种征收方法。应交消费税的核算如表 10-5 所示。

表 10-5　应交消费税的核算

业务	核算
销售应税消费品	借：税金及附加 　　贷：应交税费——应交消费税
自产自用应税消费品	企业将生产的应税消费品用于在建工程等非生产机构时，按规定应交纳的消费税。 借：在建工程等 　　贷：应交税费——应交消费税
委托加工应税消费品	① 由受托方代收代缴的委托加工继续用于生产应纳消费税的商品负担的消费税，记入“应交税费——应交消费税”账户借方。 ② 由受托方代收代缴的委托加工直接用于对外销售的商品负担的消费税，计入委托加工物资的成本

【例题 10-16 · 多项选择题】 下列税金中，应计入存货成本的有（　　）。

A. 由受托方代扣代缴的委托加工物资直接用于对外销售的商品负担的消费税

B. 由受托方代扣代缴的委托加工物资继续用于生产应纳消费税的商品负担的消费税

C. 进口原材料交纳的进口关税

D. 小规模纳税企业购买材料交纳的增值税

【答案】 ACD

【解析】 由受托方代收代缴的委托加工继续用于生产应纳消费税的商品负担的消费税，记入“应交税费——应交消费税”账户借方。

3) 其他应交税费

其他应交税费是指除上述应交税费外的其他各种应上交国家的税费，包括应交资源税、应交城市维护建设税、应交土地增值税、应交所得税、应交房产税、应交城镇土地使用税、应交车船税、应交教育费附加、应交个人所得税等。其他应交税费的核算如表 10-6 所示。

表 10-6　其他应交税费的核算

税费种类	费用归属
资源税	(1) 将应税资源作为产品销售时，资源税记入“税金及附加”账户。 (2) 将应税资源自产自用时，资源税计入：①生产成本；②制造费用。 (3) 收购未税矿产品时，代扣代缴的资源税记入“材料采购”账户
土地增值税	(1) 税金及附加(房地产业)。 (2) 固定资产清理(连同土地使用权一并清理房屋建筑物)。 (3) 记入“资产处置损益”账户(处置土地使用权)
房产税、车船税、印花税、城镇土地使用税	记入“税金及附加”账户 【注】其中“印花税”通常不通过“应交税费”核算。
城市维护建设税和教育费附加的比较	作为流转税的附加税记入“税金及附加”账户
耕地占用税	在建工程。 【注】不通过“应交税费”核算。
代扣代缴个人所得税	① 借：应付职工薪酬 　　贷：应交税费——应交个人所得税 ② 借：应交税费——应交个人所得税 　　贷：银行存款

【例题 10－17・单项选择题】 下列各项中，企业应通过“应交税费”账户核算的是(　　)。

A. 应缴纳的职工社会保险费　　B. 占用耕地建房交纳的耕地占用税

C. 转让房屋应交纳的土地增值税　　D. 签订合同应交纳的印花税

【答案】 C

【解析】 选项 A，应通过“应付职工薪酬”账户核算；选项 BD，企业交纳的印花税、耕地占用税等不需要预计应交数的税金，不通过“应交税费”账户核算。

【例题 10-18・判断题】 企业发生印花税应税行为时，应记入“管理费用”账户。(　　)

【答案】 ×

【解析】 企业发生的印花税，应通过“税金及附加”账户核算。

7. 应付利息

核算企业按照合同约定应支付的利息，包括短期借款、分期付息到期还本的长期借款、企业债券等应支付的利息。

【注意】 应付票据产生的利息不记入“应付利息”账户(记入“应付票据”账户)。

【例题 10-19・多项选择题】 下列各项中，应列入资产负债表“应付利息”项目的有(　　)。

A. 计提的短期借款利息

B. 计提的一次还本付息债券利息

C. 计提的分期付息到期还本债券利息

D. 计提的分期付息到期还本长期借款利息

【答案】 ACD

【解析】 计提的一次还本付息债券利息，通过“应付债券——应计利息”账户。

8. 应付股利

应付股利是指企业根据股东大会或类似机构审议批准的利润分配方案确定分配给投资者的现金股利或利润。

【注意】

(1) 企业董事会或类似机构通过的利润分配方案中拟分配的现金股利或利润,不作账务处理,但应在附注中披露。

(2) 企业分配的股票股利不通过"应付股利"账户核算(股本)。应付股利的核算如表10-7所示。

表 10-7　应付股利的核算

宣告分配现金股利时	借:利润分配——应付现金股利 　贷:应付股利
实际支付股利或利润时	借:应付股利 　贷:银行存款

【例题 10-20 · 多项选择题】 下列各项中,不应计入应付股利的有(　　)。

A. 董事会通过的利润分配方案中拟分派的现金股利

B. 已分派的股票股利

C. 已宣告分派但尚未支付的现金股利

D. 已宣告分派的股票股利

【答案】 ABD

【解析】 选项A,企业董事会或类似机构通过的利润分配方案中拟分配的现金股利或利润,不需要进行账务处理,但应在附注中披露;选项B,企业分配的股票股利通过"股本"账户核算;选项D,宣告分派股票股利不需要进行账务处理。

9. 其他应付款

其他应付款是指企业除应付票据、应付账款、预收账款、应付职工薪酬、应付利息、应付股利、应交税费、长期应付款等以外的其他各项应付、暂收的款项。

其内容具体包括:

(1) 企业应付租入包装物的租金。

(2) 企业发生的存入保证金,如收取的包装物的押金等。

(3) 企业采用售后回购方式融入的资金。

(4) 企业代职工缴纳的由个人承担的社会保险费和住房公积金。

【例题 10-21 · 多项选择题】 下列项目中,应通过"其他应付款"账户核算的有(　　)。

A. 应付包装物的租金

B. 应付职工工资

C. 存入保证金

D. 应付短期租赁租入固定资产租金

E. 应付生育保险费

【答案】 ACD

【解析】 选项BE,应该通过"应付职工薪酬"账户核算。

三、非流动负债

1. 长期借款

长期借款是指企业向银行或其他金融机构借入的期限在 1 年以上(不含 1 年)的各种借款。长期借款,一般用于固定资产的购建、改扩建工程、大修理工程、对外投资以及为了保持长期经营能力等方面。

1) 账户设置

长期借款——本金

——利息调整

——应计利息

2) 长期借款利息的会计核算

① 属于筹建期间的,长期借款的利息费用计入管理费用。

② 属于生产经营期间的,长期借款的利息费用计入财务费用。

③ 如果长期借款用于购建固定资产的,在固定资产尚未达到预定可使用状态前,所发生的应当资本化的利息支出数,计入在建工程成本;固定资产达到预定可使用状态后发生的利息支出,以及按规定不予资本化的利息支出,计入财务费用。

④ 属于无形资产开发阶段,符合资本化条件的长期借款利息费用,计入研发支出。

【例题 10-22 · 多项选择题】 下列关于长期借款利息费用的表述中,正确的有(　　)。

A. 长期借款的利息费用属于筹建期间的,应计入管理费用

B. 分期付息到期还本的长期借款,每期计提的利息计入应付利息

C. 长期借款用于不动产工程建设,其利息费用在满足资本化条件时应当计入工程成本

D. 企业为生产产品借款而产生的利息费用计入产品成本

【答案】 ABC

【解析】 企业为生产产品借款而产生的利息费用计入财务费用。

2. 应付债券

应付债券核算企业发行的一般情况下超过 1 年以上的债券,构成企业的一项长期负债。

根据票面利率和实际利率的不同,债券的发行方式包括平价发行、溢价发行与折价发行。债券的发行方式如表 10-8 所示。

表 10-8　债券的发行方式

票面利率与实际利率的关系	债券的发行方式	发行价和面值的关系
票面利率等于实际利率	平价发行	发行价等于面值
票面利率大于实际利率	溢价发行	发行价高于面值
票面利率小于实际利率	折价发行	发行价低于面值

【例题 10-23 · 多项选择题】 企业发行公司债券的利息费用可能记入的账户有(　　)。

A. “管理费用”　　B. “财务费用”

C. “销售费用”　　D. “在建工程”

【答案】 ABD

【解析】 发行债券的利息费用属于筹建期间的记入“管理费用”账户，属于正常生产经营期间的记入“财务费用”账户，属于在建工程期间的记入“在建工程”账户。

自主测试

一、单项选择题

1. 在下列有关应付账款的叙述中，不正确的是（　　）。

A. 是用来核算购买材料、商品或接受劳务而发生债务的账户

B. 属于负债类的账户

C. 若有余额一定在贷方

D. 应按债权单位设置明细账

2. 在企业预收账款不多的情况下，可利用（　　）账户核算预收账款。

A. “预付账款”　　B. “应收账款”

C. “其他应收款”　　D. “应付账款”

3. 在建工程人员按应付工资额提取的福利费，应借记的账户是（　　）。

A. “在建工程”　　B. “管理费用”

C. “营业外支出”　　D. “其他业务支出”

4. 在下列各项中，不通过“应交税费”账户核算的是（　　）。

A. 增值税　　B. 房产税

C. 印花税　　D. 消费税

5. 某企业发行分期付息、到期一次还本的债券，按其票面利率计算确定的应付未付利息，应该记入（　　）账户。

A. “应付债券——应计利息”　　B. “应付利息”

C. “应付债券——利息调整”　　D. “应付债券——面值”

6. 企业发生长期借款利息的情况下，借方不可能涉及的账户是（　　）。

A. “管理费用”　　B. “应付利息”

C. “财务费用”　　D. “在建工程”

7. 下列各项中，应通过“其他应付款”账户核算的是（　　）。

A. 应付现金股利　　B. 应交教育费附加

C. 应付租入包装物租金　　D. 应付管理人员工资

8. 企业开出的商业汇票为银行承兑汇票，其无力支付票款时，应将应付票据的票面金额转作（　　）。

A. 应付账款　　B. 短期借款

C. 营业外收入　　D. 其他应付款

9. 企业在转销已经确认的无法支付的应付账款时，应贷记的会计账户是（　　）。

A. “其他业务收入”　　B. “盈余公积”

C. “营业外收入”　　D. “资本公积”

10. 企业股东大会决议决定并宣告发放现金股利时，应进行的会计处理是（　　）。

A. 借记"应付股利"账户,贷记"银行存款"账户

B. 借记"利润分配——应付现金股利"账户,贷记"应付股利"账户

C. 借记"实收资本"账户,贷记"应付股利"账户

D. 不作任何账务处理

11. 企业从应付职工工资中代扣的职工房租,应借记的会计账户是(　　)。

A. "应付职工薪酬"　　B. "银行存款"

C. "其他应收款"　　D. "其他应付款"

12. 下列属于长期负债的项目是(　　)。

A. 应付债券　　B. 应付票据

C. 应付利润　　D. 应付账款

13. 某企业发行债券所筹资金专门用于建造固定资产,至2×24年12月31日工程尚未完工。计提本年应付债券利息时应记入(　　)账户。

A. "固定资产"　　B. "在建工程"

C. "管理费用"　　D. "财务费用"

14. 某企业适用的城市维护建设税税率为7%,2×24年8月,该企业应交纳增值税300 000元、土地增值税30 000元、消费税50 000元、资源税20 000元,8月,该企业应记入"应交税费——应交城市维护建设税"账户的金额为(　　)元。

A. 16 100　　B. 24 500

C. 26 600　　D. 28 000

15. 某企业7月1日向银行借入资金60万元,期限为6个月,年利率为6%,到期还本,按月计提利息,按季付息。该企业7月31日应计提的利息为(　　)万元。

A. 0.3　　B. 0.6

C. 0.98　　D. 3.6

二、多项选择题

1. 企业发行长期债券,应在"应付债券"总账账户下设置(　　)明细账户进行核算。

A. "面值"　　B. "债券溢价"

C. "应计利息"　　D. "利息调整"

2. 企业向供货方预付的货款可以在(　　)账户核算。

A. "预付账款"　　B. "应收账款"

C. "预收账款"　　D. "应付账款"

3. 下列有关应付票据处理的表述中,不正确的有(　　)。

A. 企业开出并承兑商业汇票时,应按票据的到期值,贷记"应付票据"账户

B. 企业支付的银行承兑汇票手续费,记入当期"财务费用"账户

C. 应付票据到期支付时,按账面余额结转

D. 企业到期无力支付的商业承兑汇票,应按票面金额转入"应付账款"账户

4. 下列对长期借款利息费用的会计处理中,正确的有(　　)。

A. 筹建期间不符合资本化条件的借款利息计入管理费用

B. 筹建期间不符合资本化条件的借款利息计入长期待摊费用

C. 日常生产经营活动不符合资本化条件的借款利息计入财务费用

D. 符合资本化条件的借款利息计入相关资产成本

5. 下列经济业务需要计算增值税销项税额的有(　　)。

A. 将自产产品用于集体福利设施建设　　B. 以库存商品对外投资

C. 将自产产品对外捐赠　　D. 原材料由于管理不善被盗

6. 下列关于"应交税费"账户的表述中,正确的有(　　)。

A. 借方登记实际交纳的税费

B. 贷方登记应交纳的各种税费

C. 期末余额一般是在贷方,反映企业尚未交纳的税费

D. 不可能出现借方余额

三、判断题

1. 企业向银行或其他金融机构借入的各种款项所发生的利息均应计入财务费用。(　　)

2. 以商业保险形式提供给职工的各种保险待遇也属于企业提供的职工薪酬。(　　)

3. 对于带息应付票据,偿付时所支付的利息应作为管理费用入账。(　　)

4. 债券溢、折价是发行债券企业在债券存续期内对利息费用的调整。(　　)

5. 委托加工的应税消费品,收回后直接销售的,不再征收消费税。(　　)

四、计算及账务处理题

1. 琴岛有限责任公司 2×24 年有关短期借款经济业务如下:

(1) 1 月 1 日,向银行取得了期限 3 个月的短期借款 100 000 元,借款年利率为 6%,每月计提并按季支付利息,借入款项已转入存款账户。

(2) 根据规定利率计算每月份应付借款利息 500 元。

(3) 借款到期,用银行存款归还借款本金及 3 个月的利息。

要求:根据上述业务编制会计分录。

2. 琴岛有限责任公司 2×24 年发生部分结算事项如下:

(1) 购买某钢厂冶炼的钢材 10 吨,每吨价格 3 600 元,现已收到对方开具的增值税专用发票,税率 13%,代垫运杂费计 3 400 元。款项尚未付出,钢材已验收入库。

(2) 企业与某单位达成协议,以商业承兑汇票的方式向对方购入价款为 30 000 元的一批货物。收到增值税专用发票,金额为 30 000 元,增值税税额 3 900 元,运费垫付款 200 元。企业开出 4 100 元的支票,将税款、运费垫款付给对方。

(3) 企业开出一张面值 44 080 元,期限 1 个月的银行承兑汇票,结算业务(1)的款项,票据现已开出交与对方。用银行存款支付承兑手续费 500 元。票据到期用银行存款支付票据的金额。

(4) 收到某厂预付货款 6 500 元,要求购买甲产品 100 件。

(5) 甲产品生产完工,现向该厂如数发出货物,用银行存款代垫运费 1 840 元。甲产品的售价为每件 1 000 元。向对方出具运费账单和增值税专用发票,发票上载明货款、13%的增值税款。

（6）收到对方购买甲产品的补付款，存入银行。

要求：根据上述业务编制会计分录。

五、案例分析题

（1）广华公司是一家空调生产企业，有职工 1 100 名，其中生产工人为 1 000 名，管理人员为 100 名。2×24 年 2 月，广华公司决定以其生产的空调作为福利发放给职工。该空调单位成本为 1 500 元，单位计税价格（公允价值）为 2 000 元，适用的增值税税率为 13%。

广华公司的账务处理如下：

① 决定发放非货币性福利。

借：生产成本	2 000 000	
管理费用	200 000	
贷：应付职工薪酬		2 200 000

计入生产成本的金额为：1 000×2 000＝2 000 000（元）。

计入管理费用的金额为：100×2 000＝200 000（元）。

② 实际发放非货币性福利。

借：应付职工薪酬	2 200 000	
贷：主营业务收入		2 200 000
借：主营业务成本	1 650 000	
贷：库存商品		1 650 000

（2）广华公司决定为每位部门经理提供轿车免费使用，同时为每位副总裁租赁一套住房免费使用。广华公司部门经理共有 10 名，副总裁共有 3 名。假定每辆轿车月折旧额为 1 000元，每套住房租金为 8 000 元。益发公司的账务处理如下：

① 计提轿车折旧。

借：管理费用	10 000	
贷：累计折旧		10 000

② 确认住房租金费用。

借：管理费用	24 000	
贷：银行存款		24 000

要求：运用所学知识分析判断广华公司的账务处理是否恰当。

第十一章　所有者权益

学习目的与要求

通过本章的学习，学生应了解所有者权益的基本内容及不同企业组织形式的相关政策与规定；了解其他综合收益的含义及其列报；理解实收资本的含义及形成来源，掌握实收资本的会计核算；理解资本公积的主要来源及其会计核算；掌握留存收益的构成及其中盈余公积、未分配利润的会计核算。

本章基本内容框架

- 所有者权益概述
  - 企业组织形式
  - 所有者权益的含义及特征
  - 所有者权益的构成
  - 所有者权益的确认
  - 投入资本概述
- 实收资本和其他权益工具
  - 实收资本的会计处理
  - 其他权益工具的核算
- 资本公积和其他综合收益
  - 资本公积的会计处理
  - 其他综合收益的会计处理
- 留存收益
  - 留存收益的含义及构成
  - 企业的利润分配
  - 留存收益的会计处理

重点、难点讲解及典型例题

一、所有者权益的含义及构成

1. 含义及特征

所有者权益是指企业资产扣除负债后由所有者享有的剩余权益。公司的所有者权益又称为股东权益。

所有者权益具有以下特征：

(1) 除非发生减资、清算或分派现金股利，企业不需要偿还所有者权益。

(2) 企业清算时，只有在清偿所有的负债后，所有者权益才返还给所有者。

(3) 所有者凭借所有者权益能够参与企业利润的分配。

2. 所有者权益的构成(见图 11-1)

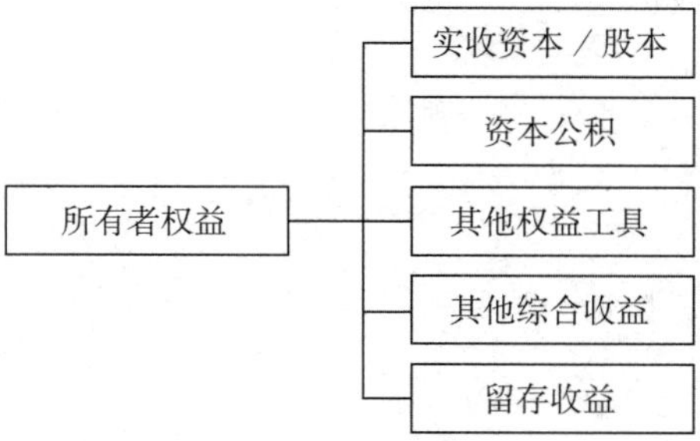

图 11-1　所有者权益的构成

【例题 11-1 · 单项选择题】 下列项目中,不属于所有者权益的是(　　)。

A. 资本溢价　　　　B. 计提的盈余公积

C. 投资者投入的资本　　　　D. 应付高管人员的基本薪酬

【答案】 D

【解析】 选项 D,属于负债中的"应付职工薪酬"。

二、实收资本

实收资本(或股本)是所有者投入资本形成法定资本的价值。

1. 接受现金资产投资的账务处理

借:银行存款　　　　【发行价款——手续费、佣金】

　贷:实收资本/股本　　　　【按对应份额】

　　资本公积——资本溢价/股本溢价　　　　【差额倒挤】

2. 接受非现金资产投资的账务处理

借:固定资产、原材料、无形资产　　　　【按资产的公允价值】

　应交税费——应交增值税(进项税额)　　　　【进项税额】

　贷:实收资本/股本　　　　【按对应份额】

　　资本公积——资本溢价/股本溢价　　　　【差额倒挤】

【例题 11-2 · 多项选择题】 某公司由甲、乙投资者分别出资 100 万元设立,为扩大经营规模,该公司的注册资本由 200 万元增加到 250 万元,丙企业以现金出资 100 万元享有公司 20%的注册资本。不考虑其他因素,该公司接受丙企业出资相关科目的会计处理结果中,正确的有(　　)。

A. 贷记"实收资本"账户 100 万元　　　　B. 借记"银行存款"账户 100 万元

C. 贷记"资本公积"账户 50 万元　　　　D. 贷记"盈余公积"账户 100 万元

【答案】 BC

【解析】 接受丙公司现金投资时:

借:银行存款　　　　1 000 000

　贷:实收资本——丙公司(250×20%)　　　　500 000

　　资本公积——资本溢价　　　　500 000

3. 实收资本增加的账务处理

（1）接受投资者追加投资。

借：银行存款
　　贷：实收资本、股本

（2）资本公积转增资本。

借：资本公积——资本溢价、股本溢价
　　贷：实收资本、股本

（3）盈余公积转增资本。

借：盈余公积
　　贷：实收资本、股本

【例题 11-3 · 多项选择题】 下列各项中，会导致企业实收资本增加的有（　　）。

A. 盈余公积转增资本　　B. 接受非流动资产捐赠

C. 资本公积转增资本　　D. 接受投资者追加投资

【答案】 ACD

【解析】 选项 B，计入营业外收入，不会影响实收资本增减变动。

【例题 11-4 · 单项选择题】 某上市公司发行普通股 1 000 万股，每股面值 1 元，每股发行价格 5 元，支付手续费 20 万元，支付咨询费 60 万元。该公司发行普通股计入股本的金额为（　　）万元。

A. 4 920　　B. 1 000　　C. 4 980　　D. 5 000

【答案】 B

【解析】 该公司发行普通股的账务处理如下：

借：银行存款	49 200 000	
管理费用	600 000	
贷：股本		10 000 000
资本公积——股本溢价		39 800 000

三、其他权益工具

其他权益工具是指企业发行的除普通股以外的归类为权益工具的各种金融工具。如企业发行的分类为权益工具的优先股等。

如果企业有其他权益工具，则需要在所有者权益类科目中增设“其他权益工具——优先股”科目核算该类业务。

四、资本公积

资本公积是企业收到投资者出资额超出其在注册资本（或股本）中所占份额的投资，以及其他资本公积（直接计入所有者权益的利得和损失）等。

资本公积｛资本/股本溢价——投资者超额缴入资本或溢价发行股票
　　　　　其他资本公积——除资本/股本溢价之外所形成的资本公积

实收资本、资本公积和留存收益的比较如表 11-1 所示。

表 11-1 实收资本、资本公积和留存收益的比较

项 目	性 质	用 途
资本公积	不直接体现基本产权关系	转增资本
实收资本/股本	体现基本产权关系	参与经营决策的基础 利润/股利分配的依据 清算时确定要求权的依据
留存收益	企业生产经营活动实现的利润	可用于企业利润分配及扩大再生产

【例题 11-5 · 单项选择题】 某股份有限公司首次公开发行普通股 6 000 万股，每股面值 1 元，每股发行价格 3 元，发生手续费、佣金等 500 万元，该项业务应计入资本公积的金额为（ ）万元。

A. 11 500　　B. 12 000

C. 12 500　　D. 17 500

【答案】 A

【解析】 企业溢价发行股票发生的手续费、佣金应从“资本公积——股本溢价”中抵扣，溢价金额不足抵扣的调整留存收益。

【例题 11-6 · 多项选择题】 下列各项中，不会使资本公积发生增减变动的有（ ）。

A. 企业实现净利润　　B. 固定资产处置净收益

C. 资本公积转增资本　　D. 投资者超过注册资本额的投入资本

【答案】 AB

【解析】 选项 A，实现净利润最终转入“利润分配——未分配利润”账户；选项 B，固定资产处置净收益计入营业外收入（资产处置损益）；选项 C，导致资本公积减少；选项 D，导致资本公积增加。

五、其他综合收益

其他综合收益是指企业根据其他会计准则规定未在当期损益中确认的各项利得或损失。主要包括以公允价值计量且其变动计入其他综合收益的金融资产公允价值变动；权益法下被投资单位所有者权益的其他变动等。

【例题 11-7 · 多项选择题】 下列各项中，应通过“其他综合收益”账户核算的有（ ）。

A. 被投资单位增发股票形成的股本溢价

B. 自用房地产或存货转换为投资性房地产引起的直接计入所有者权益的利得或损失

C. 其他债权投资公允价值的变动引起的直接计入所有者权益的利得或损失

D. 金融资产的重分类引起的直接计入所有者权益的利得或损失

【答案】 BCD

【解析】 选项 A，股本溢价通过“资本公积”账户核算。

六、留存收益

留存收益是指企业从历年实现的利润中提取或形成的留存于企业的内部积累。

留存收益
- 盈余公积
  - 法定盈余公积
  - 任意盈余公积
- 未分配利润——除资本、股本溢价之外所形成的资本公积

1. 盈余公积

盈余公积是指企业按照有关规定从净利润中提取的积累资金。盈余公积包括法定盈余公积和任意盈余公积。

（1）提取盈余公积的账务处理。

借：利润分配——提取法定盈余公积
　　　　　　——提取任意盈余公积
　贷：盈余公积——法定盈余公积
　　　　　　　——任意盈余公积

（2）盈余公积弥补亏损。

借：盈余公积
　贷：利润分配——盈余公积补亏

（3）盈余公积转增资本。

借：盈余公积
　贷：实收资本(股本)

（4）用盈余公积发放现金股利或利润。

借：盈余公积
　贷：应付股利

【例题 11-8 · 多项选择题】 下列各项中，引起留存收益总额发生增减变动的有（　　）。

A. 盈余公积补亏　　B. 税后净利润弥补亏损

C. 用盈余公积发放现金股利　　D. 盈余公积转增资本

【答案】 CD

【解析】 选项 A 和选项 B，属于留存收益内部的增减变化，不影响留存收益总额。

2. 未分配利润

未分配利润是指企业实现的净利润经过弥补亏损、提取盈余公积和向投资者分配利润后留存在企业的历年结存的利润。

未分配利润从数量上来说，是企业期初未分配利润，加上本期实现的净利润，减去提取的盈余公积和分配出去的利润后的余额。利润分配的相关账务处理如表 11-2 所示。

表 11-2　利润分配的相关账务处理

项目	账务处理
结转本期净利润	借：本年利润 　贷：利润分配——未分配利润

（续表）

项目	账务处理
结转本期净亏损	借：利润分配——未分配利润 　　贷：本年利润
计提盈余公积	借：利润分配——提取法定盈余公积 　　　　　　——提取任意盈余公积 　　贷：盈余公积——法定盈余公积 　　　　　　　　——任意盈余公积
分配现金股利	① 宣告时： 借：利润分配——应付现金股利 　　贷：应付股利 ② 发放时： 借：应付股利 　　贷：银行存款
分配股票股利	借：利润分配——转作股本的股利 　　贷：股本
结转"利润分配"的明细账户	借：利润分配——未分配利润 　　贷：利润分配——提取法定盈余公积 　　　　　　　　——提取任意盈余公积 　　　　　　　　——应付现金股利 　　　　　　　　——转作股本的股利

【例题 11-9 · 单项选择题】 某企业 2×24 年 1 月 1 日所有者权益构成情况如下：实收资本 1 500 万元，资本公积 100 万元，盈余公积 300 万元，未分配利润 200 万元。2×24 年度实现利润总额为 600 万元，企业所得税税率为 25%。假定不存在纳税调整事项及其他因素，该企业 2×24 年 12 月 31 日可供分配利润为（　　）万元。

A. 600　　B. 650　　C. 800　　D. 1 100

【答案】 B

【解析】 可供分配利润＝200＋600×(1－25%)＝650(万元)。

【例题 11-10 · 单项选择题】 下列各项中，引起企业所有者权益总额同时发生增减变动的是（　　）。

A. 提取盈余公积　　B. 资本公积转增股本

C. 宣告分派现金股利　　D. 盈余公积补亏

【答案】 C

【解析】 选项 C，会计分录如下：

借：利润分配——应付现金股利或利润
　　贷：应付股利

所有者权益总额减少。

自主测试

一、单项选择题

1. 企业增资扩股时，投资者实际缴纳的出资额大于其按约定比例计算的其在注册资本中所占的份额部分，应作为（　　）。

A. 资本公积　　B. 实收资本

C. 盈余公积　　D. 营业外收入

2. 下列各项中，不属于所有者权益的是（　　）。

A. 递延收益　　B. 盈余公积

C. 未分配利润　　D. 资本公积

3. 下列各项中，不属于资本公积核算内容的是（　　）。

A. 资本溢价　　B. 直接计入所有者权益的利得

C. 直接计入所有者权益的损失　　D. 企业收到投资者的出资额

4. 下列各项中，能影响所有者权益总额发生增减变动的是（　　）。

A. 支付已宣告的现金股利　　B. 盈余公积补亏

C. 实际发放股票股利　　D. 宣告派发现金股利

5. 2×24 年 1 月 1 日，某企业所有者权益情况如下：实收资本 200 万元，资本公积 26 万元，盈余公积 28 万元，未分配利润 59 万元。则该企业 2×24 年 1 月 1 日留存收益为（　　）万元。

A. 32　　B. 38

C. 70　　D. 87

6. 下列各项中，能够导致企业留存收益减少的是（　　）。

A. 股东大会宣告派发现金股利　　B. 以资本公积转增资本

C. 提取盈余公积　　D. 以盈余公积弥补亏损

7. 某股份制公司委托证券公司代理发行普通股 100 000 股，每股面值 1 元，每股按 1.2 元的价格出售。按协议，证券公司从发行收入中收取 3%的手续费，从发行收入中扣除，则该公司计入资本公积的数额为（　　）元。

A. 16 400　　B. 100 000

C. 116 400　　D. 0

8. 下列各项中，不属于企业留存收益的是（　　）。

A. 股本溢价　　B. 企业发展基金

C. 任意盈余公积　　D. 法定盈余公积

9. 下列交易或事项中，不可以记入“其他综合收益”账户的是（　　）。

A. 采用权益法核算的长期股权投资在被投资单位除净损益、其他权益变动以外的所有者权益发生增减变动时，投资企业按持股比例计算应享有的份额

B. 企业将作为存货的房地产转为采用公允价值模式计量的投资性房地产，其公允价值大于账面价值的差额

C. 其他债权投资公允价值变动，资产负债表日，其他债权投资公允价值变动形成的利得(除减值损失和外币货币性金融资产的汇兑差额外)

D. 接受受控股东的捐赠

10. 企业用当年实现的利润弥补亏损时，应作的会计处理是（　　）。

A. 借记“本年利润”账户，贷记“利润分配——未分配利润”账户

B. 借记“利润分配——未分配利润”账户，贷记“本年利润”账户

C. 借记“利润分配——未分配利润”账户，贷记“利润分配——未分配利润”账户

D. 无需专门作会计处理

11. 将“本年利润”账户和“利润分配”账户下的其他有关明细账户的余额转入“未分配利润”明细账户后，“未分配利润”明细账户的贷方余额，就是（　　）。

A. 当年实现的净利润　　B. 累计留存收益

C. 累计实现的净利润　　D. 累计未分配的利润数额

12. 经股东大会或类似机构决议，用资本公积转增资本时，应冲减（　　）。

A. 资本公积（资本溢价或股本溢价）　　B. 资本公积（其他资本公积）

C. 留存收益　　D. 未分配利润

13. 企业可供分配的利润中，正确的分配次序是（　　）。

A. 提取法定盈余公积——提取任意盈余公积——向投资者分配利润

B. 向投资者分配利润——提取法定盈余公积——提取任意盈余公积

C. 提取任意盈余公积——提取法定盈余公积——向投资者分配利润

D. 以上选项均正确

14. 企业用盈余公积补亏时，应该在贷方记录的会计账户是（　　）。

A. “盈余公积”　　B. “资本公积”

C. “利润分配——未分配利润”　　D. “利润分配——盈余公积补亏”

15. 某企业经营第一年亏损 100 万元，第二年实现税前利润 300 万元，所得税税率 25%，法定盈余公积提取比例 10%，则该企业当年应提取的法定盈余公积为（　　）万元。

A. 30　　B. 15

C. 22.5　　D. 17

二、多项选择题

1. 企业实收资本或股本增加的途径有（　　）。

A. 发放股票股利　　B. 经批准用盈余公积转增

C. 接受投资者实物投资　　D. 经批准用资本公积转增

2. 下列各项中，不能够引起所有者权益总额发生变动的有（　　）。

A. 用盈余公积转增资本　　B. 股东大会宣告分配现金股利

C. 用银行存款购买固定资产　　D. 提取任意盈余公积

3. 关于企业所有者权益，下列说法中，正确的有（　　）。

A. 资本公积可以弥补企业亏损　　B. 盈余公积可以按照规定转增资本

C. 未分配利润可以弥补亏损　　D. 资本公积可以按照规定转增资本

4. 企业吸收投资者出资时，可能发生变化的会计账户有（　　）。

A. “实收资本”　　B. “资本公积”

C. “盈余公积”　　D. “利润分配”

5. 股份有限公司发行股票时发生的交易费用，可能借记（　　）账户。

A. “资本公积”　　B. “财务费用”

C. “盈余公积”　　D. “利润分配”

三、判断题

1. 用法定盈余公积转增资本或弥补亏损时，导致所有者权益总额的变化。 （　　）
2. 年末，“利润分配”账户下的明细账户除“未分配利润”明细账户外应当无余额。 （　　）
3. 企业以盈余公积向投资者分配现金股利，不会引起留存收益总额的变动。 （　　）
4. 支付已宣告的现金股利时所有者权益减少。 （　　）
5. 资本公积经批准后可用于派发现金股利。 （　　）

四、计算及账务处理题

1. 2×23 年 12 月 15 日，A、B、C 共同投资设立甲股份有限公司，注册资本为 4 000 000 元，A、B、C 的持股比例分别为 60%、25%和 15%。甲公司已如期收到各投资者一次缴足的款项。2×24 年 2 月 12 日，甲股份有限公司发行普通股 20 000 000 股，每股面值 1 元，每股发行价格 5 元，股款 100 000 000 元已全部收到，不考虑发行过程中的税费等因素。

要求：编制甲股份有限公司的相关会计分录。

2. A 有限责任公司 2×24 年发生的有关经济业务如下：

(1) 按照规定办理增资手续后，将资本公积 90 000 元转增注册资本。该公司原有注册资本 2 910 000 元，其中，甲、乙、丙三家公司各占 1/3。

(2) 用盈余公积 50 000 元弥补以前年度亏损。

(3) 从税后利润中提取法定盈余公积 153 000 元。

(4) 接受 B 公司投资，经投资各方协议，B 公司实际出资额中 1 000 000 元作为新增注册资本，使投资各方在注册资本总额中均占 1/4。B 公司以银行存款 1 200 000 元缴付出资额。

要求：编制 A 有限公司的相关会计分录。

3. 东方公司 2×24 年发生的有关经济业务如下：

(1) 年初未分配利润 300 000 元，任意盈余公积 200 000 元，当年实现税后利润为 1 800 000元，公司董事会决定按 10%提取法定盈余公积，25%提取任意盈余公积，分派现金股利 500 000 元。

(2) 东方公司现有股东情况如下：A 公司占 25%，B 公司占 30%，C 公司占 10%，D 公司占 5%，其他占 30%。2×24 年 5 月，经公司股东大会决议，以任意盈余公积 500 000 元转增资本，并已办妥转增手续。

(3) 2×24 年度，东方公司亏损 350 000 元。

要求：

(1) 根据以上资料，编制 2×24 年有关利润分配的会计分录。

(2) 编制东方公司盈余公积转增资本的会计分录。

(3) 编制 2×24 年年末结转亏损的会计分录，并计算未分配利润的年末金额（盈余公积和利润分配的核算需写明明细账户）。

第十二章　费　　用

学习目的与要求

本章主要讲述了费用的相关概述、生产成本及其会计处理以及期间费用及其会计处理等内容。通过本章学习，学生应了解费用的概念和分类，掌握生产成本以及期间费用的会计处理。

本章基本内容框架

- 费用概述
  - 费用的概念
  - 费用的特征
  - 费用与成本、损失的关系
  - 费用的分类
  - 费用的确认与计量
- 生产成本
  - 生产成本的概念
  - 生产成本的核算
- 期间费用
  - 销售费用
  - 管理费用
  - 财务费用

重点、难点讲解及典型例题

一、费用概述

1. 定义

费用是企业日常经营活动中发生的、会导致所有者权益减少的、与所有者分配无关的经济利益的总流出。

2. 分类(图 12-1)

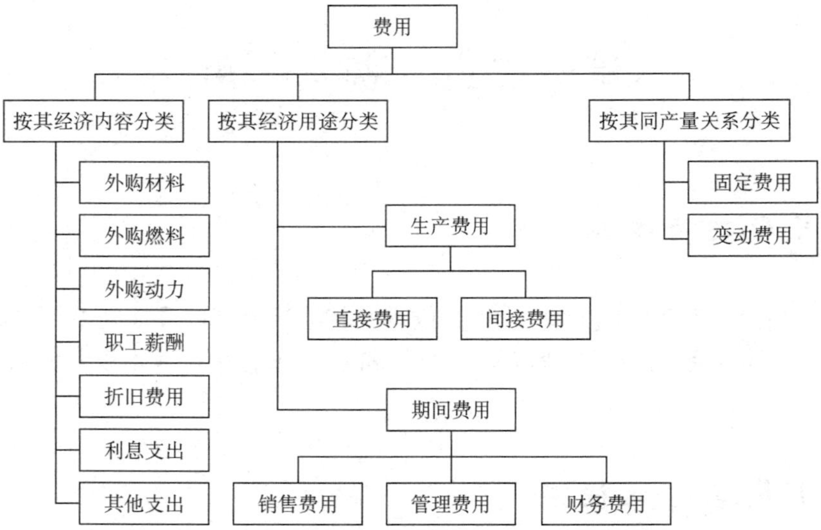

图 12-1　费用的分类

二、生产成本

生产成本是指一定期间生产产品所发生的直接费用和间接费用的总和。它分为直接费用和间接费用。企业的产品成本项目一般分为直接材料、燃料及动力、直接人工和制造费用。

1. 账户设置

(1)“生产成本”。企业可以将“生产成本”账户设置“基本生产成本”和“辅助生产成本”两个明细账户。为了具体反映每一种产品的生产费用和实际生产成本,该两个明细账户可按产品种类及费用项目进行进一步的明细核算,如“生产成本——基本生产成本——甲产品——直接材料”。

(2)“制造费用”。该账户应按不同车间、部门设置明细分类账,并按费用的经济用途和经济性质设置专栏,如“制造费用——二车间——折旧费”。

2. 生产成市的归集与分配

(1) 材料费用的归集与分配(图 12-2)。

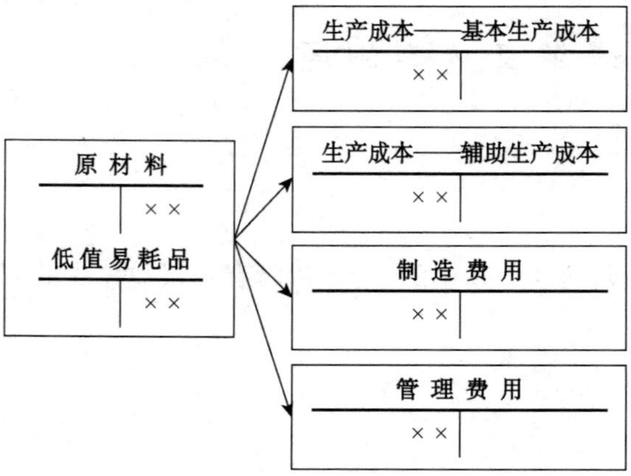

图 12-2　材料费用的归集与分配

(2) 工资费用的归集和分配(图 12-3)。

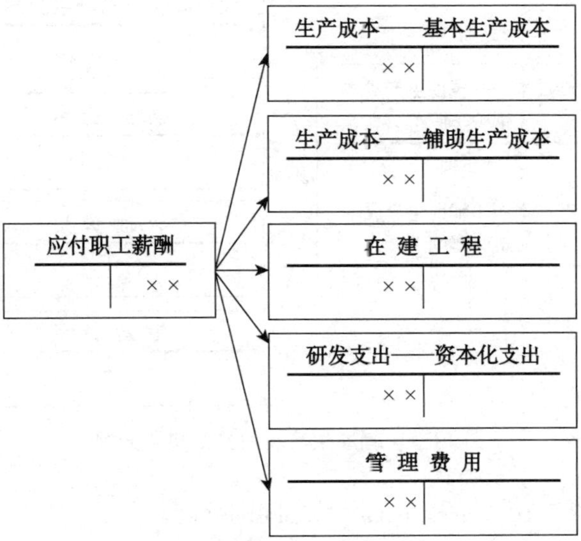

图 12-3　工资费用的归集和分配

(3) 制造费用的归集和分配。

期末,企业在分配制造费用后,“制造费用”账户一般无余额。季节性停产时,由于没有产成品,“制造费用”账户会出现余额。制造费用的归集和分配如图 12-4 所示。

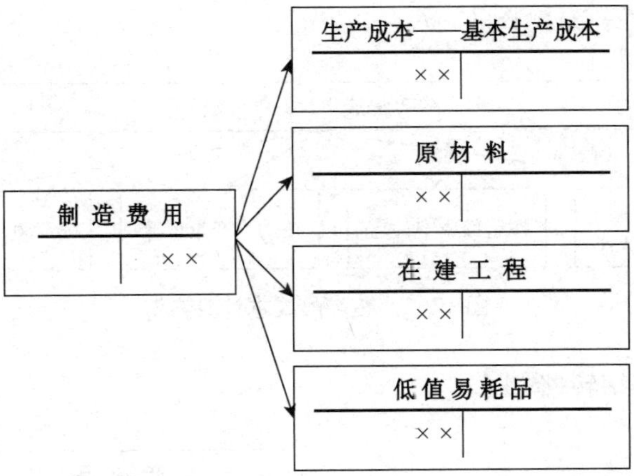

图 12-4　制造费用的归集和分配

【例题 12-1 · 判断题】 期末,“制造费用”账户一定无余额。　　(　　)

【答案】 ×

【解析】 季节性停产时,“制造费用”账户有余额。

（4）辅助生产费用的归集和分配(图 12-5)。

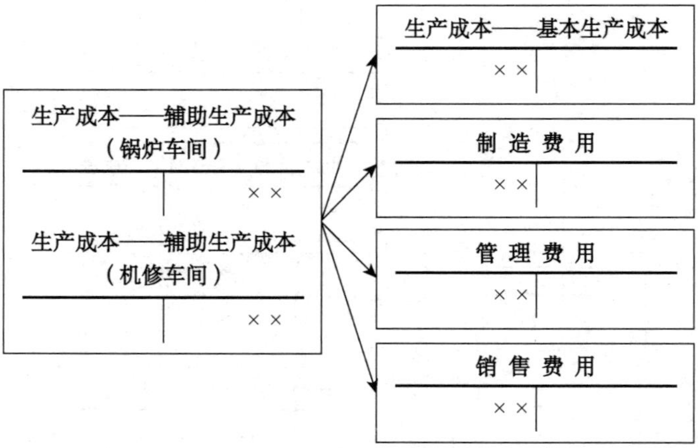

图 12-5　辅助生产费用的归集和分配

（5）生产费用在月末在产品和完工产品之间的分配。

① 完工产品成本计算(图 12-6)。

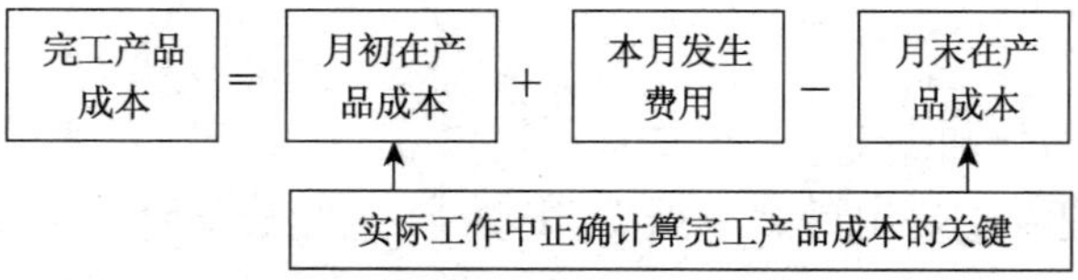

图 12-6　完工产品成本计算

② 在产品成本计算方法(图 12-7)。

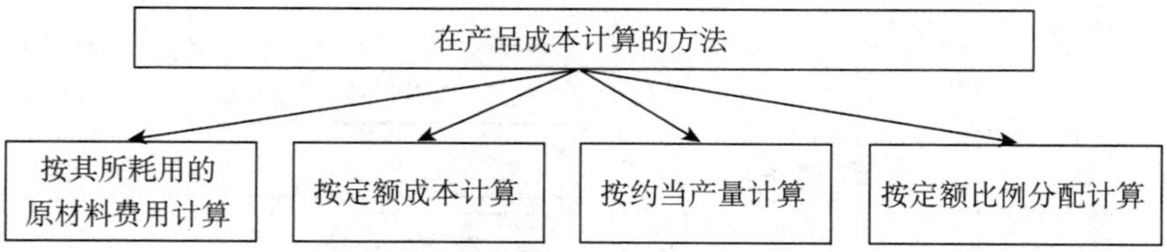

图 12-7　在产品成本计算方法

③ 完工产品成本结转(图 12-8)。

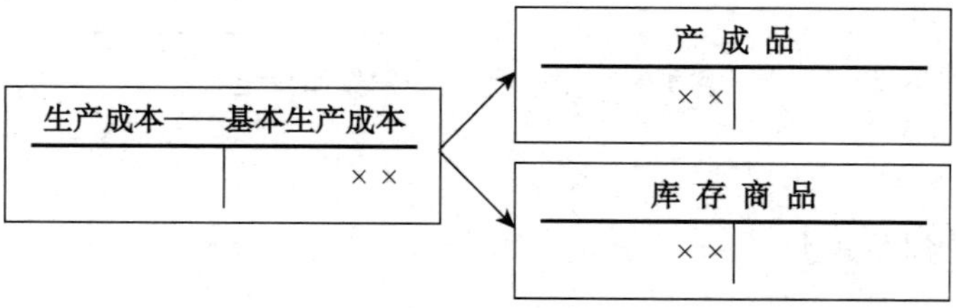

图 12-8　完工产品成本结转

三、期间费用

期间费用是指企业当期发生的、不能直接归属于某个特定产品成本的费用。期间费用包括销售费用、管理费用和财务费用。

1. 销售费用

销售费用核算时需注意：销售部门的费用，一般是指专设销售机构（如销售网点、售后服务网点等）的职工工资及福利费、业务费用等经营费用。但企业内部销售部门所发生的费用，不属于销售费用，应记入“管理费用”账户。

【例题 12-2 · 单项选择题】 以下费用中，不应记入“销售费用”账户的是（　　）。

A. 广告费　　B. 内部销售部门的职工薪酬

C. 专设销售机构办公楼的折旧费　　D. 委托代销手续费

【答案】 B

【解析】 企业内部销售部门所发生的费用，不属于销售费用，而应记入“管理费用”账户。

2. 管理费用

管理费用是指企业为组织和管理生产经营活动而发生的各种管理费用。

核算时需注意：业务招待费不管是哪个部门发生的，均记入“管理费用”账户。

另外，以下费用也需记入“管理费用”账户：

（1）内部销售部门所发生的费用。

（2）生产车间（部门）固定资产的修理费。

（3）辞退福利。

（4）筹建期间的利息费用。

（5）为进行企业合并而发生的各项直接费用。

（6）未使用的固定资产的折旧费。

（7）业务招待费。

（8）无形资产摊销，一般记入“管理费用”账户（没有特指专门用途时）。

（9）“研发支出——费用化支出”在月末需转入“管理费用”账户。

（10）无法查明原因的库存现金的盘亏。

（11）存货的盘盈，经批准冲减“管理费用”，即贷记“管理费用”账户。

【例题 12-3 · 单项选择题】 生产车间的车间主任招待客人发生的业务招待费，应记入（　　）账户。

A. “制造费用”　　B. “管理费用”

C. “生产成本”　　D. “销售费用”

【答案】 B

【解析】 业务招待费不管是哪个部门发生的，均记入“管理费用”账户。

【例题 12-4 · 单项选择题】 专设销售机构发生的业务招待费，应记入（　　）账户。

A. “制造费用”　　B. “管理费用”

C. “生产成本”　　D. “销售费用”

【答案】 B

【解析】 业务招待费不管是哪个部门发生的，均记入“管理费用”账户。

【例题 12-5·多项选择题】 下列各项中，应记入“管理费用”账户的有(　　)。

A. 辞退福利　　B. 生产车间设备的修理费

C. 筹建期间的利息费用　　D. 未使用房屋的折旧

E. 售后服务网点电脑的折旧

【答案】 ABCD

【解析】 选项 E，售后服务网点电脑的折旧应记入“销售费用”账户。

3. 财务费用

财务费用是指企业为筹集生产经营所需资金而发生的各项费用。财务费用的具体项目如图 12-9 所示。

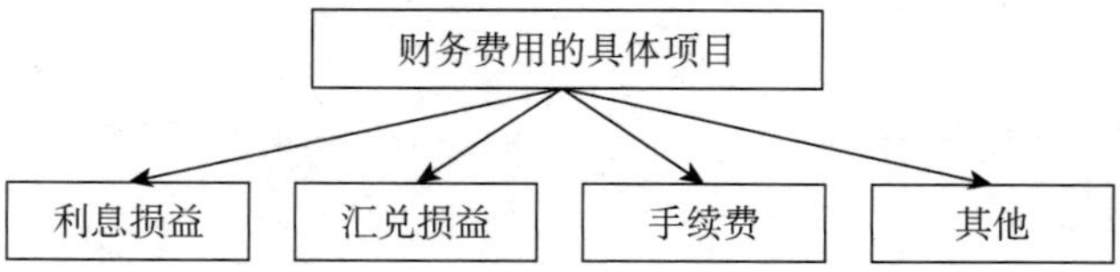

图 12-9　财务费用的具体项目

【例题 12-6·多项选择题】 下列各项中，属于期间费用的有(　　)。

A. 销售费用　　B. 管理费用

C. 财务费用　　D. 制造费用

E. 生产成本

【答案】 ABC

【解析】 期间费用包括销售费用、管理费用、财务费用。

4. 期间费用，期末结转

期间费用属损益类账户，在期末需结转至“本年利润”。会计分录如下：

借：本年利润
　贷：销售费用
　　　管理费用
　　　财务费用

自主测试

一、单项选择题

1. 下列各项中，应记入“制造费用”账户核算的是(　　)。

A. 生产车间固定资产的修理费　　B. 车间工人的劳保用品费用

C. 自然灾害造成的停工损失　　D. 非正常消耗的直接材料

2. 企业发生的汇兑损益应计入(　　)账户。

A. “财务费用”　　B. “营业外支出”

C. “管理费用”　　D. “销售费用”

3. 企业不专设销售机构的固定资产折旧费应记入(　　)账户。

A. “管理费用”　　B. “销售费用”

C. “主营业务成本”　　D. “其他业务成本”

4. 下列各项业务中,在进行会计处理时不应计入管理费用的是(　　)。

A. 支付离退休人员工资　　B. 筹建期间的开办费

C. 预计产品质量保证损失　　D. 车间固定资产修理费

5. 企业为购买原材料所发生的银行承兑汇票手续费,应当记入(　　)账户。

A. “管理费用”　　B. “财务费用”

C. “销售费用”　　D. “其他业务成本”

6. 下列描述中,不正确的是(　　)。

A. 费用的发生可能意味着资产的减少

B. 费用的发生可能意味着负债的增加

C. 费用的发生会导致所有者权益减少

D. 企业向股东分配利润可以作为费用

7. 下列描述中,正确的是(　　)。

A. 成本和费用都是支付或消耗各项资产形成的,所以两者没有区别

B. 费用与一定成本对象相联系

C. 成本与一定期间相联系

D. 本期为生产产品而支付或消耗的资产,先形成产品成本,当产品销售时,成本转化为当期费用

8. 下列费用中,不是按照经济内容分类的是(　　)。

A. 直接材料　　B. 外购动力

C. 职工薪酬　　D. 折旧费用

9. 下列支出中,属于资本性支出的是(　　)。

A. 支付的本月办公费用　　B. 支付的本月工资费用

C. 支付的机器设备日常维修费用　　D. 支付的机器设备大修理费用

10. 下列各项中,不属于分配辅助生产费用的方法是(　　)。

A. 比例分配法　　B. 直接分配法

C. 交互分配法　　D. 计划成本分配法

二、多项选择题

1. 下列各项中,最终会归集到生产成本中的有(　　)。

A. 生产工人的工资福利费　　B. 车间管理人员的工资

C. 生产工人的劳动保护费　　D. 车间经营租赁租入设备的租金

2. 制造费用的分配,通常采用的方法有(　　)。

A. 生产工人工时比例法　　B. 生产工人工资比例法

C. 机器工时比例法　　D. 交互分配法

3. 下列各项中,应计入财务费用的有(　　)。

A. 企业发行股票支付的手续费

B. 企业支付的银行承兑汇票手续费
C. 企业短期借款利息支出
D. 企业融资租入固定资产的融资租赁费用

4. 下列各项关于期间费用的处理中，正确的有（　　）。
A. 董事会会费应计入管理费用
B. 管理部门的劳动保险费属于销售费用核算的内容
C. 销售人员的工资计入销售费用
D. 季节性停工损失应计入管理费用

5. 下列费用中，不应计入产品成本的有（　　）。
A. 车间机器设备的修理费　　B. 广告费用
C. 劳动保护费　　D. 研究费用

三、判断题

1. 企业生产经营期间的长期借款利息支出应该全部计入财务费用中。（　　）
2. “生产成本”账户期末余额一般在借方，表示期末尚未加工完成的在产品成本。（　　）
3. 企业发生的车船税、土地增值税、印花税等均应记入“管理费用”账户。（　　）
4. 销售费用和制造费用不同，本期发生的销售费用直接影响本期损益，但本期发生的制造费用则不影响当期损益。（　　）
5. 企业为组织生产经营活动而发生的一切管理活动的费用，都应作为期间费用处理。（　　）

四、计算及账务处理题

1. 琴岛有限责任公司为生产企业，只有一个生产车间——A 车间，生产甲、乙两种产品。该企业本月发生的相关经济业务如下：

(1) 领用材料 40 000 元，其中：甲产品领用 16 000 元，乙产品领用 20 000 元，车间一般领用 2 000 元，企业管理部门领用 2 000 元。

(2) 本月应付职工薪酬 30 000 元，其中：生产甲产品工人工资 9 000 元，生产乙产品工人工资 5 000 元，车间管理人员工资 4 000 元，企业管理部门人员工资 7 000 元，销售部门人员工资 5 000 元。

(3) 以银行存款支付本企业转让技术费 2 000 元以及咨询费 1 200 元。

(4) 以现金支付车间水电费 800 元。

(5) 计提本月固定资产折旧费 6 000 元，其中：A 车间折旧费 4 500 元，企业管理部门折旧费 800 元，销售部门折旧费 700 元。

(6) 以现金支付本月银行承兑汇票手续费 100 元，销售产品运输费 450 元。

(7) A 车间的制造费用按机器生产工时进行分配，其中：甲产品的生产工时为 200 小时，乙产品的生产工时为 300 小时。

(8) 结转本月发生的相关费用。

要求：编制上述经济业务的相关会计分录。

2. 琴岛有限责任公司生产甲、乙两种产品，本月发生的与生产产品相关的经济业务如下：

（1）以银行存款支付本月电力费 3 800 元，其中：基本生产车间甲产品耗用 1 000 元，乙产品耗用 1 600 元，车间一般耗用 500 元，企业管理部门耗用 700 元。

（2）以现金 800 元支付基本生产车间设计制图费。

（3）车间李明出差回来，报销差旅费 1 300 元，交回多余现金 200 元。

（4）根据工资结算表，直接通过银行转账发放上月工资共计 89 100 元。

（5）计提本月固定资产折旧费 7 800 元，其中：基本生产车间 5 200 元，管理部门 2 600 元。

（6）开出支票支付本月热力费，其中：基本生产车间甲产品耗用 1 000 元，乙产品耗用 250 元，企业管理部门耗用 600 元。

（7）分配本月工资费用，其中：基本生产车间甲产品工人工资 30 000 元，乙产品工人工资 21 000 元，企业管理部门人员工资 21 500 元。

（8）根据本月发出材料汇总表分配材料费，其中：基本生产车间甲产品耗用 20 000 元，乙产品耗用 15 000 元，企业管理部门耗用 300 元。

（9）本月制造费用按甲、乙两种产品的生产工时比例分配，其中：甲产品 600 小时，乙产品 400 小时。

要求：根据上述资料，编制相应的会计分录。

3. 琴岛有限责任公司本月发生经济业务如下：

（1）以银行存款支付广告费 100 000 元。

（2）以现金支付甲产品运输费 3 000 元。

（3）分配本月专设销售机构的职工工资 8 000 元，福利费 1 120 元。

（4）银行存款支付业务招待费 7 000 元。

（5）分配本月管理人员工资 20 000 元，福利费 2 800 元。

（6）本月无形资产摊销费用 3 000 元。

（7）接到银行通知，已划拨本月借款利息 10 000 元。

（8）银行转来存款利息 3 000 元。

（9）结转当月期间费用。

要求：编制上述经济业务的相关会计分录。

五、案例分析题

琴岛有限责任公司总经理刘宏出差回来后，到财会部门报销差旅费。出差前，他曾预借差旅费 20 000 元，报销时他持有的差旅费单据金额为 19 800 元，同时他交回未用现金200 元给出纳员宋品育。出纳员宋品育收回现金 200 元后，将原预借差旅费的借款单交回刘宏，表示解除了刘宏与公司之间的债权债务关系。会计员张田园立即根据刘宏报销时所交来的有关单据填制记账凭证，记账凭证上标明的会计分录为“借：管理费用 19 800，贷：库存现金 19 800”，随后又立即根据该记账凭证登记账簿。后来，注册会计师审计时，发现该张记账凭证及其所附的原始凭证均无审核人员签章，同时有一张金额为 10 500 元的飞机票与刘宏出差地点不符且飞机票上的名字为樊小莉。

分析：上述做法是否正确？为什么？正确的处理方法是什么？

第十三章　收入和利润

学习目的与要求

通过本章的学习，学生应掌握收入的确认条件、确认步骤、确认原则及具体的会计处理；利润及利润分配核算的基本原理及方法；熟悉利润的构成，所得税的确认和计量；了解收入、利润的概念。

本章基本内容框架

- 收入
  - 收入的概念、特征及分类
  - 收入的确认与计量
  - 合同成本
  - 收入核算应设置的会计账户
  - 履行履约义务确认收入的账务处理
- 利润
  - 利润的构成
  - 营业外收支
  - 利润的结转与分配
- 所得税
  - 所得税会计概述
  - 资产、负债的计税基础
  - 暂时性差异
  - 递延所得税资产和递延所得税负债的确认和计量
  - 所得税费用的确认和计量

重点、难点讲解及典型例题

一、收入的概念及分类

1. 概念

收入是指企业在日常活动中形成的、会导致所有者权益增加的、与所有者投入资本无关的经济利益的总流入。

【例题 13-1 · 多项选择题】 通常会计上的收入包括（　　）。

A. 主营业务收入　　　　B. 其他业务收入

C. 营业外收入　　　　D. 投资收入

【答案】 AB

【解析】 会计上通常所指的收入是狭义的收入，即主营业务收入和其他业务收入。

2. 分类(图 13-1)

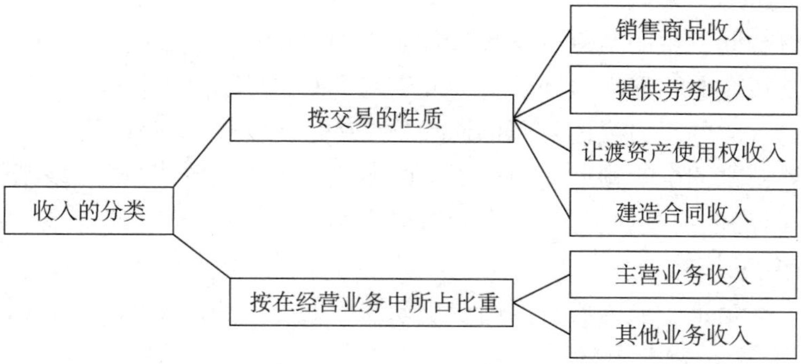

图 13-1　收入的分类

二、收入确认与计量的原则、步骤

1. 收入确认与计量的原则

企业应当在履行了合同中的履约义务，即在客户取得相关商品控制权时确认收入。

收入确认的三要素：

(1) 能力，即客户有现时权利主导该商品的使用并从中获得几乎全部经济利益。

(2) 主导该商品的使用。

(3) 能够获得几乎全部经济利益。

2. 收入确认与计量的前提条件

企业与客户之间的合同同时满足下列条件的，企业应当在客户取得相关商品控制权时确认收入：

(1) 合同各方已批准该合同并承诺将履行各自义务。

(2) 该合同明确了合同各方与所转让的商品(或提供的服务，以下简称转让的商品)相关的权利和义务。

(3) 该合同有明确的与所转让的商品相关的支付条款。

(4) 该合同具有商业实质，即履行该合同将改变企业未来现金流量的风险、时间分布或金额。

(5) 企业因向客户转让商品而有权取得的对价很可能收回。

3. 收入确认和计量的步骤

第一步，识别与客户订立的合同。

第二步，识别合同中的单项履约义务。

第三步，确定交易价格。

第四步，将交易价格分摊至各单项履约义务。

第五步，履行各单项履约义务时确认收入。

三、合同成本

企业在与客户之间建立合同关系过程中发生的成本主要有合同取得成本和合同履约成本。

1. 合同取得成本

企业为取得合同发生的增量成本预期能够收回的，应作为合同取得成本确认为一项资产。增量成本是指企业不取得合同就不会发生的成本，也就是企业发生的与合同直接相关，但又不是所签订合同的对象或内容（如建造商品或提供服务）本身所直接发生的费用，如销售佣金等。如果销售佣金等预期可通过未来的相关服务收入予以补偿，该销售佣金（即增量成本）应在发生时确认为一项资产，即合同取得成本。

2. 合同履约成本

合同履约成本是指企业为履行当前或预期取得的合同所发生的、属于《企业会计准则第14号——收入》(2018)规范范围并且按照该准则应当确认为一项资产的成本。

四、履行履约义务确认收入的账务处理

1. 某一时点履行履约义务确认收入

对于在某一时点履行的履约义务，企业应当在客户取得相关商品控制权时点确认收入。在判断控制权是否转移时，企业应当综合考虑下列迹象：

(1) 企业就该商品享有现时收款权利，即客户对该商品负有现时付款义务。

(2) 企业已将该商品的法定所有权转移给客户，即客户已拥有该商品的法定所有权。

(3) 企业已将该商品实物转移给客户，即客户已占有该商品实物。

(4) 企业已将该商品所有权上的主要风险和报酬转移给客户，即客户已取得该商品所有权上的主要风险和报酬。

(5) 客户已接受该商品。

2. 销售商品收入的账务处理

(1) 销售商品收入的一般会计处理。

收入的确定、成本的结转：

借：银行存款/应收账款等
　　贷：主营业务收入
　　　　应交税费——应交增值税（销项税额）
借：主营业务成本
　　贷：库存商品

(2) 销售商品涉及商业折扣、现金折扣、销售折让与退回。

① 商业折扣、现金折扣（已在本书第四章“金融资产”中应收款项中介绍）。

【例题 13-2 · 单项选择题】 琴岛有限责任公司为增值税一般纳税人，销售运动服装，每套200元（不含税价），乙公司一次购入5 000套，琴岛有限责任公司给予10%的商业折扣。货款已收到，则琴岛有限责任公司确认的“主营业务收入”的金额为（　　）元。

A. 1 000 000　　　　B. 1 053 000

C. 900 000　　　　D. 1 170 000

【答案】 C

【解析】 有商业折扣的情况下，商品标价扣除商业折扣后的金额，为双方的实际交易价格，即发票价格。确认收入的金额＝200×(1－10%)×5 000＝180×5 000＝900 000(元)。

借：银行存款　　　　1 017 000
　　贷：主营业务收入　　　　900 000
　　　　应交税费——应交增值税(销项税额)　　　　117 000

【例题 13-3·单项选择题】 A 企业赊销商品一批，价款 10 000 元(不含税价)，现金折扣条件为“2/10，1/20，n/30”。如果购货方于 20 天内付款，则 A 公司实收货款(　　)元。

A. 10 000　　　　B. 11 300

C. 11 500　　　　D. 11 700

【答案】 B

【解析】 通常情况下，现金折扣以不含税价为计算基数，如有特别指定，则按实际要求计算。

现金折扣＝10 000×1%＝100(元)

实收金额＝10 000×(1＋13%)－100＝11 300－100＝11 200(元)，会计分录如下：

赊销时：

借：应收账款　　　　11 300
　　贷：主营业务收入　　　　10 000
　　　　应交税费——应交增值税(销项税额)　　　　1 300

收款时：

借：银行存款　　　　11 200
　　主营业务收入　　　　100
　　贷：应收账款　　　　11 300

② 销售折让。销售折让是指企业因所售商品的质量不合格、品种与要求不一致等而在售价上给予的减让。对于销售折让，企业应分别不同情况进行处理：

a. 企业在确认收入之前发生折让的，销售方应直接从原定的销售价格中扣除给予购货方的销售折让作为实际销售价格，并据以确认销售收入。

b. 已确认收入的售出商品发生销售折让的，通常应当在发生时冲减当期销售商品收入。

c. 已确认收入的销售折让属于资产负债表日后事项的，应当按照《企业会计准则第 29 号——资产负债表日后事项》的相关规定进行处理。

③ 销售退回。销售退回是指企业售出的商品由于质量、品种不符合要求等而发生的退货。销售退回的会计处理如表 13-1 所示。

表 13-1　销售退回的会计处理

分　类		确认标准	会计处理
销售退回	未确认收入的已发出商品的退回	无	将“发出商品”转回“库存商品”
	已确认收入的销售商品退回		直接冲减退回当月的收入和成本，相应的现金折扣一并反转
	属于资产负债表日后事项销售退回	销售退回发生在资产负债表日后期间	按资产负债表日后事项来处理
	（详见资产负债表日后事项）	所退的货是资产负债表日及以前所售出的	

销售折让与销售退回的区别如下。

相同点：发生在确认收入之后，都是冲减发生当期的收入及销项税额。

不同点：发生在确认收入之后时，销售退回如果已经结转了销售成本，还应同时冲减退回当月的销售成本；而销售折让不需要。因为销售退回收到了库存商品（存货），而折让只是价格的减让。

（3）特殊销售业务的会计处理。

① 委托代销。

a. 非包销的视同买断的账务处理（表 13-2）。

表 13-2　非包销的视同买断的账务处理

业务	会计处理	
	委托方	受托方
交付商品	借：委托代销商品 贷：库存商品	借：受托代销商品 贷：受托代销商品款
受托方实际销售商品，委托方收到代销清单	① 借：应收账款——受托方 贷：主营业务收入 应交税费——应交增值税（销项税额）	① 借：银行存款 贷：主营业务收入 应交税费——应交增值税（销项税额）
	② 借：主营业务成本 贷：委托代销商品	② 借：主营业务成本 贷：受托代销商品
		③ 借：受托代销商品款 应交税费——应交增值税（进项税额） 贷：应付账款——委托方
结算货款	借：银行存款 贷：应收账款——受托方	借：应付账款——委托方 贷：银行存款

b. 支付手续费方式的账务处理（见表 13-3）。

表 13-3　支付手续费方式的账务处理

业务	会计处理	
	委托方	受托方
交付商品	借：委托代销商品 贷：库存商品	借：受托代销商品 贷：受托代销商品款

（续表）

业务	会计处理	
	委托方	受托方
受托方实际销售商品，委托方收到代销清单	① 借：应收账款——受托方 　贷：主营业务收入 　　应交税费——应交增值税（销项税额）	① 借：银行存款 　贷：应付账款——委托方 　　应交税费——应交增值税（销项税额）
	② 借：主营业务成本 　贷：委托代销商品	② 借：受托代销商品款 　贷：受托代销商品 ③ 借：应交税费——应交增值税（进项税额） 　贷：应付账款
结算货款和手续费	① 借：销售费用 　应交税费——应交增值税（进项税额） 　贷：应收账款——受托方 ② 借：银行存款 　贷：应收账款	借：应付账款 　贷：银行存款 　　其他业务收入 　　应交税费——应交增值税（销项税额）

c. 视同买断方式与支付手续费方式的区别（表 13-4）。

表 13-4　视同买断方式与支付手续费方式的区别

方式	委托方确认收入的时间	受托方有无定价权	受托方确认收入的时间	受托方的收入方式
非包销形式的视同买断	都是在收到代销清单时确认收入	有	在卖出商品时即可确认收入	视为自有商品的销售，以价差方式赚取收益
支付手续费		无	在有权收取手续费时确认收入	以手续费方式认定收入
包销形式的视同买断	委托方与受托方完全按正常商品购销行为进行处理			

② 分期预收款方式。

企业向客户预收销售商品款项的，应当先将该款项确认为负债，待履行了相关履约义务时再转为收入。

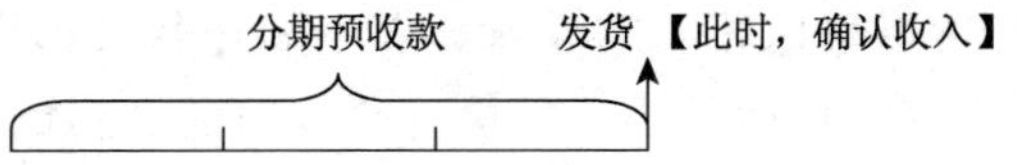

设置“合同负债”账户，在预收款项时：

借：银行存款
　贷：合同负债

交付商品时：

借：合同负债
　贷：主营业务收入
　　应交税费——应交增值税（销项税额）

③ 分期收款方式。

分期收款是指商品已经交付，但货款分期收回的一种销售方式。

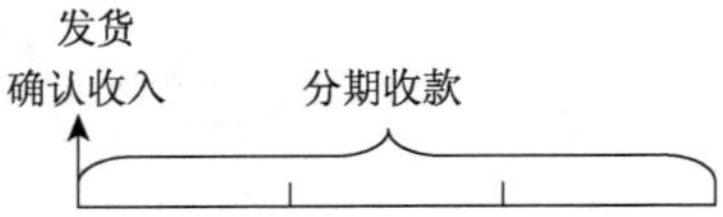

【例题 13-4 · 单项选择题】 企业采用分期预收款方式销售商品，其收入确认的时点是（　　）。

A. 发货时　　B. 收到第一笔款时

C. 预收款的各期　　D. 以上都不对

【答案】 A

【解析】 采用分期预收款方式销售货物，在发货时确认收入。

④ 合同中存在重大融资成分的销售。如果延期收取的货款具有融资性质，其实质是企业在向购货方提供免息的信贷时，应当按照应收的合同或协议价款的公允价值确定收入金额。应收的合同或协议价款的公允价值，通常应当按照其未来现金流量折现或商品现销价格计算确定。

应收的合同或协议价款与其公允价值之间的差额，应当在合同或协议期间内，按照应收款项的摊余成本和实际利率计算确定的金额进行摊销，冲减财务费用。

⑤ 附有销货退回条件的商品销售。a. 在能预计退货概率的情况下，对不会退货的部分在商品发出时确认收入，而可能退货部分则需等待退货期满时方可认定收入。b. 在无法预计退货概率的情况下，应等到退货期满时或顾客正式接受商品时再确认收入。

⑥ 附有客户额外购买选择权的销售。客户可免费或按折扣取得额外商品的选择权有多种方式，如销售激励措施、客户奖励积分、续约选择权、针对未来购买商品的折扣券等。

对于附有客户额外购买选择权的销售，企业应当评估该选择权是否向客户提供了一项重大权利。如果客户只有在订立了一项合同的前提下才能取得额外购买选择权，并且客户行使该选择权购买额外商品时，能够享受到超过该地区或该市场中其他同类客户所能够享有的折扣，则通常认为该选择权向客户提供了一项重大权利。企业提供重大权利的，应当作为单项义务，按照各单项履约义务所承诺商品的单独售价的相对比例，将交易价格分摊至该履约义务，在客户未来行使购买选择权取得相关商品控制权时，或者该选择权失效时，按照分摊至该履约义务的交易价格确认相应的收入。客户额外购买选择权的单独售价无法直接观察的，企业应当综合考虑客户行使和不行使该选择权所能获得的折扣的差异、客户行使该选择权的可能性等全部相关信息后，予以合理估计。

⑦ 向客户授予知识产权许可。企业向客户授予知识产权许可的，应当评估该知识产权许可是否构成单项履约义务，构成单项履约义务的，应当进一步确定其是在某一时段内履行还是在某一时点履行。

企业向客户授予知识产权许可，在同时满足下列条件时，应当作为在某时段内履行的履约义务确认相关收入；否则，应当作为在某一时点履行的履约义务确认相关收入。

3. 在某一时点履行履约义务确认收入

对于在某时段内履行的履约义务，企业应当在该段时间内按照履约进度确认收入，履约进度不能合理确定的除外。满足下列条件之一的，属于在某一时段内履行的履约义务：①客户在企业履约的同时即取得并消耗企业履约所带来的经济利益。②客户能够控制企业履约过程中在建的商品。③企业履约过程中所产出的商品具有不可替代用途，且该企业在整个合同期间内有权就累计至今已完成的履约部分收取款项。

五、利润

利润是指企业在一定会计期间的经营成果。利润包括收入减去费用后的净额、直接计入当期利润的利得和损失等。

1. 利润的构成

（1）营业利润。

营业利润是指企业一定期间的日常活动取得的利润。即：

$$\text{营业利润}=\text{营业收入}-\text{营业成本}-\text{税金及附加}-\text{销售费用}-\text{管理费用}-\text{研发费用}-\text{财务费用}+\text{其他收益}$$
$$+\text{投资收益}(-\text{投资损失})+\text{净敞口套期收益}(-\text{净敞口套期损失})+\text{公允价值变动收益}(-\text{公允价值变动损失})$$
$$-\text{信用减值损失}-\text{资产减值损失}+\text{资产处置收益}(-\text{资产处置损失})$$

（2）利润总额。

利润总额是指企业一定期间的营业利润，加上营业外收入减去营业外支出后的所得税前利润总额。即：

$$\text{利润总额}=\text{营业利润}+\text{营业外收入}-\text{营业外支出}$$

（3）净利润。

净利润是指企业一定期间的利润总额减去所得税费用后的净额。即：

$$\text{净利润}=\text{利润总额}-\text{所得税费用}$$

【例题 13-5・多项选择题】 能够影响企业利润总额的项目有（　　）。

A. 主营业务收入　　　　B. 营业外收入

C. 公允价值变动损益　　D. 其他业务收入

E. 财务费用　　　　　　F. 资产减值损失

【答案】 ABCDEF

【解析】 除"所得税费用"外的均会影响企业的利润总额。

营业利润、利润总额、净利润的具体数据关系，详见利润表（表 13-5）中的项目。

表 13-5　利　润　表

会企 02 表

编制单位：　　　　　　　　　　＿年＿月　　　　　　　　　　单位：元

项目	本期金额	上期金额
一、营业收入		
减：营业成本		
税金及附加		
销售费用		
管理费用		

（续表）

项目	本期金额	上期金额
研发费用		
财务费用		
其中：利息费用		
利息收入		
加：其他收益		
投资收益（损失以“－”填列）		
其中：对联营企业和合营企业的投资收益		
以摊余成本计量的金融资产终止确认收益（损失以“－”填列）		
净敞口套期收益（损失以“－”填列）		
公允价值变动收益（损失以“－”填列）		
信用减值损失（损失以“－”填列）		
资产减值损失（损失以“－”填列）		
资产处置收益（损失以“－”填列）		
二、营业利润（亏损以“－”填列）		
加：营业外收入		
减：营业外支出		
三、利润总额（亏损总额以“－”填列）		
减：所得税费用		
四、净利润（净亏损以“－”填列）		
（一）持续经营净利润（净亏损以“－”填列）		
（二）终止经营净利润（净亏损以“－”填列）		
五、其他综合收益的税后净额		
（一）不能重分类进损益的其他综合收益		
1. 重新计量设定受益计划变动额		
2. 权益法下不能转损益的其他综合收益		
3. 其他权益工具投资公允价值变动		
4. 企业自身信用风险公允价值变动		
……		
（二）将重分类进损益的其他综合收益		
1. 权益法下可转损益的其他综合收益		
2. 其他债权投资公允价值变动		
3. 金融资产重分类计入其他综合收益的金额		
4. 其他债权投资信用减值准备		

（续表）

项目	本期金额	上期金额
5. 现金流量套期		
6. 外币财务报表折算差额		
……		
六、综合收益总额		
七、每股收益		
（一）基本每股收益		
（二）稀释每股收益		

2. 营业外收入和营业外支出

(1) 营业外收入。

营业外收入是指企业发生的与其日常活动无直接关系的各项利得。

(2) 营业外支出。

营业外支出是指企业发生的与其日常活动无直接关系的各项损失。

【例题 13-6 · 多项选择题】 企业发生的与日常活动无直接关系的得利和损失，应记入(　　)账户。

A. “营业外支出”　　B. “营业外收入”

C. “其他业务支出”　　D. “其他业务收入”

【答案】 AB

【解析】 企业发生的与其日常活动无直接关系的各项利得和损失应记入“营业外收入”账户和“营业外支出”账户。

“营业外收入”和“营业外支出”账户的核算内容如表 13-6 所示，注意对应，便于记忆。

表 13-6　“营业外收入”和“营业外支出”的核算内容

科目	核算内容	备注	科目	核算内容	备注
营业外收入	非流动资产毁损报废利得		营业外支出	非流动资产毁损报废损失	
	罚没利得			罚款支出	
	捐赠利得			捐赠支出	
	盘盈利得	库存现金的盘盈		盘亏损失	固定资产盘亏
	无法支付的应付款项			非常损失	自然灾害等
	政府补助利得				

【例题 13-7 · 多项选择题】 企业发生的如下业务中，应记入“营业外支出”账户的有(　　)。

A. 固定资产毁损净损失　　B. 无形资产报废损失

C. 对外捐赠一台电脑　　D. 罚款支出

E. 无法查明原因的库存现金盘亏　　F. 地震造成的净损失

【答案】 ABCDF

【解析】 选项 E，无法查明原因的库存现金盘亏应记入“管理费用”账户。

【例题 13-8·多项选择题】 企业发生的如下业务中,应记入"营业外收入"账户的有(　　)。

A. 固定资产报废净收益　　B. 政府补助利得

C. 接受一台设备的捐赠　　D. 罚款利得

E. 存货的盘盈　　F. 无法支付的应付账款

【答案】 ABCDF

【解析】 选项E,存货的盘盈,经批准应冲减"管理费用"账户,即贷记"管理费用"账户。

3. 利润的结转与分配

(1) 利润的结转。

账结法下,每月月末:

① 结转损益类科目:

a. 借:主营业务收入
　　其他业务收入
　　公允价值变动损益　　【或贷】
　　投资收益　　【或贷】
　　营业外收入
　　贷:本年利润

b. 借:本年利润
　　贷:主营业务成本
　　　　其他业务成本
　　　　税金及附加
　　　　销售费用
　　　　管理费用
　　　　财务费用
　　　　资产减值损失
　　　　营业外支出
　　　　所得税费用

② 年末,将"本年利润"账户余额转入"利润分配——未分配利润"账户。

借:本年利润
　　贷:利润分配——未分配利润　　【或作相反分录】

(2) 利润的分配。

① 利润分配。

a. 提取盈余公积:

借:利润分配——提取法定盈余公积
　　　　　　——提取任意盈余公积
　　贷:盈余公积——法定盈余公积
　　　　　　　——任意盈余公积

b. 分配现金股利：

借：利润分配——应付现金股利
　　贷：应付股利

c. 分配股票股利：

借：利润分配——转作股本的股利
　　贷：股本

② 结转"利润分配"账户所属的其他明细账户余额。

借：利润分配——未分配利润
　　贷：利润分配——提取法定盈余公积
　　　　　　　　——提取任意盈余公积
　　　　　　　　——应付现金股利
　　　　　　　　——转作股本的股利

年末，"利润分配"总账账户的余额实际上就是"利润分配——未分配利润"账户的余额。

【例题 13-9·判断题】 期末损益类账户结转至"本年利润"后，无余额。（　　）

【答案】 √

【解析】 期末损益类账户结转后无余额。

自主测试

一、单项选择题

1. 下列各项中，不属于企业收入的是（　　）。

A. 销售自制半成品取得的价款

B. 出租无形资产的租金收入

C. 受托方销售所代销的商品取得的手续费

D. 企业销售商品时收到的增值税

2. 琴岛有限责任公司本年度委托乙商店代销一批零配件，代销价款 300 万元（不含增值税）。本年度收到乙商店交来的代销清单，代销清单列明已销售代销零配件的 70%，琴岛有限责任公司收到代销清单时向乙商店开具增值税发票。乙商店按代销价款的 5%收取手续费。该批零配件的实际成本为 180 万元。琴岛有限责任公司本年度因此项业务应确认的销售收入为（　　）万元。

A. 300　　　　B. 180

C. 210　　　　D. 120

3. 委托方采用支付手续费的方式委托代销商品，委托方在收到代销清单后应按（　　）确认收入。

A. 销售价款和增值税之和　　　　B. 商品的进价

C. 销售价款和手续费之和　　　　D. 商品售价

4. 对于企业已经发出商品但尚未确认销售收入的商品成本，应编制的会计分录为（　　）。

A. 借记"应收账款"账户,贷记"库存商品"账户

B. 借记"应收账款"账户,贷记"主营业务收入"账户(不考虑增值税)

C. 借记"主营业务成本"账户,贷记"库存商品"账户

D. 借记"发出商品"账户,贷记"库存商品"账户

5. 琴岛有限责任公司销售一批商品给B公司,开出的增值税专用发票上注明的售价为10 000万元。增值税税额为1 300万元。该批商品的成本为8 000万元。货到后,B公司发现商品质量不合格,要求在价格上给予3%的折让。B公司提出的销售折让要求符合原合同的约定,A公司同意并办妥了相关手续,假定销售商品后还未确认收入,则A公司应确认销售商品收入的金额为( )万元。

A. 351 B. 9 700

C. 11 349 D. 11 700

6. 某企业销售商品7 000件,每件售价50元(不含增值税),增值税税率13%,企业为购货方提供的商业折扣为15%,提供的现金折扣条件为"2/10, 1/20, n/30"(计算现金折扣时不考虑增值税)。该企业在这项交易中应确认的收入金额为( )元。

A. 320 000 B. 308 200

C. 297 500 D. 320 200

7. 2×24年7月1日,琴岛有限责任公司与A公司签订了一份电脑芯片生产合同,琴岛有限责任公司为A公司生产50 000个电脑芯片,要求完工日为2×24年12月10日,合同价格为1 000 000元,若于2×24年12月10日前完工,承诺对价金额将增加50 000元奖金;若于2×24年12月20日前完工,承诺对价金额将增加20 000元奖金。琴岛有限责任公司估计于2×24年12月10日前完工的可能性为30%,于2×24年12月20日前完工的可能性为70%。假定不考虑其他因素,琴岛有限责任公司该项合同的交易价格金额为( )元。

A. 1 000 000 B. 1 050 000

C. 1 020 000 D. 1 070 000

8. 2×24年1月1日,琴岛有限责任公司采用分期收款方式向B公司销售一套大型商品,商品成本为900万元,合同规定不含增值税的销售价格为1 200万元,分3次于每年12月31日等额收取,假定在现销方式下,该商品不含增值税的销售价格为1 080万元。商品已于当日交付给B公司,不考虑其他因素,琴岛有限责任公司2×24年应确认销售商品收入的金额为( )万元。

A. 400 B. 360

C. 1 080 D. 1 200

9. 2×24年6月1日,琴岛有限责任公司与C公司签订合同,为C公司建造一生产线。合同约定C公司向琴岛有限责任公司支付500万元现金及一台专用设备和一批材料。该专用设备的公允价值为100万元,材料的公允价值为50万元,琴岛有限责任公司无需为该设备和材料额外支付价款,且该专用设备和材料将用于该生产线的建造。该生产线于3个月内建造完成并移交C公司,C公司在该时点获得了生产线的控制权。琴岛有限责任公司对该项合同的交易价格为( )万元。

A. 500 B. 600

C. 550 D. 650

10. 按照《企业会计准则》的规定，下列项目中，不应确认为收入的是（　　）。

A. 出售原材料取得的收入　　B. 设备出租收入

C. 违约金收入　　D. 销售商品收取的不含税价款

11. 某企业是一家工业企业，适用的增值税税率为 13%，销售产品每件 100 元，若客户购买 200 件以上(含 200 件)产品可给予客户 10%折扣。有一客户 2×24 年 3 月 8 日购买该企业产品 350 件，按规定现金折扣条件为："2/10，1/20，n/30"。假设购销双方约定计算现金折扣时考虑增值税，该企业于 2×24 年 3 月 25 日收到该笔款项时，应给予客户的现金折扣为（　　）元。

A. 0　　B. 737.1

C. 368.55　　D. 355.95

12. 某企业 2×24 年 8 月 1 日赊销一批商品，售价为 120 000 元(不含增值税)，适用的增值税税率为 13%，规定的现金折扣条件为："2/10，1/20，n/30"，计算现金折扣时考虑增值税。客户于 2×24 年 8 月 15 日付清货款，该企业收款金额为（　　）元。

A. 118 800　　B. 137 592

C. 134 244　　D. 140 400

13. 琴岛有限责任公司销售商品一批，商品的销售价款为 2 000 元，商业折扣 10%，增值税税率为 13%，现金折扣条件为："2/10，1/20，n/30"。琴岛有限责任公司销售商品时为对方代垫运费 150 元(不考虑运费的增值税抵扣问题)，则应收账款的入账金额为（　　）元。

A. 2 490　　B. 2 184

C. 2 106　　D. 2 340

14. 琴岛有限责任公司于 2×24 年 1 月 9 日向 B 公司销售一批商品，开出的增值税专用发票上注明售价为 20 万元，增值税额为 2.6 万元；该批商品成本为 12 万元。琴岛有限责任公司在销售该批商品时已得知 B 公司资金流转发生暂时困难，但为了减少存货积压，同时为了维持与 B 公司长期以来建立的商业关系，琴岛有限责任公司仍将商品发出。假定琴岛有限责任公司销售该批商品的纳税义务已经发生。不考虑其他因素，则下列说法中，正确的是（　　）。

A. 琴岛有限责任公司应在发出商品当日确认主营业务收入 20 万元

B. 琴岛有限责任公司应在发出商品当日确认主营业务成本 12 万元

C. 琴岛有限责任公司在发出商品当日不需确认增值税销项税额

D. 琴岛有限责任公司应在发出商品时，借记"发出商品"12 万元

15. 琴岛有限责任公司 2×24 年取得的国债投资的利息为 60 000 元，其他公司债券投资利息 140 000 元，全年税前利润为 1 380 000 元，所得税税率为 25%。无其他纳税调整项目，则 2×24 年该企业的净利润为（　　）元。

A. 1 070 000　　B. 1 035 000

C. 1 050 000　　D. 1 085 000

16. 琴岛有限责任公司与客户签订一份合同，向其出售 A、B、C 三种产品。A、B、C 各产品的单独售价分别为 50 万元、70 万元、90 万元，合计 210 万元。琴岛有限责任公司经常将 A 产品按 50 万元出售，经常将 B 产品和 C 产品合并按 100 万元出售。琴岛有限责任公司应确认的 B 产品的交易价格为（　　）元。

A. 437 500　　B. 500 000

C. 700 000　　D. 562 500

17. 琴岛有限责任公司与客户签订一份建筑安装业务，合同价格为 1 000 万元，合同期限为 2 年。有关支付条款如下：合同签订之初支付 20%的合同价款；70%的合同对价在提供服务期间按完工进度逐步收取；剩余 10%合同对价在完成合同并通过验收检测后支付。除非琴岛有限责任公司违约，否则已支付的合同价款不可退回，如果客户终止合同，琴岛有限责任公司只能获得客户按照相应进度已支付的价款。琴岛有限责任公司没有向客户要求获取合同规定以外的进一步补偿的权利。琴岛有限责任公司应（　　）确认合同收入。

A. 在预收合同价款时　　B. 按劳务的履约进度分期

C. 在完成全部服务时　　D. 自行选择

18. 企业销售商品发生的销售折让，应作的会计处理是（　　）。

A. 增加销售费用　　B. 冲减主营业务收入

C. 增加主营业务成本　　D. 增加营业外支出

19. 下列交易或事项发生的损失中，不应计入营业外支出的是（　　）。

A. 对外捐赠支出　　B. 罚款支出

C. 转让固定资产净损失　　D. 固定资产毁损的净损失

20. “本年利润”账户年末结转前的贷方余额，表示（　　）。

A. 历年累计实现的利润总额　　B. 历年累计实现的净利润

C. 当年实现的利润总额　　D. 当年实现的净利润

二、多项选择题

1. 琴岛有限责任公司 2×24 年 12 月 10 日收到乙公司因质量问题而退回的商品 5 件，每件商品成本为 200 元。该批商品系琴岛有限责任公司 2×24 年 9 月 13 日出售给乙公司，每件商品售价为 400 元，适用的增值税税率为 13%，货款尚未收到，琴岛有限责任公司已于 2×24 年 9 月 13 日确认销售商品收入，并开出增值税专用发票。因乙公司提出的退货要求符合销售合同约定，琴岛有限责任公司同意退货。假定发生的销售退回允许扣减当期增值税销项税额。琴岛有限责任公司应在验收退货入库时作会计处理为（　　）。

A. 借记“库存商品”1 000，贷记“主营业务成本”1 000

B. 借记“主营业务收入”2 000，借记“应交税费——应交增值税（销项税额）”260，贷记“应收账款”2 260

C. 借记“库存商品”1 000，贷记“发出商品”1 000

D. 借记“应收账款”340，贷记“应交税费——应交增值税（销项税额）”340

2. 下列各项中，属于收入确认和计量五步法模型的有（　　）。

A. 识别与客户订立的合同

B. 识别合同中的单项履约义务

C. 确定交易价格

D. 将交易价格分摊至各单项履约义务

E. 履行各单项履约义务时确认收入

3. 下列各项中，会影响企业交易价格的有（　　）。

A. 商业折扣　　B. 价格折让

C. 返利　　D. 奖励积分

E. 业绩奖金

4. 企业为取得合同发生的下列支出中，不应确认为资产的有（　　）。

A. 销售佣金　　B. 差旅费

C. 投标费　　D. 为准备投标资料发生的相关费用

5. 现金折扣方式销售产品，购货方在折扣期内付款，则下列处理中，正确的有（　　）。

A. 按照扣除折扣后的净价确认销售收入　　B. 按照商品总价确认销售收入

C. 给予购货方的折扣冲减销售收入　　D. 给予购货方的折扣确认销售费用

6. 下列各项中，既影响营业利润又影响利润总额的业务有（　　）。

A. 计提坏账准备　　B. 转让无形资产所有权的净收益

C. 计提所得税费用　　D. 转让股票所得收益

7. 下列各项中，需调整增加企业应纳税所得额的项目有（　　）。

A. 已计入投资收益的国库券利息收入

B. 已超过税法规定扣除标准，但已计入当期费用的业务招待费

C. 支付并已计入当期损失的各种税收滞纳金

D. 未超标的业务招待费支出

8. 下列各项中，应计入营业外收入的有（　　）。

A. 捐赠利得　　B. 转让长期股权投资的净收益

C. 赔款收入　　D. 盘盈存货取得的净收益

9. 下列各项中，影响企业利润总额的有（　　）。

A. 管理费用　　B. 财务费用

C. 所得税费用　　D. 商品的销售成本

10. 下列账户中，期末余额应转入本年利润的有（　　）。

A. "财务费用"　　B. "主营业务收入"

C. "营业外收入"　　D. "递延收益"

三、判断题

1. 如果商品售出后，企业仍可以对售出商品实施有效控制，说明此项商品销售不成立，不应该确认销售商品收入。（　　）

2. 预收款销售方式下应该在发出商品时确认销售收入。（　　）

3. 企业销售商品一批，并已收到款项，即使商品的成本不能够可靠地计量，也要确认相关的收入。（　　）

4. 企业应当在履行了合同中的履约义务，即在与商品所有权有关的风险报酬转移时确认收入。（　　）

5. 企业的收入包括主营业务收入、其他业务收入和营业外收入。（　　）

6. 企业 2×23 年 5 月售出的产品在 2×24 年 6 月被退回时，企业应冲减 2×23 年度的主营业务收入和主营业务成本。（　　）

7. 企业已确认销售收入的售出商品发生销售折让，一般应在发生时冲减销售收入，同时冲减当期营业成本。（　　）

8. 企业提供劳务时，如资产负债表日能对交易的结果作出可靠估计，应按已经发生并预计能够补偿的劳务成本确认收入，并按相同金额结转成本。（　）

9. 企业发生毁损的固定资产的净损失，应记入“营业外支出”账户，最终影响净利润的计算。（　）

10. 所得税是企业根据应纳税所得额的一定比例上交的一种税金。应纳税所得额是在企业税前会计利润（即利润总额）的基础上调整确定的。（　）

四、计算题

1. 琴岛有限责任公司为增值税一般纳税企业，适用的增值税税率为13%。2×24年8月1日，向乙公司销售某商品1 000件，每件标价2 000元，实际售价180万元（售价中不含增值税额），已开出增值税专用发票，商品已交付给乙公司。为了及早收回货款，琴岛有限责任公司在合同中规定的现金折扣条件为：“2/10，1/20，n/30”。假定计算现金折扣不考虑增值税。

要求：根据以下假定，分别编制琴岛有限责任公司收到款项时的会计分录。（不考虑成本的结转）

（1）乙公司在8月8日按合同规定付款，琴岛有限责任公司收到款项并存入银行。

（2）乙公司在8月19日按合同规定付款，琴岛有限责任公司收到款项并存入银行。

（3）乙公司在8月29日按合同规定付款，琴岛有限责任公司收到款项并存入银行。

2. 琴岛有限责任公司系工业企业，为增值税一般纳税人，适用的增值税税率为13%，适用的所得税税率为25%。销售单价除标明为含税价格外，均为不含增值税价格。琴岛有限责任公司2×24年12月发生如下业务：

（1）12月5日，向琴岛有限责任公司销售材料一批，价款为350 000元，该材料发出成本为250 000元。当日收取面值为409 500元的票据一张。

（2）12月10日，收到外单位租用本公司办公用房下一年度租金300 000元，款项已收存银行。

（3）12月13日，向乙企业赊销A产品50件，单价为10 000元，单位销售成本为5 000元。

（4）12月18日，丙企业要求退回本年11月25日购买的20件A产品。该产品销售单价为10 000元，单位销售成本为5 000元，其销售收入200 000元已确认入账，价款尚未收取。经查明退货原因系发货错误，同意丙企业退货，并办理退货手续和开具红字增值税专用发票。

（5）12月21日，乙企业来函提出12月13日购买的A产品质量不完全合格。经协商按销售价款的10%给予折让，并办理相关手续和开具红字增值税专用发票。款项尚未收取。

（6）12月31日，计算本月应交纳的城市维护建设税4 188.8元；教育费附加1 795.2元。

要求：根据上述业务编制相关的会计分录。

（“应交税费”账户要求写出明细账户及专栏名称，本题要求逐笔编制结转销售成本的会计分录。）

3. 琴岛有限责任公司为增值税一般纳税人，增值税税率为13%，商品销售价格不含增值税，在确认销售收入时逐笔结转销售成本。假定不考虑其他相关税费。2×24年9月份，琴岛有限责任公司发生如下业务：

(1) 9月2日，向乙公司销售A商品1 600件，标价总额为800万元(不含增值税)，商品实际成本为480万元。为了促销，琴岛有限责任公司给予乙公司15%的商业折扣并开具了增值税专用发票。琴岛有限责任公司已发出商品，并向银行办理了托收手续。

(2) 9月10日，因部分A商品的规格与合同不符，乙公司退回A商品800件。当日，琴岛有限责任公司按规定向乙公司开具增值税专用发票(红字)，销售退回允许扣减当期增值税销项税额，退回商品已验收入库。

(3) 9月15日，琴岛有限责任公司将部分退回的A商品作为福利发放给本公司职工，其中：生产工人500件，行政管理人员40件，专设销售机构人员60件，该商品每件市场价格为0.4万元(与计税价格一致)，实际成本0.3万元。

(4) 9月25日，琴岛有限责任公司收到丙公司来函。来函提出，2×24年5月10日从琴岛有限责任公司所购B商品不符合合同规定的质量标准，要求琴岛有限责任公司在价格上给予10%的销售折让。该商品售价为600万元，增值税额为78万元，货款已结清。经琴岛有限责任公司认定，同意给予折让并以银行存款退还折让款，同时开具了增值税专用发票(红字)。

除上述资料外，不考虑其他因素。

要求：(1) 逐笔编制琴岛有限责任公司上述业务的会计分录。

(2) 计算琴岛有限责任公司9月份主营业务收入总额。

("应交税费"账户要求写出明细账户及专栏名称。)

4. 琴岛有限责任公司2×24年年末相关资产情况如下：

(1) 存货成本为600万元，计提存货跌价准备150万元。

(2) 交易性金融资产成本为1 000万元，公允价值增加200万元。

(3) 固定资产原值为1 500万元，计提折旧为200万元(与税法一致)，计提减值准备为300万元。

(4) 无形资产成本800万元，属于使用寿命不确定的无形资产，计提减值100万元，税法应计提摊销200万元。

要求：(1) 计算各项资产的账面价值与计税基础。

(2) 分析哪些属于应纳税暂时性差异，哪些属于可抵扣暂时性差异。

5. 琴岛有限责任公司2×24年12月31日资产负债表项目暂时性差异计算表列示：可抵扣暂时性差异700 000元，应纳税暂时性差异300 000元。该公司适用的所得税税率为25%。假定琴岛有限责任公司预计会持续盈利，能够获得足够的应纳税所得额，2×24年度，税务机关核实的该公司应交所得税为2 725 000元。

要求：(1) 计算琴岛有限责任公司2×24年递延所得税资产、递延所得税负债、递延所得税以及所得税费用。

(2) 编制与所得税费用相关的会计分录。

五、案例分析题

琴岛有限责任公司和乙企业均为增值税一般纳税人，增值税税率均为13%，2×24年3月6日，琴岛有限责任公司与乙企业签订代销协议，琴岛有限责任公司委托乙企业销售A商品500件，A商品的单位成本为每件350元。代销协议规定，乙企业应按每件A商品

565 元(含增值税)的价格售给顾客,琴岛有限责任公司按不含增值税售价的 10%向乙企业支付手续费,手续费使用的增值税税率为 6%。4 月 1 日,琴岛有限责任公司收到乙企业交来的代销清单,代销清单中注明:实际销售 A 商品 400 件,商品售价为 200 000 元,增值税税额为26 000元。当日琴岛有限责任公司向乙企业开具金额相等的增值税专用发票。4 月 6 日,琴岛有限责任公司收到乙企业支付的已扣除手续费的商品代销款。

要求:

(1) 琴岛有限责任公司应在何时确认收入?

(2) 根据上述资料,编制琴岛有限责任公司如下会计分录:

① 发出商品的会计分录。

② 收到代销清单时确认销售收入、增值税、手续费支出,以及结转销售成本的会计分录。

③ 收到商品代销款的会计分录。

(“应交税费”账户要求写出明细账户及专栏名称。)

第十四章 财务报告

学习目的与要求

通过本章学习，学生应掌握资产负债表、利润表的编制方法；熟悉财务报表附注揭示的内容及财务报表编制的一般要求；了解现金流量表、所有者权益变动表的编制方法及财务报告的意义和种类。

本章基本内容框架

- 财务报告概述
  - 财务报告的意义和财务报表的作用
  - 财务报告的组成
  - 财务报表的分类
  - 财务报告列报的基本要求
- 资产负债表
  - 资产负债表的概念和意义
  - 资产负债表的格式
  - 资产负债表的编制
  - 资产负债表的编制举例
- 利润表
  - 利润表的概念和意义
  - 利润表的内容及结构
  - 利润表的编制
- 现金流量表
  - 现金流量表概述
  - 现金流量表的编制
  - 现金流量表附注
  - 现金流量表及附注的平衡关系
  - 现金流量表编制实例
- 所有者权益变动表
  - 所有者权益变动表的内容及格式
  - 所有者权益变动表的编制
- 财务报表附注
  - 财务报表附注概述
  - 财务报表附注的内容

重点、难点讲解及典型例题

一、财务报告概述

1. 定义

财务报告是指企业对外提供的反映某一特定日期财务状况和某一会计期间的经营成果、现金流量等会计信息的文件，包括财务报表和其他应当在财务报告中披露的相关信息和资料。

2. 一般意义上的财务报告构成

财务报告
- (1) 财务报表，至少应包括
  - 资产负债表
  - 利润表
  - 现金流量表
  - 所有者权益变动表
  - 附注
- (2) 其他应当在财务报告中披露的相关信息和资料

3. 财务报表按编报期间不同的分类

财务报表
- (1) 中期财务报表：如月报、季报、半年报等。【短于一个会计年度】
- (2) 年度财务报表

【例题 14-1·多项选择题】 下列各项中，属于中期财务报表的有（　　）。

A. 月报　　B. 季报　　C. 年报　　D. 半年报

【答案】 ABD

【解析】 选项 C 属于年报。

【例题 14-2·多项选择题】 基本财务报表包括（　　）。

A. 资产负债表　　B. 利润表

C. 现金流量表　　D. 所有者权益变动表

【答案】 ABCD

【解析】 基本财务报表包括选项 ABCD 四个财务报表。

二、资产负债表的编制

资产负债表是指反映企业在某一特定日期财务状况的报表。

资产负债表主要反映资产、负债和所有者权益三方面的内容，它是一张揭示企业在一定时点上财务状况的静态报表。

1. “上年年末余额”栏的填列方法

“上年年末余额”栏通常根据上年年末有关项目的期末余额填列，且与上年年末资产负债表“期末余额”栏一致。

2. “期末余额”栏的填列方法

“期末余额”栏主要有以下几种填列方法：本表“期末余额”栏内各项数字，一般应根据资产、负债和所有者权益类账户的期末余额填列：

（1）根据总账账户余额填列，如“交易性金融资产”“递延所得税资产”“短期借款”“应付票据”“实收资本”“递延所得税负债”等项目。

（2）根据有关明细账户的余额计算填列，如“应付账款”项目，需要根据“应付账款”和“预付账款”两个账户所属的相关明细账户的期末贷方余额计算填列；“应收账款”项目，需要根据“应收账款”和“预收账款”两个账户所属的相关明细账户的期末借方余额计算填列。

（3）根据总账账户和明细账户的余额分析计算填列，如“长期应收款”项目，应当根据“长期应收款”账户总账余额，减去“未实现融资收益”总账账户余额，再减去所属明细账户中将于1年内到期的部分填列；“长期借款”项目，应当根据“长期借款”总账账户余额扣除“长期借款”账户所属明细账户中将于1年内到期的部分填列。

（4）根据有关账户余额减去其备抵账户余额后的净额填列，如“应收票据”“应收账款”“长期股权投资”“在建工程”等项目，应当根据“应收票据”“应收账款”“长期股权投资”“在建工程”等账户的期末余额减去“坏账准备”“长期股权投资减值准备”“在建工程减值准备”等账户余额后的净额填列。

（5）综合运用上述填列方法分析填列，如“存货”项目应根据“原材料”“委托加工物资”“周转材料”“材料采购”“在途物资”“发出商品”“材料成本差异”等总账账户期末余额的分析汇总数，再减去“存货跌价准备”账户余额后的金额填列。

3. 资产负债表中“应付账款”“预付款项”“应收账款”“预收款项”四个项目的填列方法

它分两个步骤：

（1）判断项目性质：
- 资产类⟶借方合计（各明细账户）
- 负债类⟶贷方合计（各明细账户）

（2）找账户：技巧是“收对应收，付对应付”，即：

带“收”的项目，找带“收”的账户；

带“付”的项目，找带“付”的账户；

项目：“应付账款”及“预付款项”：找⟶“应付账款”“预付账款”账户

项目：“应收账款及预收款项”：找⟶“应收账款”“预收账款”账户

（暂不考虑“坏账准备”等其他因素。）

【例题 14-3·单项选择题】 根据下面资料，在不考虑坏账准备的情况下，资产负债表中“预付款项”项目期末余额应填列（　　）万元，应付账款项目期末余额应填列（　　）万元。

应付账款	——A	借方	8
	——B	贷方	5
	——C	借方	3
预付账款	——甲	借方	10
	——乙	贷方	6
	——丙	借方	4

A. 25　11　　　B. 8　−6

C. 8　11　　　D. 25　−6

【答案】 A

【解析】 预付款项项目期末余额＝8＋3＋10＋4＝25(万元)

应付账款项目期末余额＝5＋6＝11(万元)

【例题 14-4 · 单项选择题】 根据下面资料，在不考虑坏账准备的情况下，资产负债表中“应收账款”项目期末余额应填列(　　)万元，“预收款项”项目期末余额应填列(　　)万元。

应收账款——A　借方　50 万

——B　借方　30 万

——C　贷方　10 万

——D　贷方　5 万

预收账款——甲　借方　24 万

——乙　借方　32 万

——丙　贷方　6 万

——丁　贷方　7 万

A. 65　－43

B. 136　28

C. 65　43

D. 136　43

【答案】 B

【解析】 “应收账款”项目期末余额＝50＋30＋24＋32＝136(万元)

“预收款项”项目期末余额＝10＋5＋6＋7＝28(万元)

【例题 14-5 · 单项选择题】 “应付账款”账户明细账中若有借方余额，应将其计入资产负债表中的(　　)项目。

A. “预付款项”

B. “预付账款”

C. “应付账款”

D. “应收账款”

【答案】 A

【解析】 选项 B 是账户，不是项目，项目名称为“预付款项”。“应付账款”为负债类账户，如果明细账户是借方余额，则计入“预付款项”项目，如果为贷方余额则计入“应付账款”项目。

【例题 14-6 · 单项选择题】 “预付账款”账户明细账中若有贷方余额，应将其计入资产负债表中的(　　)项目。

A. “预付款项”

B. “预付账款”

C. “应付账款”

D. “应收账款”

【答案】 C

【解析】 “预付账款”属资产类，如果明细账户为贷方余额，则计入“应付账款”项目。如果明细账户为借方余额，则计入“预付款项”项目。

【例题 14-7 · 多项选择题】 资产负债表中“应付账款”项目应根据(　　)填列。

A. “预付账款”所属明细账户借方余额合计

B. “应付账款”所属明细账户借方余额合计

C. “预付账款”所属明细账户贷方余额合计

D. “应付账款”所属明细账户贷方余额合计

E. “应付账款”总账余额

F.“应收账款”所属明细账户贷方余额合计

【答案】 CD

【解析】 “应付账款”项目属负债类项目，因此找带“付”的账户，即“应付账款”和“预付账款”各明细账户贷方合计，所以选 CD 项。

【例题 14-8·多项选择题】 资产负债表中“预收款项”项目应根据（　　）填列。

A.“预收账款”所属明细账户借方余额合计

B.“应收账款”所属明细账户借方余额合计

C.“预收账款”所属明细账户贷方余额合计

D.“应收账款”所属明细账户贷方余额合计

E.“预收账款”总账余额

F.“应付账款”所属明细账户贷方余额合计

【答案】 CD

【解析】 “预收款项”项目属负债类项目，因此找带“收”的账户，即“应收账款”和“预收账款”各明细账户贷方合计，所以选 CD 项。

【例题 14-9·多项选择题】 资产负债表中“应收账款”项目应根据（　　）填列。

A.“预收账款”所属明细账户借方余额合计

B.“应收账款”所属明细账户借方余额合计

C.“预收账款”所属明细账户贷方余额合计

D.“应收账款”所属明细账户贷方余额合计

E.“预收账款”总账余额

F.“应付账款”所属明细账户贷方余额合计

【答案】 AB

【解析】 “应收账款”项目属资产类项目，因此找带“收”的账户，即“应收账款”和“预收账款”各明细账户借方合计，所以选 AB 项。

【例题 14-10·单项选择题】 资产负债表中只需根据一个总账账户余额直接填列的项目是（　　）。

A.“货币资金”　　B.“短期借款”

C.“应收账款”　　D.“预付款项”

【答案】 B

【解析】 选项 A，货币资金需通过“库存现金”“银行存款”“其他货币资金”三个总账账户的余额合计填列。

【例题 14-11·单项选择题】 甲公司期末“固定资产”账户余额为 200 000 元，“累计折旧”余额 120 000 元，“固定资产减值准备”余额 20 000 元，资产负债表中“固定资产”项目期末余额应填列（　　）元。

A. 80 000　　B. 200 000

C. 180 000　　D. 60 000

【答案】 D

【解析】 “固定资产”项目期末余额（账面价值）＝200 000－120 000－20 000＝60 000（元）。

【例题 14-12·多项选择题】 资产负债表中“存货”项目，应根据（　　）分析填列。

A.“原材料”
B.“在途物资”
C.“周转材料”
D.“库存商品”
E.“工程物资”

【答案】 ABCD

【解析】 选项E,“工程物资”为建造固定资产外购的物资,应填列在资产负债表中在建工程项目。

【例题14-13·多项选择题】 下列资产中,属于非流动资产的有(　　)。

A.“交易性金融资产”
B.“开发支出”
C.“商誉”
D.“无形资产”
E.“货币资金”
F.“一年内到期的非流动资产”

【答案】 BCD

【解析】 选项AEF,属于流动资产。

【例题14-14·单项选择题】 甲企业长期借款320万元,资产负债表日,有50万元将于1年内到期,那么资产负债表中长期借款项目的期末余额填列(　　)。

A. 320万元
B. 50万元
C. 270万元
D. 以上都不正确

【答案】 C

【解析】 长期借款期末余额应填列金额=320−50=270(万元)。

【例题14-15·单项选择题】 承[例题14-14],将于1年内到期的50万元应填列在资产负债表的(　　)项目。

A.“一年内到期的非流动负债”
B.“短期借款”
C.“其他应付款”
D.“长期借款”

【答案】 A

【解析】 长期借款中属于1年内到期的部分应填列在资产负债表中“一年内到期的非流动负债”项目中。

三、利润表的编制

1. 定义

利润表是指反映企业在一定会计期间的经营成果的财务报表。

利润表可以反映企业在一定会计期间的收入、费用、利润(或亏损)的数额、构成情况,帮助财务报表使用者全面了解企业的经营成果,分析企业的获利能力及盈利增长趋势,从而为其作出经济决策提供依据。

我国企业的利润表采用多步式格式(表14-1)

表14-1　利　润　表

会企02表

编制单位:　　　　年　月　　　　单位:元

项目	本期金额	上期金额
一、营业收入		
减:营业成本		

（续表）

项目	本期金额	上期金额
税金及附加		
销售费用		
管理费用		
研发费用		
财务费用		
其中:利息费用		
利息收入		
加:其他收益		
投资收益(损失以“—”填列)		
其中:对联营企业和合营企业的投资收益		
以摊余成本计量的金融资产终止确认收益(损失以“—”填列)		
净敞口套期收益(损失以“—”填列)		
公允价值变动收益(损失以“—”填列)		
信用减值损失(损失以“—”填列)		
资产减值损失(损失以“—”填列)		
资产处置收益(损失以“—”填列)		
二、营业利润(亏损以“—”填列)		
加:营业外收入		
减:营业外支出		
三、利润总额(亏损总额以“—”填列)		
减:所得税费用		
四、净利润(净亏损以“—”填列)		
(一) 持续经营净利润(净亏损以“—”填列)		
(二) 终止经营净利润(净亏损以“—”填列)		
五、其他综合收益的税后净额		
(一) 不能重分类进损益的其他综合收益		
1. 重新计量设定受益计划变动额		
2. 权益法下不能转损益的其他综合收益		
3. 其他权益工具投资公允价值变动		
4. 企业自身信用风险公允价值变动		
……		
(二) 将重分类进损益的其他综合收益		
1. 权益法下可转损益的其他综合收益		

（续表）

项目	本期金额	上期金额
2. 其他债权投资公允价值变动		
3. 金融资产重分类计入其他综合收益的金额		
4. 其他债权投资信用减值准备		
5. 现金流量套期		
6. 外币财务报表折算差额		
……		
六、综合收益总额		
七、每股收益		
（一）基本每股收益		
（二）稀释每股收益		

2. “上期金额”栏的列报方法

“上期金额”栏内各项数字，应根据上年该期利润表的“本期金额”栏内所列数字填列。

3. “本期金额”栏的列报方法

“本期金额”栏内各项数字，除“基本每股收益”和“稀释每股收益”项目外，应当按照相关账户的发生额分析填列。

特别注意以下的项目：

（1）“营业收入”项目，反映企业经营主要业务和其他业务所确认的收入总额。本项目应根据“主营业务收入”和“其他业务收入”账户的发生额分析填列。

（2）“营业成本”项目，反映企业经营主要业务和其他业务所发生的成本总额。本项目应根据“主营业务成本”和“其他业务成本”账户的发生额分析填列。

（3）“公允价值变动收益”项目，反映企业应当计入当期损益的资产或负债公允价值变动收益。本项目应根据“公允价值变动损益”账户的发生额分析填列，如为净损失，本项目以“－”填列。

（4）“投资收益”项目，反映企业以各种方式对外投资所取得的收益。本项目应根据“投资收益”账户的发生额分析填列。如为投资损失，本项目以“－”填列。

四、现金流量表的编制

现金流量表是指反映企业在一定会计期间现金和现金等价物流入和流出的报表。

现金流量表格式如表 14-2 所示。

表 14-2　现 金 流 量 表

会企 03 表

编制单位：　　　　年　月　　　　单位：元

项　目	本期金额	上期金额
一、经营活动产生的现金流量：		
销售商品、提供劳务收到的现金		

（续表）

项　目	本期金额	上期金额
收到的税费返还		
收到其他与经营活动有关的现金		
经营活动现金流入小计		
购买商品、接受劳务支付的现金		
支付给职工以及为职工支付的现金		
支付的各项税费		
支付其他与经营活动有关的现金		
经营活动现金流出小计		
经营活动产生的现金流量净额		
二、投资活动产生的现金流量：		
收回投资收到的现金		
取得投资收益收到的现金		
处置固定资产、无形资产和其他长期资产收回的现金净额		
处置子公司及其他营业单位收到的现金净额		
收到其他与投资活动有关的现金		
投资活动现金流入小计		
购建固定资产、无形资产和其他长期资产支付的现金		
投资支付的现金		
取得子公司及其他营业单位支付的现金净额		
支付其他与投资活动有关的现金		
投资活动现金流出小计		
投资活动产生的现金流量净额		
三、筹资活动产生的现金流量：		
吸收投资收到的现金		
取得借款收到的现金		
收到其他与筹资活动有关的现金		
筹资活动现金流入小计		
偿还债务支付的现金		
分配股利、利润或偿付利息支付的现金		
支付其他与筹资活动有关的现金		
筹资活动现金流出小计		
筹资活动产生的现金流量净额		
四、汇率变动对现金及现金等价物的影响		
五、现金及现金等价物净增加额		

（续表）

项　目	本期金额	上期金额
加:期初现金及现金等价物余额		
六、期末现金及现金等价物余额		

特别注意以下各项目的计算：

(1) 经营活动的现金流量。

(2) 投资活动的现金流量。

(3) 筹资活动的现金流量。

自主测试

一、单项选择题

1. 某企业 2×24 年度发生以下业务:以银行存款购买将于 2 个月后到期的国债 500 万元,偿还应付账款 200 万元,支付生产人员工资 150 万元,购买固定资产 300 万元。假定不考虑其他因素,该企业 2×24 年度现金流量表中“购买商品、接受劳务支付的现金”项目的金额为(　　)万元。

A. 200　　B. 350

C. 650　　D. 1 150

2. 下列各项中,不属于现金流量表“筹资活动产生的现金流量”账户的是(　　)。

A. 实际收到分配的现金股利　　B. 发行公司债券实际收到的现金

C. 增发股票实际收到的现金　　D. 偿还公司债券支付的现金

3. 支付给在建工程人员的工资应列示在现金流量表(　　)项目中。

A. “支付给职工以及为职工支付的现金”

B. “支付其他与经营活动有关的现金”

C. “购建固定资产、无形资产和其他长期资产支付的现金”

D. “投资支付的现金”

4. 琴岛有限责任公司 2×24 年购买商品支付 500 万元(含增值税),支付 2×23 年接受劳务的未付款项 50 万元,2×24 年发生的购货退回 15 万元,假设不考虑其他条件,琴岛有限责任公司 2×24 年现金流量表“购买商品、接受劳务支付的现金”项目中应填列(　　)万元。

A. 535　　B. 465

C. 435　　D. 500

5. 下列各项中,不影响工业企业营业利润的是(　　)。

A. 主营业务成本　　B. 其他业务成本

C. 劳务成本　　D. 税金及附加

6. 某企业 2×24 年 2 月主营业务收入为 200 万元,主营业务成本为 120 万元,税金及附加为 10 万,管理费用为 5 万元,销售费用为 3 万元,制造费用为 4 万元,资产减值损失为 2 万元,投资收益为 15 万元。假定不考虑其他因素,该企业当月的营业利润为(　　)万元。

A. 62　　B. 70　　C. 71　　D. 75

7. 某企业“应付账款”账户月末贷方余额 40 000 元，其中：“应付甲公司账款”明细账户贷方余额 35 000 元，“应付乙公司账款”明细账户贷方余额 5 000 元；“预付账款”账户月末贷方余额 30 000 元，其中：“预付 A 工厂账款”明细账户贷方余额 50 000 元，“预付 B 工厂账款”明细账户借方余额 20 000 元。该企业月末资产负债表中“应付账款”项目的金额为(　　)元。

A. 90 000　　B. 30 000

C. 40 000　　D. 70 000

8. 下列各项中，不属于资产负债表中“货币资金”项目的是(　　)。

A. 交易性金融资产　　B. 银行结算户存款

C. 信用卡存款　　D. 外埠存款

9. 某企业 2×24 年“主营业务收入”账户贷方发生额是 2 000 万元，借方发生额为退货 50 万元，发生现金折扣 50 万元，“其他业务收入”账户贷方发生额 100 万元，其他业务成本账户借方发生额为 80 万元，那么企业利润表中“营业收入”项目填列的金额为(　　)万元。

A. 2 000　　B. 2 050

C. 2 100　　D. 2 070

10. 下列资产负债表项目中，需要根据相关总账所属明细账户的期末余额分析填列的是(　　)。

A. “应收账款”　　B. “应收票据”

C. “应付票据”　　D. “应付职工薪酬”

二、多项选择题

1. 下列会计账户中，在编制资产负债表时应列入“存货”项目的有(　　)。

A. “材料采购”　　B. “材料成本差异”

C. “工程物资”　　D. “周转材料”

2. 下列各项中，应列入利润表“资产减值损失”项目的有(　　)。

A. 原材料盘亏损失　　B. 固定资产减值损失

C. 在建工程减值损失　　D. 无形资产处置净损失

3. 大明企业 2×24 年发生的营业收入为 2 000 万元，营业成本为 1 200 万元，销售费用为 40 万元，管理费用为 100 万元，财务费用为 20 万元，投资收益为 80 万元，资产减值损失为 140 万元(损失)，公允价值变动损益为 160 万元(收益)，营业外收入为 50 万元，营业外支出为 30 万元。该企业 2×24 年的营业利润和利润总额分别为(　　)万元。

A. 660　　B. 740

C. 640　　D. 760

4. 下列各项中，应列入利润表“税金及附加”项目的有(　　)。

A. 增值税　　B. 城市维护建设税

C. 教育费附加　　D. 矿产资源补偿费

5. 下列各项资产项目中，直接根据总账账户余额填列的有(　　)。

A. 固定资产　　B. 短期借款

C. 应收股利　　D. 交易性金融资产

6. 下列各项中,应在资产负债表“预付款项”项目列示的有(　　)。
A. “应付账款”账户所属明细账户的借方余额
B. “应收账款”账户所属明细账户的借方余额
C. “应收账款”账户所属明细账户的贷方余额
D. “预付账款”账户所属明细账户的借方余额
7. 现金流量表中的“支付给职工以及为职工支付的现金”项目包括(　　)。
A. 支付给退休人员的退休金
B. 支付的在建工程人员的职工薪酬
C. 支付的销售部门人员的职工薪酬
D. 支付的生产工人的职工薪酬
8. 下列各项中,属于现金流量表中现金及现金等价物的有(　　)。
A. 库存现金　　B. 其他货币资金
C. 购入时就只剩 3 个月到期的债券投资　　D. 随时用于支付的银行存款
9. 资产负债表中的“应收账款”项目应根据(　　)分析计算填列。
A. “应收账款”所属明细账借方余额合计
B. “预收账款”所属明细账借方余额合计
C. 按应收账款余额一定比例计提的坏账准备账户的贷方余额
D. “应收账款”总账账户借方余额
10. 下列各项中,属于现金流量表中“投资活动产生的现金流量”项目的有(　　)。
A. 外购无形资产支付的现金
B. 转让固定资产所有权收到的现金
C. 购买 3 个月内到期的国库券支付的现金
D. 收到分派的现金股利

三、判断题

1. 财务报告附注是对在资产负债表、利润表、现金流量表和所有者权益变动表等报表中列示项目的文字描述或明细资料,以及对未能在这些报表中列示项目的说明等。(　　)

2. 所有者权益变动表“上年年末余额”项目,反映企业上年资产负债表中实收资本(或股本)、资本公积、库存股、盈余公积、未分配利润的年末余额。(　　)

3. 利润表中“税金及附加”项目包括增值税和印花税。(　　)

4. 企业年末“长期待摊费用”账户的余额为 200 万元,其中将于 1 年内摊销完的为 50 万元,那么资产负债表中的“长期待摊费用”项目的金额为 200 万元。(　　)

5. 公允价值变动损益应在利润表中体现。(　　)

四、计算及账务处理题

1. 琴岛有限责任公司 2×24 年有关资料如下:

(1) 本年销售商品本年收到现金 3 000 万元,以前年度销售商品本年收到的现金 600 万元,本年预收款项 300 万元,本年销售本年退回商品支付现金 240 万元,以前年度销售本年退回商品支付的现金 180 万元。

(2) 本年购买商品支付的现金 2 100 万元,本年支付以前年度购买商品的未付款项 240 万元和本年预付款项 210 万元,本年发生的购货退回收到的现金 120 万元。

(3) 本年分配的生产经营人员的职工薪酬为 400 万元,“应付职工薪酬”年初余额和年末余额分别为 40 万元和 20 万元,假定应付职工薪酬本期减少数均为本年支付的现金。

(4) 本年利润表中的所得税费用为 150 万元(均为当期应交所得税产生的所得税费用),“应交税费——应交所得税”账户年初数为 12 万元,年末数为 6 万元。假定不考虑其他税费。

要求:根据上述资料,计算下列相关项目:

(1) 销售商品、提供劳务收到的现金。

(2) 购买商品、接受劳务支付的现金。

(3) 支付给职工以及为职工支付的现金。

(4) 支付的各项税费(答案金额单位为万元)。

2. 琴岛有限责任公司 2×24 年 12 月 31 日有关资料如下。

(1) 长期借款资料(表 14-3)。

表 14-3 长期借款资料

借款起始日期	借款期限(年)	金额(万元)
2017 年 6 月 1 日	4	450
2018 年 1 月 1 日	5	600
2020 年 1 月 1 日	3	300

(2) “长期待摊费用”项目的期末余额为 50 万元,其中,将于 1 年内摊销的金额为20 万元。

要求:根据上述资料,计算 2×24 年 12 月 31 日资产负债表中下列项目的金额:

(1) 长期借款。

(2) 长期借款中应列入“一年内到期的非流动负债”项目的金额。

(3) 长期待摊费用。

(4) 长期待摊费用中应该列入“一年内到期的非流动资产”项目的金额。

3. 琴岛有限责任公司 2×24 年 12 月 31 日的有关资料如表 14-4 所示。

表 14-4 账户余额表 单位:元

账户名称	借方余额	账户名称	贷方余额
库存现金	2 000	短期借款	50 200
银行存款	786 335	应付票据	100 000
其他货币资金	7 300	应付账款	953 800
交易性金融资产	0	其他应付款	50 000
应收票据	66 000	应付职工薪酬	180 000
应收账款	600 000	应交税费	226 731
坏账准备	−1 800	应付利息	0

（续表）

账户名称	借方余额	账户名称	贷方余额
预付账款	100 000	应付股利	32 215.85
其他应收款	5 000	一年内到期的非流动负债	0
材料采购	275 000	长期借款	1 160 000
原材料	45 000	股本	5 000 000
周转材料	38 050	盈余公积	124 770.40
库存商品	2 122 400	利润分配(未分配利润)	190 717.75
材料成本差异	4 250		
其他流动资产	90 000		
长期股权投资	250 000		
固定资产	2 401 000		
累计折旧	−170 000		
固定资产减值准备	−30 000		
工程物资	150 000		
在建工程	578 000		
无形资产	600 000		
累计摊销	−60 000		
递延所得税资产	9 900		
其他流动资产	200 000		
合计	8 068 435	合计	8 068 435

要求：编制琴岛有限责任公司 2×24 年 12 月 31 日的资产负债表。

4. A 企业 2×24 年利润表有关项目及相关账户本期发生额如表 14-5 所示。

表 14-5 利润表有关项目及相关账户本期发生额 单位：元

账户	借方	贷方
主营业务收入		500 000
主营业务成本	300 000	
税金及附加	800	
销售费用	8 000	
管理费用	62 840	
财务费用	16 600	
资产减值损失	12 360	
投资收益		12 600
营业外收入		20 000
营业外支出		7 880

要求：

(1) 计算A企业的营业利润和利润总额。

(2) 假设没有纳税调整项目，所得税税率为25%，计算A企业的所得税费用。

(3) 将A企业本年所有损益类账户结转本年利润。

(4) 计算本年的净利润，并编制结转分录。

五、案例分析题

琴岛有限责任公司为增值税一般纳税人，适用的增值税税率为13%。2×24年11月30日的账户余额(部分账户)如表14-6所示。

表14-6　2×24年11月30日的账户余额(部分账户)　　单位：元

账户名称	借方余额	贷方余额	账户名称	借方余额	贷方余额
银行存款	27 000		短期借款		17 500
交易性金融资产	800		应付账款		10 000
应收账款	20 000		预收账款		25 600
坏账准备		80	应交税费	1 250	
预付账款	3 500		应付利息		3 920
原材料	10 000		实收资本		120 000
库存商品	45 000		资本公积		9 000
持有至到期投资	27 000		盈余公积		5 500
固定资产	64 000		利润分配		4 950
累计折旧		13 000	本年利润		10 000
在建工程	21 000				

假定坏账准备均为应收账款计提。

琴岛有限责任公司12月份有关资料如下：

(1) 本月销售商品不含税售价25 000元，增值税额3 250元，款项尚未收到。商品成本为21 000元。

(2) 收回以前年度已核销的坏账4 800元。

(3) 向承包商支付部分工程款6 500元，工程尚未完工。

(4) 计提本月管理用固定资产折旧1 250元，另用银行存款支付其他管理费用2 000元。

(5) 购入交易性金融资产，买价5 000元，另支付交易费用60元，款项用银行存款支付。

(6) 本月支付已计提的短期借款利息3 500元。

(7) 用银行存款偿还短期借款5 500元。

(8) 发生财务费用283元，均以银行存款支付。

(9) 企业经过对应收账款风险的分析，决定年末按应收账款余额的1%计提坏账准备。

(10) 公司所得税税率为25%，1—11月份的所得税费用已转入本年利润。本月应交所得税为1 198.63元，已用银行存款缴纳，假定不存在纳税调整事项。

(11) 按规定计提的法定盈余公积和任意盈余公积的金额均为1 359.59元。

要求：根据上述资料，作出(1)—(11)项经济业务的会计分录；计算琴岛有限责任公司2×24年12月31日资产负债表中下列项目的金额(列出计算过程，计算结果出现小数的，均保留小数点后两位小数)：

(1) 货币资金。

(2) 交易性金融资产。

(3) 应收账款。

(4) 存货。

(5) 固定资产。

(6) 在建工程。

(7) 短期借款。

(8) 应付利息。

(9) 应交税费。

(10) 资本公积。

(11) 未分配利润。

第十五章　会 计 调 整

学习目的与要求

通过本章学习，学生应掌握会计政策变更与会计估计变更的划分、会计政策变更的两种处理方法、前期差错更正的会计处理、调整事项与非调整事项的内容及其会计处理方法；了解会计政策变更的披露、会计估计变更的披露及前期差错更正的披露、资产负债表日后事项的含义、涵盖期间。

本章基本内容框架

- 会计政策及其变更
  - 会计政策概述
  - 会计政策的判断
  - 会计政策变更
  - 会计政策变更的会计处理
  - 会计政策变更的披露
- 会计估计及其变更
  - 会计估计概述
  - 会计估计变更
  - 会计估计变更的会计处理
  - 会计估计变更的披露
- 前期差错及其更正
  - 前期差错概述
  - 前期差错更正的会计处理
  - 前期差错更正的披露
- 资产负债表日后事项
  - 资产负债表日后事项概述
  - 资产负债表日后调整事项
  - 资产负债表日后非调整事项

重点、难点讲解及典型例题

一、会计政策及其变更

1. 会计政策的概念

会计政策是指企业在会计确认、计量和报告中所采用的原则、基础和会计处理方法。会计政策包括会计原则、会计基础和会计处理方法，是指导企业进行会计确认和计量的具体要求。

会计原则是指按照《企业会计准则》规定的、适合于企业会计要素确认过程中所采用的具体会计原则。例如,《企业会计准则第 14 号——收入》规定的以交易已经完成、经济利益能够流入企业、收入和成本能够可靠计量等作为收入确认的标准,就属于收入确认的具体会计原则。

会计基础是指为了将会计原则应用于交易或者事项而采用的基础,主要是计量基础(即计量属性),包括历史成本、重置成本、可变现净值、现值和公允价值等。

会计处理方法是指企业在会计核算中按照法律、行政法规或者国家统一的会计制度等规定采用或者选择的、适合于本企业的具体会计处理方法。

2. 会计政策的判断

(1) 在资产方面属于资产要素的会计政策有:

① 存货的取得、发出和期末计价的处理方法。

② 长期股权投资的取得及后续计量中的成本法或权益法。

③ 投资性房地产的确认及其后续计量模式。

④ 固定资产、无形资产的确认条件及其减值政策。

⑤ 金融资产的分类。

⑥ 非货币性资产交换商业实质的判断。

(2) 在负债方面属于负债要素的会计政策有:

① 借款费用资本化的条件。

② 债务重组的确认和计量。

③ 预计负债的确认和计量。

④ 应付职工薪酬和股份支付的确认和计量。

⑤ 金融负债的分类等。

(3) 在所有者权益方面属于所有者权益要素的会计政策有:

① 权益工具的确认和计量。

② 混合金融工具的分析。

(4) 在收入方面属于收入要素的会计政策有:

① 商品销售收入和提供劳务收入的确认条件。

② 建造合同、租赁合同、保险合同、贷款合同等合同收入的确认与计量方法。

(5) 在费用方面属于费用要素的会计政策有:

① 商品销售成本及劳务成本的结转。

② 期间费用的划分。

(6) 除会计要素相关会计政策外,财务报表列报方面所涉及的编制现金流量表的直接法和间接法、合并财务报表合并范围的判断、分部报告中报告分部的确定,也属于会计政策。

3. 会计政策变更

会计政策变更是指企业对相同的交易或者事项由原来采用的会计政策改用另一会计政策的行为。

(1) 符合下列条件之一的,企业可以变更会计政策:

① 法律、行政法规或国家统一的会计制度等要求变更。

② 会计政策的变更能够提供更可靠、更相关的会计信息。

（2）下列情况不属于会计政策变更：

① 本期发生的交易或者事项与以前相比具有本质差别而采用新的会计政策。例如，将自用的办公楼改为出租，不属于会计政策变更，而是采用新的会计政策。

② 对初次发生的或不重要的交易或者事项采用新的会计政策。例如，A公司2×24年年初成立，第一次签订一项建造合同，为另一企业建造三栋厂房，A公司对该项建造合同采用完工百分比法确认收入。由于A公司初次发生该项交易，采用完工百分比法确认该项交易的收入，不属于会计政策变更。

【例题15-1·多项选择题】 下列各项中，属于会计政策变更的有（　　）。

A. 所得税核算方法由应付税款法改为资产负债表债务法

B. 固定资产的折旧方法由年限平均法变更为年数总和法

C. 发出存货的计价方法由先进先出法变更为加权平均法

D. 应收账款计提坏账准备由余额百分比法变更为账龄分析法

【答案】 AC

【解析】 选项BD属于会计估计变更。

【例题15-2·多项选择题】 某上市公司发生的下列交易或事项中，不属于会计政策变更的有（　　）。

A. 因固定资产改良将其折旧年限由8年延长至10年

B. 期末对按业务发生时即期汇率折算的外币长期借款余额按期末市场汇率进行调整

C. 年末根据当期发生的暂时性差异所产生的递延所得税负债调整本期所得税费用

D. 投资性房地产核算由成本模式改为公允价值模式

E. 所得税核算方法由应付税款法改为资产负债表债务法

【答案】 ABC

【解析】 选项A属于会计估计变更，选项BC属于正常的事项。

4. 会计政策变更的会计处理

（1）追溯调整法。

第一，计算会计政策变更累积影响数。

会计政策变更累积影响数是指按照变更后的会计政策对以前各期追溯计算的列报前期最早期初留存收益应有金额与现有金额之间的差额。会计政策变更的累积影响数，通常可以通过以下各步计算获得：

① 根据新的会计政策重新计算受影响的前期交易或事项。

② 计算两种会计政策下的差异。

③ 计算差异的所得税影响金额（是指对递延所得税影响，不涉及对应交所得税影响）。

④ 确定前期中每一期的税后差异。

⑤ 计算会计政策变更的累积影响数。

第二，进行相关的账务处理。

涉及损益的通过“盈余公积”和“利润分配——未分配利润”账户核算。

第三，调整报表相关项目。

第四，报表附注说明。

【例题15-3·综合题】 A公司为上市公司，已从2×21年开始执行《企业会计准则》。

该公司按净利润的10%计提盈余公积。所得税税率为25%,税法规定该投资性房地产作为固定资产处理,折旧年限为50年,净残值为零,采用直线法计提折旧。公允价值变动损益不得计入应纳税所得额。

2×24年1月1日,A公司董事会决定将投资性房地产后续计量模式从成本模式转换为公允价值模式。该房地产为2×20年12月外购一栋写字楼,支付价款50 000万元,预计使用年限为50年,净残值为零,采用直线法计提折旧。同日,将该写字楼租赁给B公司使用。2×20年前,A公司对投资性房地产一直采用成本模式进行后续计量。该项投资性房地产各年公允价值如表15-1所示。

表15-1　该项投资性房地产各年公允价值　　单位:万元

年度	公允价值
2×20年年末	50 000
2×21年年末	55 000
2×22年年末	58 000
2×23年年末	60 500

要求:根据上述资料,编制A公司的会计分录。

【解析】

① 计算累积影响数如表15-2所示。

表15-2　累积影响数　　单位:万元

年度末	按原会计政策确认的损益	按新会计政策确认的损益	税前差异	所得税影响	税后差异
2×20	不计提折旧,所以为0	50 000－50 000＝0	0	0	0
2×21	－50 000÷50＝－1 000	55 000－50 000＝5 000	6 000	1 500	4 500
2×22	－1 000	58 000－55 000＝3 000	4 000	1 000	3 000
2×23	－1 000	60 500－58 000＝2 500	3 500	875	2 625
合计	－3 000	10 500	13 500	3 375	10 125

② 编制相关的会计分录。

借:投资性房地产——成本　500 000 000
　　　　　　　——公允价值变动　105 000 000
　投资性房地产累计折旧　30 000 000
　贷:投资性房地产　500 000 000
　　递延所得税负债　33 750 000
　　盈余公积(101 250 000×10%)　10 125 000
　　利润分配——未分配利润(101 250 000×90%)　91 125 000

注:

账面价值＝60 500(万元)

计税基础＝50 000－50 000÷50×3＝47 000(万元)

应纳税暂时性差异＝13 500(万元)

递延所得税负债＝13 500×25%＝3 375(万元)

(2) 未来适用法。

未来适用法是指将变更后的会计政策应用于变更日及以后发生的交易或者事项，或者在会计估计变更当期和未来期间确认会计估计变更影响数的方法。

在未来适用法下，不需要计算会计政策变更产生的累积影响数，也无需重编以前年度的财务报表。企业会计账簿记录及财务报表上反映的金额，变更之日仍保留原有的金额，不因会计政策变更而改变以前年度的既定结果，并在现有金额的基础上再按新的会计政策进行核算。

5. 会计政策变更的会计处理

(1) 企业依据法律、行政法规或者国家统一的会计制度等要求变更会计政策的情况。

(2) 会计政策变更能够提供更可靠、更相关的会计信息的，应当采用追溯调整法处理，将会计政策变更累积影响数调整列报前期最早期初留存收益，其他相关项目的期初余额和列报前期披露的其他比较数据也应当一并调整，但确定该项会计政策变更累积影响数不切实可行的除外。

(3) 确定会计政策变更对列报前期影响数不切实可行的，应当从可追溯调整的最早期间期初开始应用变更后的会计政策。在当期期初确定会计政策变更对以前各期累积影响数不切实可行的，应当采用未来适用法处理。

二、会计估计及其变更

1. 会计估计概述

会计估计是指企业对结果不确定的交易或者事项以最近可利用的信息为基础所作的判断。通常情况下，下列属于会计估计：

(1) 存货可变现净值的确定，非流动资产可收回金额的确定。

(2) 公允价值的确定。

(3) 固定资产的使用寿命、预计净残值和折旧方法。

(4) 使用寿命有限的无形资产的预计使用寿命、残值、摊销方法。

(5) 职工薪酬金额的确定。

(6) 预计负债金额的确定。

(7) 合同完工进度的确定。

(8) 承租人对未确认融资费用的分摊；出租人对未实现融资收益的分配。

(9) 非同一控制下企业合并成本的公允价值的确定。

(10) 与金融工具相关的公允价值的确定、摊余成本的确定、金融资产减值损失的确定。

2. 会计估计变更

会计估计变更是指由于资产和负债的当前状况及预期经济利益和义务发生了变化，从而对资产或负债的账面价值或者资产的定期消耗金额进行调整。

通常情况下，企业可能由于以下原因而发生会计估计变更：

(1) 赖以进行估计的基础发生了变化。企业进行会计估计，总是依赖于一定的基础，如果其所依赖的基础发生了变化，则会计估计也应相应作出改变。例如，企业某项无形资产的摊销年限原定为 10 年，以后发生的情况表明，该资产的受益年限已不足 10 年，则应相应调减摊销年限。

(2) 取得了新的信息，积累了更多的经验。企业进行会计估计是就现有资料对未来所作的判断，随着时间的推移，企业有可能取得新的信息、积累更多的经验，在这种情况下，也需要对会计估计进行修订。例如，企业对应收账款计提坏账准备比例为 10%，后来根据新得到的信息，对方财务状况恶化，发生坏账的可能性为 80%，则企业需要补提 70%的坏账准备。

3. 会计估计变更应采用未来适用法处理

会计估计变更应采用未来适用法处理即在会计估计变更当期及以后期间，采用新的会计估计，不改变以前期间的会计估计，也不调整以前期间的报告结果。

(1) 如果会计估计变更仅影响变更当期，有关估计变更的影响应于当期确认。比如计提坏账准备。

(2) 如果会计估计的变更既影响变更当期又影响未来期间，有关估计变更的影响在当期及以后各期确认。例如，应计提折旧的固定资产，其有效使用年限或预计净残值的估计发生的变更，常常影响变更当期及资产以后使用年限内各个期间的折旧费用。因此，这类会计估计的变更，应于变更当期及以后各期确认。

【例题 15-4 · 单项选择题】 下列各项中，属于会计估计变更的有(　　)。

A. 固定资产的预计使用年限由 15 年改为 10 年

B. 所得税会计处理由应付税款法改为资产负债表债务法

C. 投资性房地产的后续计量由成本模式改为公允价值模式

D. 开发费用的处理由直接计入当期损益改为有条件资本化

【答案】 A

【解析】 选项 BCD 属于会计政策变更。

【例题 15-5 · 多项选择题】 下列各项中，属于会计估计变更的有(　　)。

A. 因执行新准则将对某控股公司长期股权投资的后续计量由权益法改为成本法

B. 无形资产的摊销方法由年限平均法改为产量法

C. 因执行新准则将开发费用的处理由直接计入当期损益改为有条件资本化

D. 管理用固定资产的折旧方法由年限平均法改为双倍余额递减法

【答案】 BD

【解析】 选项 A，如果属于首次执行新会计准则，属于会计政策变更；选项 C 属于会计政策变更。

三、前期差错及其更正

1. 前期差错的概念

前期差错是指由于没有运用或错误运用下列两种信息，而对前期财务报表造成省略或错报：

(1) 编报前期财务报表时预期能够取得并加以考虑的可靠信息。

(2) 前期财务报告批准报出时能够取得的可靠信息。

2. 前期差错的类型

没有运用或错误运用上述两种信息而形成前期差错的情形主要有：

(1) 计算以及账户分类错误。

(2) 采用法律、行政法规或者国家统一的会计制度等不允许的会计政策。

(3) 对事实的疏忽或曲解，以及舞弊。

3. 前期差错更正的会计处理

当期发现的当期差错应当在财务报表发布之前予以更正。当重要差错直到下一期间才被发现，就形成了前期差错。

企业应当采用追溯重述法更正重要的前期差错，但确定前期差错累积影响数不切实可行的除外。

追溯重述法是指在发现前期差错时，视同该项前期差错从未发生过，从而对财务报表相关项目进行更正的方法。

1) 不重要的前期差错的处理

对于不重要的前期差错，企业不需调整财务报表相关项目的期初数，但应调整发现当期与前期相同的相关项目，属于影响损益的，应直接计入本期与上期相同的净损益项目；属于不影响损益的，应调整本期与前期相同的相关项目。

【例题 15-6・综合题】 琴岛有限责任公司于 2×24 年 3 月份发现，当年 1 月份购入的一项管理用低值易耗品，价值 1 800 元，误记为固定资产，并已提折旧 100 元。该低值易耗品已领用 50%，公司应于发现时进行更正，会计分录如下：

借：周转材料——低值易耗品	1 800	
贷：固定资产		1 800
借：累计折旧	100	
贷：管理费用		100
借：管理费用	900	
贷：周转材料——低值易耗品		900

【例题 15-7・综合题】 2×24 年 12 月 31 日，琴岛有限责任公司发现一台管理用固定资产本年度漏提折旧，金额为 18 000 元。公司在发现该项会计差错时，应补提固定资产折旧，会计分录如下：

借：管理费用	18 000	
贷：累计折旧		18 000

2) 重要的前期差错的处理

对于重要的前期差错，企业应当在其发现当期的财务报表中，调整前期比较数据。具体地说，企业应当在当期的财务报表中，进行追溯更正：

① 追溯重述差错发生期间列报的前期比较金额。

② 如果前期差错发生在列报的最早前期之前，则追溯重述列报的最早前期的资产、负债和所有者权益相关项目的期初余额。

【例题 15-8・综合题】 琴岛有限责任公司在 2×24 年发现，2×23 年公司漏记一项固定资产的折旧费用 150 000 元，但在所得税申报表中扣除了该项折旧。假设 2×23 年适用所得税税率为25%,对上述折旧费用记录了37 500元的递延所得税负债,无其他纳税调整事项。该公司按净利润的10%提取法定盈余公积,按净利润的5%提取任意盈余公积。该公司发行股票份额为1 800 000股。

① 分析差错的影响数。

2×23年少计折旧费用	150 000
少计累计折旧	150 000
多计所得税费用(150 000×25%)	37 500
多计净利润	112 500
多计递延所得税负债(150 000×25%)	37 500
多提法定盈余公积	11 250
多提任意盈余公积	5 625

② 编制有关项目的调整分录。

a. 补提折旧。

借：以前年度损益调整　　150 000
　贷：累计折旧　　150 000

b. 调整递延税款。

借：递延所得税负债　　37 500
　贷：以前年度损益调整　　37 500

c. 将"以前年度损益调整"账户的余额转入利润分配。

借：利润分配——未分配利润　　112 500
　贷：以前年度损益调整　　112 500

d. 调整利润分配有关数字。

借：盈余公积　　16 875
　贷：利润分配——未分配利润　　16 875

③ 财务报表调整和重述(财务报表从略)。

琴岛有限责任公司2×23年度资产负债表的年初数和利润表及股东权益变动表的上年数栏分别按调整前和调整后的金额列示如下,2×23年度资产负债表的期末数栏和利润表及股东权益变动表的本年累计数栏的年初未分配利润,应该调整后的年初数为基础编制。

a. 资产负债表项目的调整:

调增累计折旧150 000元;调减所得税负债37 500元;调减盈余公积16 875元;调减未分配利润95 625元。

b. 利润表项目的调整:

调增营业成本150 000元;调减所得税费用37 500元;调增净利润112 500元;调减基本每股收益0.0625元。

c. 所有者权益变动表项目的调整:

调减前期差错更正项目中盈余公积上年余额16 875元,未分配利润上年金额95 625元,所有者权益合计上年金额 112 500 元。

④ 附注说明。

本年度发现 2×23 年漏记固定资产折旧 150 000 元，在编制 2×23 年与 2×24 年可比的会计报表时，已对该项差错进行了更正。由于此项错误的影响，2×23 年虚增净利润及留存收益 112 500 元，少计累计折旧 150 000 元。

四、资产负债表日后事项

1. 资产负债表日后事项的概述

(1) 资产负债表日后事项的概念。资产负债表日后事项是指资产负债表日至财务报告批准报出日之间发生的有利或不利事项。

① 资产负债表日。资产负债表日是指会计年度末和会计中期期末。

② 财务报告批准报出日。财务报告批准报出日是指董事会或类似机构批准财务报告报出的日期，通常是指对财务报告的内容负有法律责任的单位或个人批准财务报告对外公布的日期。

③ 资产负债表日后事项包括有利事项和不利事项。

④ 资产负债表日后事项不是在这个特定期间内发生的全部事项。

(2) 资产负债表日后事项涵盖的期间。资产负债表日后事项涵盖的期间是自资产负债表日次日起至财务报告批准报出日止一段时间。对上市公司而言，这一期间内涉及几个日期，包括完成财务报告编制日、注册会计师出具审计报告日、董事会批准财务报告可以对外公布日、实际对外公布日等。

(3) 资产负债表日后事项的内容。资产负债表日后事项包括资产负债表日后调整事项(以下简称调整事项)和资产负债表日后非调整事项(以下简称非调整事项)。

① 调整事项。资产负债表日后调整事项是指对资产负债表日已经存在的情况提供了新的或进一步证据的事项。

② 非调整事项。非调整事项是指表明资产负债表日后发生的情况的事项。非调整事项的发生不影响资产负债表日企业的财务报表数字，只说明资产负债表日后发生了某些情况。

③ 调整事项与非调整事项的区别。资产负债表日后发生的某一事项究竟是调整事项还是非调整事项，取决于该事项表明的情况在资产负债表日或资产负债表日以前是否已经存在。若该情况在资产负债表日或之前已经存在，则属于调整事项；反之，则属于非调整事项。

【例题 15-9 · 多项选择题】 下列各项中，属于琴岛有限责任公司资产负债表日后调整事项的有(　　)。

A. 发生的商品销售退回　　B. 银行同意借款展期 2 年

C. 法院判决赔偿专利侵权损失　　D. 董事会通过利润分配预案

E. 银行要求履行债务担保责任

【答案】 ACE

【解析】 企业发生的调整事项，通常包括下列各项：①资产负债表日后诉讼案件结案，法院判决证实了企业在资产负债表日已经存在现时义务，需要调整原先确认的与该诉讼案件相关的预计负债,或确认一项新负债。②资产负债表日后取得确凿证据,表明某项资产在资产负债表日发生了减值或者需要调整该项资产原先确认的减值金额。③资产负债表日后进一步确定了资产负债表日前购入资产的成本或售出资产的收入。④资产负债表日后发现了财务报表舞弊或差错。

【例题 15-10 · 单项选择题】 琴岛有限责任公司 2×23 年度财务报告于 2×24 年 3 月 5 日对外报出,2×24 年 2 月 1 日,琴岛有限责任公司收到华美公司因产品质量原因退回的商品,该商品系 2×23 年 12 月 5 日销售;2×24 年 2 月 5 日,琴岛有限责任公司按照 2×23 年 12 月份申请通过的方案成功发行公司债券;2×24 年 1 月 25 日,琴岛有限责任公司发现 2×23 年11 月 20 日入账的固定资产未计提折旧;2×24 年 1 月 5 日,琴岛有限责任公司得知丙公司 2×23 年 12 月 30 日发生重大火灾,无法偿还所欠琴岛有限责任公司 2×23 年货款。下列事项中,属于琴岛有限责任公司 2×23 年度资产负债表日后非调整事项的是(　　)。

A. 华美公司退货　　B. 琴岛有限责任公司发行公司债券

C. 固定资产未计提折旧　　D. 应收丙公司货款无法收回

【答案】 B

【解析】 选项 A,报告年度或以前期间所售商品在日后期间退回的,属于调整事项;选项 C,是日后期间发现的前期差错,属于调整事项;选项 D,因为火灾是在报告年度 2×23 年发生的,所以属于调整事项,如果是在日后期间发生的,则属于非调整事项。

2. 资产负债表日后调整事项

(1) 资产负债表日后调整事项的处理原则。资产负债表日后发生的调整事项,应具体分别以下情况进行处理:

① 涉及损益的事项,通过“以前年度损益调整”账户核算。调整增加以前年度利润或调整减少以前年度亏损的事项,记入“以前年度损益调整”账户的贷方;调整减少以前年度利润或调整增加以前年度亏损的事项,记入“以前年度损益调整”账户的借方。

涉及损益的调整事项,如果发生在资产负债表日所属年度(即报告年度)所得税汇算清缴前的,应调整报告年度应纳税所得额、应纳所得税税额;由于以前年度损益调整增加的所得税费用,记入“以前年度损益调整”账户的借方,同时贷记“应交税费——应交所得税”等账户;由于以前年度损益调整减少的所得税费用,记入“以前年度损益调整”账户的贷方,同时借记“应交税费——应交所得税”等账户。调整完成后,将“以前年度损益调整”账户的贷方或借方余额,转入“利润分配——未分配利润”账户。

涉及损益的调整事项,发生在报告年度所得税汇算清缴后的,应调整本年度(即报告年度的次年)应纳所得税税额。

② 涉及利润分配调整的事项,直接在“利润分配——未分配利润”账户核算。

③ 不涉及损益及利润分配的事项,调整相关账户。

④ 通过上述账务处理后,还应同时调整财务报表相关项目的数字,包括:

a. 资产负债表日编制的财务报表相关项目的期末数或本年发生数。

b. 当期编制的财务报表相关项目的期初数或上年数。

c. 上述调整如果涉及报表附注内容的,还应当作出相应调整。

【例题 15-11 · 单项选择题】 资产负债表日至财务会计报告批准报出日之间发生的调整事项在进行调整处理时,下列事项中,不能调整的是(　　)。

A. 涉及货币资金收支的事项　　B. 涉及应收账款的事项
C. 涉及所有者权益的事项　　D. 涉及损益调整的事项

【答案】 A

【解析】 因为选项A是收付实现制。

(2) 资产负债表日后调整事项的具体会计处理方法如下：

① 资产负债表日后诉讼案件结案，法院判决证实了企业在资产负债表日已经存在现时义务，需要调整原先确认的与该诉讼案件相关的预计负债，或确认一项新负债。

这一事项是指导致诉讼的事项在资产负债表日已经发生，但尚不具备确认负债的条件而未确认，资产负债表日后至财务报告批准报出日之间获得了新的或进一步的证据(人民法院判决结果)，表明符合负债的确认条件，因此应在财务报告中确认为一项新负债；或者在资产负债表日已确认某项负债，但在资产负债表日至财务报告批准报出日之间获得新的或进一步的证据，表明需要对已经确认的金额进行调整。

② 资产负债表日后取得确凿证据，表明某项资产在资产负债表日发生了减值或者需要调整该项资产原先确认的减值金额。

这一事项是指在资产负债表日，根据当时的资料判断某项资产可能发生了损失或减值，但没有最后确定是否会发生，因而按照当时的最佳估计金额反映在财务报表中；但在资产负债表日至财务报告批准报出日之间，所取得的确凿证据能证明该事实成立，即某项资产已经发生了损失或减值，则应对资产负债表日所作的估计予以修正。

③ 资产负债表日后进一步确定了资产负债表日前购入资产的成本或售出资产的收入。

这类调整事项包括两方面的内容：a.若资产负债表日前购入的资产已经按暂估金额等入账，资产负债表日后获得证据，可以进一步确定该资产的成本，则应该对已入账的资产成本进行调整。b.企业符合收入确认条件确认销售收入，但资产负债表日后获得关于资产收入的进一步证据，如发生销售退回、销售折让等，此时也应调整财务报表相关项目的金额。

④ 资产负债表日后发现了财务报表舞弊或差错。

这一事项是指资产负债表日至财务报告批准报出日之间发生的属于资产负债表期间或以前期间存在的财务报表舞弊或差错。这种舞弊或差错应当作为资产负债表日后调整事项，调整报告年度的年度财务报告或中期财务报告相关项目的数字。

3. 资产负债表日后非调整事项

(1) 资产负债表日后非调整事项的处理原则。资产负债表日后发生的非调整事项，是表明资产负债表日后发生的情况的事项，与资产负债表日存在状况无关，不应当调整资产负债表日的财务报表。但有的非调整事项由于事项重大，对财务报告使用者具有重大影响，如不加以说明，将不利于财务报告使用者作出正确估计和决策，因此，应在附注中对其性质、内容及对财务状况和经营成果的影响加以披露。

(2) 资产负债表日后非调整事项的具体会计处理方法：

资产负债表日后非调整事项的主要例子有：

① 资产负债表日后发生重大诉讼、仲裁、承诺。

② 资产负债表日后资产价格、税收政策、外汇汇率发生重大变化。

③ 资产负债表日后因自然灾害导致资产发生重大损失。

④ 资产负债表日后发行股票和债券以及其他巨额举债。

⑤ 资产负债表日后资本公积转增资本。

⑥ 资产负债表日后发生巨额亏损。

⑦ 资产负债表日后发生企业合并或处置子企业。

⑧ 资产负债表日后,企业利润分配方案中拟分配的以及经审议批准宣告发放的股利或利润。

【例题 15-12 · 单项选择题】 琴岛有限责任公司 2×24 年 1 月 20 日向乙企业销售一批商品,已进行收入确认的有关账务处理;同年 2 月 1 日,乙企业收到货物后验收不合格要求退货,2 月 10 日,琴岛有限责任公司收到退货。琴岛有限责任公司年度资产负债表批准报出日是 4 月 30 日。琴岛有限责任公司对此业务的正确处理是(　　)。

A. 作为 2×23 年资产负债表日后事项的调整事项

B. 作为 2×23 年资产负债表日后事项的非调整事项

C. 作为 2×24 年资产负债表日后事项的调整事项

D. 作为 2×24 年当期正常的销售退回事项

【答案】 D

【解析】 因为此项业务不属于资产负债表日后事项。

自主测试

一、单项选择题

1. 下列各项中,属于会计政策变更的是(　　)。

A. 将一项固定资产的净残值由 20 万元变更为 5 万元

B. 将产品保修费用的计提比例由销售收入的 2%变更为 1.5%

C. 将发出存货的计价方法由移动加权平均法变更为个别计价法

D. 将一台生产设备的折旧方法由年限平均法变更为双倍余额递减法

2. 琴岛有限责任公司董事会决定的下列事项中,属于会计政策变更的是(　　)。

A. 将自行研发无形资产的摊销年限由 8 年调整为 6 年

B. 将发出存货计价方法由先进先出法变为移动加权平均法

C. 账龄在 1 年内的应收账款坏账计提比例由 5%调整至 8%

D. 将符合持有待售条件的固定资产由非流动资产重分类为流动资产列报

3. 琴岛有限责任公司于 2×23 年 1 月 15 日取得一项无形资产,2×24 年 6 月 7 日,中国琴岛有限责任公司发现 2×23 年对该项无形资产仅摊销了 11 个月。琴岛有限责任公司 2×23年度的财务会计报告已于 2×24 年 4 月 12 日批准报出。假定该事项涉及的金额较大,不考虑其他因素,则琴岛有限责任公司正确的做法是(　　)。

A. 按照会计政策变更处理,调整 2×23 年 12 月 31 日资产负债表的年初数和 2×23 年度利润表、所有者权益变动表的上年数

B. 按照重要会计差错处理,调整 2×24 年 12 月 31 日资产负债表的期末数和 2×24 年度利润表、所有者权益变动表的本期数

C. 按照重要会计前期差错处理,调整 2×24 年 12 月 31 日资产负债表的年初数和

2×24年度利润表、所有者权益变动表的上年数

D. 按会计估计变更处理，不需追溯重述

4. 琴岛有限责任公司2×24年实现净利润8 500万元。该公司2×24年发生和发现的下列交易或事项中，会影响其年初未分配利润的是（　　）。

A. 发现2×22年少计管理费用4 500万元

B. 发现2×23年少提财务费用0.01万元

C. 为2×23年售出的设备提供售后服务发生支出550万元

D. 因客户资信状况明显改善，将应收账款坏账准备计提比例由10%改为5%

5. 琴岛有限责任公司2×24年3月在上年度财务会计报告批准报出后，发现2×22年10月购入的专利权摊销金额出现错误，该专利权2×22年应摊销的金额为120万元，2×23年应摊销的金额为480万元，2×22年、2×23年实际摊销金额均为480万元。琴岛有限责任公司对此重大会计差错采用追溯重述法进行会计处理。适用所得税税率为25%，按净利润的10%提取法定盈余公积。琴岛有限责任公司2×24年年初未分配利润应调增的金额为（　　）万元。

A. 270　　　　B. 243

C. 648　　　　D. 324

6. 下列关于前期差错更正的会计处理说法中，不正确的是（　　）。

A. 对于不重要的前期差错，应作为本期事项处理

B. 确定前期差错影响数不切实可行的，只能采用未来适用法

C. 企业应当在重要的前期差错发现当期的财务报表中，调整前期比较数据

D. 对于不重要的前期差错，企业不需要调整财务报表相关项目的期初数，但应调整发现当期的相关项目

7. 琴岛有限责任公司2×24年度财务报告经董事会批准对外公布的日期为2×25年3月30日，实际对外公布的日期为2×25年4月5日。该公司2×25年1月1日至4月5日发生的下列事项中，应当作为资产负债表日后调整事项的是（　　）。

A. 2月15日，琴岛有限责任公司按照2×24年12月份申请通过的方案成功发行公司债券

B. 3月11日，琴岛有限责任公司临时股东大会决议购买华美公司51%的股权并于4月2日执行完毕

C. 2月1日，琴岛有限责任公司与丁公司签订的债务重组协议执行完毕，该债务重组协议系琴岛有限责任公司于2×21年1月5日与丁公司签订

D. 3月1日，琴岛有限责任公司发现2×19年10月接受捐赠获得的一项固定资产尚未入账

8. 琴岛有限责任公司2×20年12月1日购入管理部门使用的设备一台，原价为1 500 000元，预计使用年限为10年，预计净残值为100 000元，采用直线法计提折旧。2×25年1月1日考虑到技术进步因素，将原估计的使用年限改为8年，净残值改为60 000元，该公司的所得税税率为25%，采用资产负债表债务法进行所得税核算。则由于上述会计估计变更对2×25年净利润的影响金额为减少净利润（　　）元。

A. －53 600　　　　B. 60 000

C. 80 000　　D. －70 000

9. 下列事项中,不属于会计估计变更的是(　　)。

A. 资产负债表日交易性金融资产按公允价值计量且其变动计入当期损益

B. 固定资产折旧方法由年限平均法变更为加速折旧法

C. 无形资产摊销期限由10年改为6年

D. 固定资产净残值率由5%改为4%

10. 下列项目中,属于会计估计项目的是(　　)。

A. 固定资产的使用年限和折旧方法

B. 建造合同的收入确认采用完成合同法还是完工百分比法

C. 内部研发项目开发阶段的支出资本化还是费用化

D. 长期股权投资采用成本法核算还是权益法核算

11. 2×23年12月5日,琴岛有限责任公司销售一批商品给华美公司,取得销售收入1 000万元。2×24年2月10日,因该批商品存在质量问题,华美公司经琴岛有限责任公司同意后退回了一半商品。假设琴岛有限责任公司2×24年的财务报告批准在2×24年4月30日报出,下列处理中,正确的是(　　)。

A. 调减2×22年营业收入500万元

B. 调减2×23年营业收入500万元

C. 调减2×24年年初未分配利润500万元

D. 调减2×24年营业收入500万元

12. 琴岛有限责任公司2×23年10月份与大海公司签订一项供销合同,由于琴岛有限责任公司未按合同发货,致使大海公司发生重大经济损失。琴岛有限责任公司被大海公司提起诉讼,至2×23年12月31日法院尚未判决。琴岛有限责任公司2×23年12月31日在资产负债表中的"预计负债"项目反映了100万元的赔偿款。2×24年3月5日经法院判决,琴岛有限责任公司需偿付大海公司经济损失120万元。琴岛有限责任公司不再上诉,假定赔偿款已经支付。琴岛有限责任公司2×23年度财务会计报告批准报出日为2×24年4月28日,下列报告年度资产负债表中有关项目调整处理方法中,正确的是(　　)。

A. "预计负债"项目调增20万元;"其他应付款"项目0

B. "预计负债"项目调减100万元;"其他应付款"项目调增120万元

C. "预计负债"项目调增20万元;"其他应付款"项目调增120万元

D. "预计负债"项目调减120万元;"其他应付款"项目调增20万元

13. 琴岛有限责任公司在年度财务报告批准报出日之前发现了报告年度的重大会计差错,需要作的会计处理是(　　)。

A. 按照资产负债表日后调整事项的处理原则作出相应调整

B. 作为发现当期的会计差错更正

C. 按照资产负债表日后非调整事项的处理原则作出说明

D. 在发现当期报表附注作出披露

14. 2×23年财务报告批准报出日为2×24年4月30日。2×24年3月4日,公司发现2×23年一项财务报表舞弊或差错,该公司应调整(　　)。

A. 2×23年会计报表资产负债表的期末余额和利润表本期金额

B. 2×23 年会计报表资产负债表的年初余额和利润表上期金额

C. 2×24 年会计报表资产负债表的期末余额和利润表上期金额

D. 2×24 年会计报表资产负债表的期末余额和本年累计数及本年实际数

15. 2×24 年 3 月 20 日，琴岛有限责任公司聘请的注册会计师在对琴岛有限责任公司 2×23年度财务报告进行审计时发现，琴岛有限责任公司于 2×23 年 4 月 1 日从上海证券交易所以 100 万元购入了一只 A 股股票，琴岛有限责任公司对被投资方不具有重大影响，琴岛有限责任公司将其作为长期股权投资并采用成本法核算。不考虑其他因素，对于上述事项，琴岛有限责任公司的正确做法是（　　）。

A. 按照会计政策变更处理，调整 2×24 年资产负债表的年初数和 2×24 年度利润表的上年数

B. 按照资产负债表日后调整事项处理，调整 2×23 年度资产负债表期末数和 2×23 年度利润表本年数等

C. 按照会计差错处理，调整 2×24 年 12 月 31 日资产负债表的期末数和 2×24 年度利润表的本期数等

D. 琴岛有限责任公司的原处理正确，在 2×24 年 3 月 20 日不需对该事项作任何处理

16. 资产负债表日后期间发生的下列事项中，属于调整事项的是（　　）。

A. 为子公司的银行借款提供担保

B. 对资产负债表日存在的债务签订债务重组协议

C. 在资产负债表日后取得确凿证据，已证实某项资产在资产负债表日发生了减值

D. 债务人遭受自然灾害导致资产负债表日存在的应收款项无法收回

17. 下列发生于资产负债表日后期间的事项中，属于调整事项的有（　　）。

A. 日后期间发现报告年度重大会计差错

B. 外汇汇率发生较大变动

C. 在日后期间满足收入确认条件的商品销售业务

D. 公司报告年度的财务报告审计费

18. 琴岛有限责任公司 2×23 年度的财务报告于 2×24 年 4 月 10 日批准报出。2×24 年 4 月 1 日，因产品质量原因，该企业客户将 2×24 年 2 月 1 日购买的一批大额商品退回。对于该事项，下列说法中，正确的是（　　）。

A. 不作会计处理

B. 冲减 2×23 年度相关财务报表营业收入等项目

C. 冲减 2×24 年度相关财务报表营业收入等项目

D. 在 2×24 年度财务报告报出时，冲减利润表营业收入项目的上年数等相关项目

19. 琴岛有限责任公司 2×24 年财务报告批准报出日为 2×25 年 4 月 30 日，2×25 年 1 月20 日，琴岛有限责任公司的某一作为交易性金融资产持有的股票市价下跌，该金融资产的账面价值为 500 万元，现行市价为 300 万元；2×25 年 2 月 10 日因遭受火灾，上年购入的存货发生毁损 200 万元；2×25 年 3 月 15 日公司董事会提出 2×24 年度利润分配方案为每 10 股派 2 元现金股利；2×25 年 4 月 15 日公司在一起历时半年的违约诉讼中败诉（假定终审判决），支付赔偿金 400 万元，琴岛有限责任公司在 2×24 年年末已确认预计负债 420 万元。税法规定该诉讼损失实际发生时允许税前扣除。下列事项中，属于琴岛有限责任公司

资产负债表日后调整事项的是(　　)。

A. 作为交易性金融资产的股票市价下跌

B. 因遭受水灾,上年购入的存货发生毁损

C. 董事会提出利润分配方案

D. 法院判决违约败诉

20. 下列年度资产负债表日至财务报告批准报出日之间发生的事项中,不属于资产负债表日后事项的是(　　)。

A. 销售商品活动

B. 对企业财务状况产生重大影响的外汇汇率大幅度变动

C. 出售重要的子公司

D. 火灾造成重大损失

二、多项选择题

1. 下列各项中,属于会计政策变更的有(　　)。

A. 管理用固定资产的预计使用年限由 10 年改为 8 年

B. 发出存货成本的计量由先进先出法改为移动加权平均法

C. 将建造合同收入确认由完成合同法改为完工百分比法

D. 所得税的会计处理由应付税款法改为资产负债表债务法

2. 以下情况中,企业可以变更会计政策的有(　　)。

A. 因原采用的会计政策不能可靠地反映企业的真实情况而改变会计政策

B. 会计准则要求变更会计政策

C. 因更换了董事长而改变会计政策

D. 投资企业因被投资企业发生亏损而改变股权投资的核算方法

3. 下列各项中,应采用未来适用法处理会计政策变更的情况有(　　)。

A. 企业因账簿超过法定保存期限而销毁,引起会计政策变更累积影响数只能确定账簿保存期限内的部分

B. 企业账簿因不可抗力而毁坏,引起会计政策变更累积影响数无法确定

C. 会计政策变更累积影响数能够确定,但法律或行政法规要求对会计政策的变更采用未来适用法

D. 会计政策变更累积影响数能够合理确定,法律或行政法规要求对会计政策的变更采用追溯调整法

4. 下列有关会计估计变更的表述中,正确的有(　　)。

A. 会计估计变更,不改变以前期间的会计估计,也不调整以前期间的报告结果

B. 企业难以对某项变更区分为会计政策变更或会计估计变更的,应当将其作为会计估计变更处理

C. 企业难以对某项变更区分为会计政策变更或会计估计变更的,应当将其作为会计政策变更处理

D. 对于会计估计变更,企业应采用未来适用法进行会计处理

5. 下列关于会计政策、会计估计及其变更的表述中,正确的有(　　)。

A. 对初次发生的或不重要的交易或事项采用新的会计政策，不属于会计政策变更
B. 企业应在国家统一的会计制度规定的会计政策范围内选择适用的会计政策
C. 会计估计变更，不改变以前期间的会计估计，也不调整以前期间的报告结果
D. 无形资产摊销原定为10年，以后获得了国家专利保护，该资产的受益年限变为8年，属于会计政策变更

6. 下列各项中，属于会计估计变更的有（　　）。
A. 固定资产的净残值率由9%改为7%
B. 存货的期末计价由成本法改为成本与可变现净值孰低法
C. 坏账准备的提取比例由15%降低为10%
D. 法定盈余公积的提取比例由15%降低为10%

7. 企业发生的如下情形中，一般属于前期会计差错的有（　　）。
A. 固定资产盘亏
B. 以前期间会计舞弊
C. 以前期间漏提折旧
D. 固定资产盘盈

8. 企业发生的下列事项中，不应作为重要差错更正的有（　　）。
A. 由于地震使厂房使用寿命受到影响，调减了厂房的预计使用年限
B. 委托代销方式销售商品时在发出商品时确认了收入
C. 由于出现新技术，将专利权的摊销年限由8年改为5年
D. 鉴于当期利润完成状况不佳，将固定资产的折旧方法由双倍余额递减法改为直线法

9. 下列有关会计差错的处理中，正确的有（　　）。
A. 对于当期发生的重要的会计差错，调整当期项目的金额
B. 对发现以前年度影响损益的重要会计差错应当调整发现当期的期初留存收益
C. 对于比较会计报表期间的重要会计差错，编制比较报表应调整各该期间的净损益及其他相关项目
D. 对于年度资产负债表日至财务报告批准报出日发现的报告年度的重要会计差错，应作为资产负债表日后的调整事项处理

10. 下列各项中，属于会计估计变更的有（　　）。
A. 因执行新准则将对某控股公司长期股权投资的后续计量由权益法改为成本法
B. 无形资产的摊销方法由年限平均法改为产量法
C. 因执行新准则将开发费用的处理由直接计入当期损益改为有条件资本化
D. 管理用固定资产的折旧方法由年限平均法改为双倍余额递减法

11. 下列年度资产负债表日至财务报告批准报出日之间发生的事项中，属于资产负债表日后事项的有（　　）。
A. 按期履行报告年度签订的商品购销合同
B. 对企业财务状况产生重大影响的外汇汇率大幅度变动
C. 出售重要的子公司
D. 火灾造成重大损失

12. 下列发生在资产负债表日后期间的各事项中，属于琴岛有限责任公司资产负债表日后调整事项的有（　　）。
A. 上年销售的商品因质量问题而发生退回

B. 银行同意在日后期间到期的借款展期 2 年

C. 对于资产负债表日已经存在的未决诉讼，法院在日后期间判决

D. 董事会通过利润分配预案

13. 在报告年度资产负债表日至财务报告批准报出日之间发生的下列事项中，属于资产负债表日后调整事项的有(　　)。

A. 发现报告年度财务报表存在严重舞弊

B. 进一步确定了资产负债表日前售出资产的收入

C. 国家发布对企业经营业绩将产生重大影响的产业政策

D. 发现某商品销售合同在报告年度资产负债表日已成为亏损合同的证据

14. 琴岛有限责任公司 2×23 年度财务报告批准报出日为 2×24 年 3 月 30 日，该公司 2×24 年 1 月 1 日至 3 月 30 日之间发生的下列事项，属于调整事项的有(　　)。

A. 2×23 年 10 月 6 日，琴岛有限责任公司被华美公司起诉，至 2×23 年 12 月 31 日法院尚未判决。2×24 年 2 月 5 日，法院判决琴岛有限责任公司应赔偿华美公司 500 万元

B. 2×23 年 12 月发出且已确认收入的一批产品发生销售退回，商品已收到并入库

C. 股东大会通过的现金股利分配方案

D. 2×23 年 12 月 31 日，琴岛有限责任公司应收丙公司账款余额为 1 500 万元。2×24 年 2 月 26 日，丙公司发生火灾造成严重损失，琴岛有限责任公司预计该应收账款的 80%将无法收回

15. 甲股份有限公司 2×23 年年度财务报告经董事会批准对外公布的日期为 2×24 年 3 月 30 日，实际对外公布的日期为 2×24 年 4 月 5 日。该公司 2×24 年 1 月 1 日至 4 月5 日发生的下列事项中，应当作为资产负债表日后调整事项的有(　　)。

A. 3 月 1 日，发现 2×23 年 10 月接受捐赠获得的一项固定资产尚未入账

B. 3 月 11 日，临时股东大会决议购买华美公司 51%的股权并于 4 月 2 日执行完毕

C. 2 月 1 日，与丁公司签订的债务重组协议执行完毕，该债务重组协议系琴岛有限责任公司于 2×24 年 1 月 5 日与丁公司签订

D. 3 月 10 日，琴岛有限责任公司被法院判决败诉并要求支付赔款 1 000 万元，对此项诉讼琴岛有限责任公司已于 2×23 年年末确认预计负债 800 万元

16. 某上市公司 2×23 年度财务会计报告批准报出日为 2×24 年 4 月 20 日。公司在 2×24年 1 月 1 日至 4 月 20 日发生的下列事项中，属于资产负债表日后调整事项的有(　　)。

A. 发生重大企业合并

B. 2×24 年已确认收入的商品销售业务，因产品质量问题于 2×25 年 2 月 8 日发生销售折让

C. 2×24 年已确认收入的商品销售业务，因客户按现金折扣条件提前付款而在 2×25 年 1 月 12 日发生现金折扣

D. 2×25 年 1 月 2 日盘盈一项固定资产

17. 资产负债表日后期间发生的下列事项中，不属于非调整事项的是(　　)。

A. 日后期间发行股票筹措巨额资金

B. 报告年度暂估入账的固定资产，在日后期间办妥了竣工决算手续

C. 日后期间资产负债表日未决诉讼结案并支付赔偿，且上年确认的预计负债金额小于实际支付金额

D. 日后期间自然灾害导致资产损失严重

18. 上市公司在其年度资产负债表日至财务报告批准报出日之间发生的下列事项中，属于非调整事项的有（　　）。

A. 向社会公众发行公司债券

B. 发生台风导致公司存货严重受损

C. 日后期间新取得的证据表明某项资产在资产负债表日已经发生减值但企业没有对其计提减值准备

D. 资本公积转增资本

19. 2×24 年，琴岛有限责任公司为华美公司的 500 万元债务提供 70%的担保，华美公司因到期无力偿还债务被起诉，至 12 月 31 日，法院尚未作出判决，琴岛有限责任公司根据有关情况预计很可能承担部分担保责任，且金额能够可靠计量，2×25 年 2 月 6 日，琴岛有限责任公司财务报告批准报出之前法院作出判决，琴岛有限责任公司承担全部担保责任，需为华美公司偿还债务的 70%，琴岛有限责任公司已执行，琴岛有限责任公司的以下处理中，正确的有（　　）。

A. 琴岛有限责任公司在 2×24 年 12 月 31 日应对该事项进行披露，不需确认预计负债

B. 琴岛有限责任公司在 2×24 年 12 月 31 日应按照很可能承担的担保责任确认预计负债，并进行披露

C. 琴岛有限责任公司在 2×25 年 2 月 6 日应按照资产负债表日后非调整事项处理，在报告年度报表附注中予以披露

D. 琴岛有限责任公司在 2×25 年 2 月 6 日应按照资产负债表日后调整事项处理，调整会计报表相关项目

20. 下列关于非调整事项的说法中，正确的有（　　）。

A. 表明该事项在资产负债表日后发生

B. 与资产负债表日存在没有关系

C. 企业不应当进行会计核算

D. 企业不应当调整资产负债表日的财务报表

三、判断题

1. 企业某项固定资产的折旧年限原预计使用寿命为 10 年，由于市场中新设备的出现，该资产总的使用寿命不足 8 年，该事项属于差错，按前期差错更正的规定进行会计处理。（　　）

2. 固定资产的盘盈在未经批准前先记入“待处理财产损溢”账户，待批准后再转入“营业外收入”账户核算。（　　）

3. 企业应对固定资产预计使用寿命、预计净残值的调整按照会计估计变更的有关规定进行会计处理，而对于固定资产折旧方法的变更，则应作为会计政策变更处理。（　　）

4. 如果会计政策变更的累积影响数能够合理确定，无论属于什么情况，均采用追溯调

整法进行会计处理。（　　）

5. 初次发生的交易或事项采用新的会计政策属于会计政策变更，应采用追溯调整法进行处理。（　　）

6. 资产负债表日前已符合收入确认条件的商品销售，在日后期间发生销售折让的，应该调整报告年度财务报表相关项目的金额。（　　）

7. 企业在报告年度资产负债表日至财务报告批准报出日之间取得确凿证据，表明某项资产在资产负债表日已发生减值的，应作为调整事项进行处理。（　　）

8. 资产负债表日后事项涵盖期间股利的分配可以作为日后调整事项进行处理。（　　）

9. 资产负债表日至财务会计报告批准报出日之间发生的报告年度售出的商品因质量问题被退回，该事项属于资产负债表日后非调整事项。（　　）

10. 如果企业在日后期间获得可靠证据证实某项资产在资产负债表日已经发生了减损，企业应将其作为调整事项处理。（　　）

11. 资产负债表日后事项既可以是有利事项，也可以是不利事项。（　　）

12. 资产负债表日后发生的所有事项都属于资产负债表日后事项。（　　）

13. 资产负债表日后事项包括资产负债表日后调整事项和资产负债表日后非调整事项。（　　）

14. 企业发生的资产负债表日后非调整事项，应当调整资产负债表日的财务报表。（　　）

15. 涉及利润分配的调整事项，直接在“利润分配——未分配利润”账户中进行核算。（　　）

四、计算及账务处理题

1. 琴岛有限责任公司从2×24年1月1日起执行《企业会计准则》，从2×24年1月1日起，所得税的核算方法由应付税款法改为资产负债表债务法。该公司适用的所得税税率将变更为25%。2×23年年末，资产负债表中存货账面价值为420万元，计税基础为460万元；固定资产账面价值为1 250万元，计税基础为1 030万元；预计负债的账面价值为125万元，计税基础为0。假定琴岛有限责任公司按10%提取法定盈余公积。

要求：

(1) 计算该公司会计政策变更的累积影响数，确认相关的所得税影响。

(2) 编制2×24年相关的账务处理。

2. 琴岛有限责任公司2×24年以前执行《小企业会计准则》，由于琴岛有限责任公司将公开发行股票、债券；同时因经营规模或企业性质变化而成为大中型企业，按照准则规定应当从2×24年1月1日起转为执行《企业会计准则》。资料如下：

琴岛有限责任公司2×21年分别以450万元和110万元的价格从股票市场购入A、B两支以交易为目的的股票，假定不考虑相关税费。按照原《小企业会计准则》确认为“短期投资”并采用成本法对该股票进行初始和后续计量。按照《企业会计准则》的规定，对其以交易为目的购入的股票由原成本法改为公允价值计量，且其变动计入当期损益。假设琴岛有限责任公司适用的所得税税率为25%，公司按净利润的10%提取法定盈余公积，按净利润的5%提取任意盈余公积。2×23年公司发行在外普通股加权平均数为4 500万股。A、B股票有关成本及公允价值如表 15-3 所示。

表 15-3　A、B 股票有关成本及公允价值　　　　单位：万元

股票	购入成本	2×21 年年末公允价值	2×22 年年末公允价值	2×23 年年末公允价值
A 股票	450	446	500	510
B 股票	110	106	120	130

要求：根据上述资料，编制会计分录。

3. 琴岛有限责任公司适用的所得税税率为 25%。2×24 年 3 月 31 日，琴岛有限责任公司董事会决定将其固定资产的折旧年限由 10 年调整为 6 年，该项变更自 2×24 年 1 月 1 日起执行。上述管理用固定资产系 2×21 年 12 月购入，成本为 1 000 万元，采用年限平均法计提折旧，预计净残值为零。税法规定该固定资产的计税年限为 10 年。

要求：计算会计估计变更影响 2×24 年的净利润。

4. 琴岛有限责任公司 2×23 年 11 月 8 日销售一批商品给华美公司，取得收入 200 万元（不含税，增值税税率 13%）。琴岛有限责任公司发出商品后，按照正常情况已确认收入，并结转成本 150 万元。2×23 年 12 月 31 日，该笔货款尚未收到，琴岛有限责任公司未对应收账款计提坏账准备。2×24 年 1 月 12 日，由于产品质量问题，本批货物被退回。琴岛有限责任公司于 2×24 年 2 月 28 日完成 2×23 年所得税汇算清缴，按净利润的 10%提取法定盈余公积。

要求：编制琴岛有限责任公司相应会计分录。

5. 琴岛有限责任公司与华美公司签订一项销售合同，约定琴岛有限责任公司应在 2×23年 8 月向华美公司交付 A 产品 3 000 件。但琴岛有限责任公司未按照合同发货，并致使华美公司遭受重大经济损失。2×23 年 11 月，华美公司将琴岛有限责任公司告上法庭，要求琴岛有限责任公司赔偿 9 000 000 元。2×23 年 12 月 31 日，人民法院尚未判决，琴岛有限责任公司对该诉讼事项确认预计负债 6 000 000 元，华美公司未确认应收赔偿款。2×24 年 2 月 8 日，经人民法院判决琴岛有限责任公司应赔偿华美公司 8 000 000 元，琴岛、华美双方均服从判决。判决当日，琴岛有限责任公司向华美公司支付赔偿款 8 000 000 元。琴岛、华美两公司 2×23 年所得税汇算清缴均在 2×24 年 3 月 10 日完成（假定该项预计负债产生的损失不允许在预计时税前抵扣，只有在损失实际发生时，才允许税前抵扣）。

要求：分别作出琴岛有限责任公司和华美公司相应的账务处理及报表调整。

第二部分　自主测试参考答案及解析

第一章　总　　论

一、单项选择题

1	2	3	4	5	6	7	8	9	10
C	C	C	D	A	D	D	B	D	A

【解析】

第 1 题:我国的财务报告的目标:一方面,是向财务报告使用者提供决策有用的信息;另一方面,要如实反映企业管理层受托责任的执行情况。会计计量在坚持历史成本之外,也会较多地采用除历史成本之外的计量属性。这是为了向财务报告使用者提供决策有用的信息。

因此,选择 C。

第 8 题:能够在未来直接或间接地产生经济利益是资产的本质所在,不能为企业带来经济利益,则不能确认为企业的资产。盘亏固定资产已经不能给企业带来经济利益的流入。

因此,选择 B。

二、多项选择题

1	2	3	4	5
AB	ABCD	BC	ABCD	AC

【解析】

第 5 题:实质重于形式是指企业应当按照交易或者事项的经济实质进行会计确认、计量和报告,不应仅以交易或者事项的法律形式为依据。较典型的例子,是对融资租入固定资产的核算,以及企业按照销售合同销售商品,但又签订了售后回购协议。

因此,选择 AC。

三、判断题

1	2	3	4	5
×	×	×	√	√

四、思考题

(略)

第二章　货币资金

一、单项选择题

1	2	3	4	5	6	7	8	9	10
D	D	D	C	B	B	C	B	D	B

【解析】

第1题:我国会计核算中的货币资金指的是库存现金、银行存款和其他货币资金。

因此,选择D。

第3题:企业将款项委托当地银行汇往采购地银行开立采购专户时,根据汇出款项凭证,编制付款凭证,借记“其他货币资金——外埠存款”账户,贷记“银行存款”账户。

因此,选择D。

第4题:现金清查中无法查明的其他原因,根据管理权限报经批准后,借记“管理费用——现金短缺”账户,贷记“待处理财产损溢——待处理流动资产损溢”账户。

因此,选择C。

第6题:现金清查中若发现现金溢余(长款),在查明原因前应借记“库存现金”账户,贷记“待处理财产损溢——待处理流动资产损溢”账户。

因此,选择B。

第8题:备用金的总分类核算,应设置“其他应收款”账户,它是资产类账户,用来核算企业除应收票据、应收账款、预付账款以外的其他各种应收、暂付款项,包括各种赔款、罚款、存出保证金、备用金、应向职工收取的各种垫付款项等。

因此,选择B。

二、多项选择题

1	2	3	4	5
ABCE	ABCDE	ABCDE	BDE	ABCD

【解析】

第1题:国务院颁布的《中华人民共和国现金管理暂行条例》中规定,企业只能在下列范围内使用现金:

(1) 职工的工资和津贴。

(2) 个人的劳务报酬。

(3) 根据国家规定颁发给个人的科学技术、文化艺术、体育等各种奖金。

(4) 各种劳保、福利费用以及国家规定的对个人的其他支出。

(5) 向个人收购农副产品和其他物资的价款。

(6) 出差人员必须随身携带的差旅费。

(7) 结算起点(1 000元)以下的零星支出。

(8) 中国人民银行确定需要支付现金的其他支出。

因此,选择ABCE。

第 5 题：在银行结算方式中，商业汇票结算、银行汇票结算、汇兑结算和托收承付结算均可异地结算。

因此，选择 ABCD。

三、判断题

1	2	3	4	5
√	×	×	√	×

【解析】

第 1 题：国务院颁布的《中华人民共和国现金管理暂行条例》中规定，企业可以用现金支付工资和津贴（包括奖金），但用人单位在发放现金前应该代扣代缴个人所得税，否则可能构成逃税罪。

第 2 题：出纳人员不得兼任稽核、会计档案保管和收入、支出、费用、债权债务账目的登记工作。

第 3 题：现金清查中现金溢余，查明属于无法查明原因的现金溢余，经批准后，借记“待处理财产损溢——待处理流动资产损溢”账户，贷记“营业外收入——现金溢余”账户。

四、计算及账务处理题

1.

(1) 6 月 2 日。

借：库存现金	3 000	
贷：银行存款		3 000

(2) 6 月 4 日，报销。

借：管理费用	160	
贷：库存现金		160

(3) 6 月 7 日，预借差旅费。

借：其他应收款	1 000	
贷：库存现金		1 000

(4) 6 月 9 日。

借：管理费用	200	
贷：库存现金		200

(5) 6 月 17 日。

借：其他货币资金——外埠存款	40 000	
贷：银行存款		40 000

(6) 6 月 18 日。

借：管理费用	850	
库存现金	150	
贷：其他应收款		1 000

(7) 6 月 20 日。

借：在途物资 30 000
　　应交税费——应交增值税(进项税额) 3 900
　　银行存款 6 100
　　贷：其他货币资金——外埠存款 40 000

2. (1)

① 借：银行存款 4 800 000
　　　贷：营业外收入 4 800 000

② 借：管理费用 3 600 000
　　　贷：银行存款 3 600 000

(2)

银行存款余额调节表

公司名称:琴岛有限责任公司　　2×24 年 12 月 31 日　　单位:元

项目	金额	项目	金额
银行对账单余额	6 640 000	企业银行存款日记账余额	4 320 000
加:企业已收,银行未收	4 800 000	加:银行已收,企业未收	3 840 000
减:企业已付,银行未付	3 600 000	减:银行已付,企业未付	320 000
调整后余额	7 840 000	调整后余额	7 840 000

第三章 存　货

一、单项选择题

1	2	3	4	5	6	7	8	9	10
B	D	A	C	A	B	B	C	D	A

【解析】

第 1 题:因题中企业为增值税小规模纳税人,进项税额不允许抵扣,应计入成本,所以该企业取得材料的入账价值应为 10 400 元(10 000+300+100)。

因此,选择 B。

第 3 题:材料成本差异率=(−20−15)÷(200+150)=−10%,领用原材料的实际成本=180×(1−10%)=162(万元),当月结存材料的实际成本=(200+150−180)×(1−10%)=153(万元)。

因此,选择 A。

第 5 题:当月领用材料应负担的材料成本差异=[20+(110−120)]÷(80+120)×100%×100=5(万元)(超支)。

因此,选择 A。

第 6 题:随同商品出售而不单独计价的包装物的实际成本应记入“销售费用”账户。

因此，选择 B。

第 10 题：该企业 6 月份发出乙材料的成本＝(200×35＋400×40＋400×45)÷(200＋400＋400)×600＝24 600(元)。

因此，选择 A。

二、多项选择题

1	2	3	4	5
ACD	ABCD	AB	ABC	ABC

【解析】

第 4 题：选项 D，不是存货发出的计价方法，而是存货期末计量的方法。

因此，选择 ABC。

第 5 题：选项 D，自然灾害等非常原因造成的净损失，记入“营业外支出”账户。

因此，选择 ABC。

三、判断题

1	2	3	4	5
×	×	√	×	√

【解析】

第 1 题：在发票账单尚未收到，材料已经验收入库的情况下，期末按照暂估价先入账，下月月初，用红字冲销；等到发票账单收回后，按照发票金额入账。

第 2 题：企业采用计划成本核算原材料，平时收到原材料时应按计划成本，借记“原材料”账户，领用或发出原材料时应按计划成本，贷记“原材料”账户，期末再将发出材料和期末材料调整为实际成本。

四、计算及账务处理题

1.

(1) 7 月 1 日，采购原材料。

借：原材料	50 000	
应交税费——应交增值税(进项税额)	6 500	
贷：银行存款		58 000

(2) 7 月 15 日，材料已到，结算账单未到，月中时企业暂不入账。

(3) 7 月 31 日，月末暂估入账。

借：原材料	40 000	
贷：应付账款——暂估应付账款		40 000

(4) 8 月 1 日，冲回暂估入库分录。

借：原材料	[40 000]	
贷：应付账款——暂估应付账款		[40 000]

(5) 8 月 5 日，预付货款。

借：预付账款　60 000
　　贷：银行存款　60 000

(6) 收到材料并验收入库。

借：原材料　100 000
　　应交税费——应交增值税(进项税额)　13 000
　　贷：预付账款　113 000

(7) 8 月 6 日，补付余款。

借：预付账款　53 000
　　贷：银行存款　53 000

2.

(1) 4 月 5 日，上月原材料验收入库。

借：原材料——甲材料　10 000
　　材料成本差异　600
　　贷：材料采购——甲材料　10 600

(2) 4 月 15 日，外购甲材料。

借：材料采购——甲材料　59 000
　　应交税费——应交增值税(进项税额)　7 670
　　贷：银行存款　66 670

(3) 4 月 20 日，甲材料验收入库。

① 借：原材料——甲材料　59 600
　　贷：材料采购——甲材料　59 600

② 借：材料采购——甲材料　600
　　贷：材料成本差异　600

(4) 材料成本差异率＝(－548＋600－600)÷(40 000＋10 000＋59 600)×100%
＝－0.5%

发出材料成本差异＝7 000×10×(－0.5%)＝－350(元)

结存材料实际成本＝(40 000＋10 000＋59 600－70 000)×(1－0.5%)
＝39 402(元)

借：生产成本　70 000
　　贷：原材料——甲材料　70 000
借：材料成本差异　350
　　贷：生产成本　350

3.

(1) 存货盘盈的会计分录。

借：原材料　60 000
　　贷：待处理财产损溢——待处理流动资产损溢　60 000
借：待处理财产损溢——待处理流动资产损溢　60 000
　　贷：管理费用　60 000

(2) 存货盘亏的会计分录。

借：待处理财产损溢——待处理流动资产损溢　70 000
　　贷：原材料　70 000
借：其他应收款　50 000
　　营业外支出——非常损失　20 000
　　贷：待处理财产损溢——待处理流动资产损溢　70 000

第四章　金 融 资 产

一、单项选择题

1	2	3	4	5	6	7	8	9	10
A	B	C	A	A	A	D	D	C	C

【解析】

第 1 题：交易性金融资产的成本包括购买价款(不含代垫股利)，不包括交易费用。所以本题中交易性金融资产的入账金额为 104 万元。

因此，选择 A。

第 2 题：2×24 年 2 月 20 日，购入 A 公司股票时确认的投资收益为－4 000 元，2×24 年 4 月 10 日，宣告发放现金股利时确认投资收益为 50 000×0.3＝15 000(元)。所以 2×24 年确认的投资收益总额为 15 000－4 000＝11 000(元)。

因此，选择 B。

第 3 题：交易性金融资产期末按照公允价值计量，2×24 年 12 月 31 日，交易性金融资产的公允价值即为该资产的账面价值：100×18＝1 800(万元)。

因此，选择 C。

第 4 题：2×24 年 12 月 10 日，交易性金融资产的成本为 249 万元。2×24 年 12 月 31 日，公允价值为 258 万元，公允价值变动：258－249＝9(万元)。

因此，选择 A。

第 5 题：琴岛有限责任公司对该交易应确认的投资收益为 3 000－2 800＝200(万元)。

因此，选择 A。

第 6 题：琴岛有限责任公司处置该交易性金融资产时的账务处理如下：

借：其他货币资金——存出投资款　1 080
　　交易性金融资产——公允价值变动　100
　　投资收益　20
　　贷：交易性金融资产——成本　1 200

所以对损益的影响为－20万元。

因此，选择A。

第7题：预付账款是未来收取供应单位的货物，不是从其他单位收取现金或其他金融资产的合同权利，不是金融资产。

因此，选择D。

第9题：12月31日应计提的坏账准备＝(1 000－960)－15＝25(万元)。

因此，选择C。

第10题：应收账款的期末余额＝1 800＋200－500＝1 500(万元)，则“坏账准备”账户的期末余额＝1 500×2％＝30(万元)。“坏账准备”账户的原有余额＝1 800×2％＝36(万元)。所以，本期应计提的坏账准备金额＝30(期末)－36(期初)＝－6(万元)。

因此，选择C。

二、多项选择题

1	2	3	4	5	6	7	8	9	10
ABD	AD	ABD	ABC	ACD	AC	BCD	ACD	CD	ACD

【解析】

第6题，选项B，处置交易性金融资产时，取得的价款计入其他业务收入不对，应记入“投资收益”账户。选项D，交易性金融资产不能确认资产减值损失，只能确认公允价值变动损失。

因此，选择AC。

第7题，选项A，转销无法收回备抵法核算的应收账款，借记“坏账准备”账户，贷记“应收账款”账户，对应收账款的价值没有影响。选项B，收回应收账款，借记“银行存款”账户，贷记“应收账款”账户，减少应收账款的价值。选项C，计提应收账款坏账准备，借记“信用减值损失”账户，贷记“坏账准备”账户，减少应收账款的价值。选项D，收回已转销的应收账款，借记“银行存款”账户，贷记“坏账准备”账户，减少应收账款的价值。

因此，选择BCD。

第10题，符合条件的股利收入应计入当期损益，选项A错误；当该金融资产终止确认时，之前计入其他综合收益的累计利得和损失应当从其他综合收益中转出，计入留存收益，选项B正确，选项C错误；以公允价值计量且其变动计入其他综合收益的权益工具投资，不确认预期损失准备，选项D错误。

因此，选择ACD。

三、判断题

1	2	3	4	5	6	7	8	9	10
×	×	×	×	×	√	√	√	×	√

【解析】

第1题：投资单位收到投资前被投资单位已宣告但尚未发放的现金股利时，账务处理如下：

借：其他货币资金——存出投资款
　　贷：应收股利

第 2 题：交易性金融资产主要是指企业为了近期内出售而持有的金融资产，如企业以赚取差价为目的从二级市场购入的股票、债券、基金等。

第 3 题：根据承兑人不同，"应收票据"账户核算的内容包括银行承兑汇票和商业承兑汇票。

第 4 题：会计期末，如果交易性金融资产的成本高于市价，应确认公允价值下降损失，而不应确认减值损失。

第 5 题：收回已转销的应收账款，作会计分录如下：

借：应收账款
　　贷：坏账准备

同时，

借：银行存款
　　贷：应收账款

应收账款的账面价值减少。

第 9 题：取得债权投资时支付的相关税费，应计入债权投资的成本。

四、计算及账务处理题

1.

(1) 2×24 年 10 月 3 日，购入时：

借：交易性金融资产——成本	123 000 000	
应收股利	3 000 000	
投资收益	40 000	
贷：其他货币资金——存出投资款		126 040 000

(2) 2×24 年 10 月 15 日，收到现金股利时：

借：其他货币资金——存出投资款	3 000 000	
贷：应收股利		3 000 000

(3) 2×24 年 12 月 31 日，公允价值变动时：

借：交易性金融资产——公允价值变动	8 000 000	
贷：公允价值变动损益		8 000 000

(4) 2×25 年 4 月 18 日，宣告发放股利时：

借：应收股利	5 000 000	
贷：投资收益		5 000 000

(5) 2×25 年 5 月 15 日，收到现金股利时：

借：其他货币资金——存出投资款	5 000 000	
贷：应收股利		5 000 000

(6) 2×25 年 6 月 30 日，公允价值变动时：

借：公允价值变动损益　　16 000 000
　　贷：交易性金融资产——公允价值变动　　16 000 000

(7) 2×25 年 7 月 9 日，出售时：

借：其他货币资金——存出投资款　　131 440 000
　　交易性金融资产——公允价值变动　　8 000 000
　　贷：交易性金融资产——成本　　123 000 000
　　　　应交税费——转让金融商品应交增值税　　307 924.53
　　　　投资收益　　16 132 075.47

注：转让金融商品应交增值税＝(131 440 000－126 000 000)÷1.06×6%＝307 924.53(元)

2.

(1) 2×23 年 12 月 31 日，丙公司应计提的坏账准备为 10 000 元(100 000×10%－0)。

借：信用减值损失　　10 000
　　贷：坏账准备　　10 000

(2) 2×24 年 6 月，丙公司确认坏账损失。

借：坏账准备　　7 000
　　贷：应收账款　　7 000

(3) 2×24 年年末丙公司应计提的坏账准备为 9 000 元[120 000×10%－(10 000－7 000)]。

借：信用减值损失　　9 000
　　贷：坏账准备　　9 000

3.

(1) 2×23 年年末，计提坏账准备 2 700 元(900 000×3‰)。

借：信用减值损失　　2 700
　　贷：坏账准备　　2 700

(2) 2×24 年，确认 A 公司坏账。

借：坏账准备　　15 000
　　贷：应收账款——A 公司　　15 000

(3) 2×24 年，确认 B 公司坏账。

借：坏账准备　　12 500
　　贷：应收账款——B 公司　　12 500

(4) 2×24 年年末，“坏账准备”账户借方余额为 24 800 元(2 700－15 000－12 500)，估计的坏账损失为 3 240 元(1 080 000×3‰)，应补提坏账准备 28 040 元 (24 800＋3 240)。

借：信用减值损失　　28 040
　　贷：坏账准备　　28 040

(5) 2×25 年，收到 B 公司破产财产 1 000 元。

借：应收账款——B公司　　1 000
　　贷：坏账准备　　1 000
借：银行存款　　1 000
　　贷：应收账款——B公司　　1 000

(6) 2×25年年末，“坏账准备”账户原有贷方余额为4 240元(3 240+1 000)，估计的坏账损失为4 800元(1 600 000×3‰)，应补提坏账准备560元(4 800−4 240)。

借：信用减值损失　　560
　　贷：坏账准备　　560

4.

(1) 2×24年1月1日，购入债券。

借：债权投资——面值　　100 000
　　　　　　——利息调整　　4 000
　　贷：其他货币资金——存出投资款　　104 000

(2) 2×24年12月31日，确认投资收益。

借：债权投资——应计利息　　6 000
　　贷：债权投资——利息调整　　2 074
　　　　投资收益　　3 926

(3) 2×25年12月31日，确认投资收益。

借：债权投资——应计利息　　6 000
　　贷：债权投资——利息调整　　1 926
　　　　投资收益　　4 074

(4) 2×26年1月1日，收回投资。

借：其他货币资金——存出投资款　　112 000
　　贷：债权投资——面值　　100 000
　　　　　　　　——应计利息　　12 000

第五章　长期股权投资

一、单项选择题

1	2	3	4	5	6	7	8	9	10	11	12	13
D	B	D	B	D	A	B	D	B	D	A	D	D

【解析】

第3题：企业合并取得的长期股权投资采用成本法核算，不调整初始投资成本，因而不需要对该差额进行会计处理。

因此，选择D。

第6题：同一控制下的企业合并，合并方应当在合并日按照取得的被合并方所有者权益在最终控制方合并财务报表中的账面价值的份额作为长期股权投资的初始投资成本。因此，本例中，长期股权投资的初始投资成本＝3 600×80％＝2 880(万元)。

因此，选择 A。

第 9 题：被投资单位分派股票股利只影响资产负债表项目。

因此，选择 B。

第 12 题：投资时，长期股权投资的初始投资成本 6 000 万元大于应享有 B 公司可辨认净资产公允价值的份额 4 800 万元(24 000×20％)，不需要调整已确认的初始投资成本。

因此，选择 D。

第 13 题：投资时，长期股权投资的初始投资成本 7 200 万元小于应享有 B 公司可辨认净资产公允价值的份额 8 000 万元(40 000×20％)，应按两者之差调整长期股权投资成本 800 万元，调整后长期股权投资成本为 8 000 万元。

因此，选择 D。

二、多项选择题

1	2	3	4	5	6	7
BD	ABC	AD	CD	CD	ABC	BCD

【解析】

第 3 题：企业合并中合并方发生的评估咨询等直接费用，应计入当期损益，选项 A 正确；同一控制下的企业合并，合并成本与合并对价账面价值之间的差额，应当调整资本公积(资本溢价或股本溢价)，资本公积(资本溢价或股本溢价)的余额不足冲减的，调整留存收益，选项 B 不正确；与发行权益工具作为合并对价直接相关的交易费用，应冲减资本公积(资本溢价或股本溢价)，资本公积(资本溢价或股本溢价)的余额不足冲减的，冲减留存收益，选项 C 不正确；发行债券支付的手续费、佣金等，应当计入所发行债券的初始确认金额，选项 D 正确。

因此，选择 AD。

第 6 题：成本法下，只有投资发生减值才会导致长期股权投资账面价值减少。

因此，选择 ABC。

三、判断题

1	2	3	4	5	6	7	8	9	10
×	×	×	×	×	×	×	×	×	×

【解析】

第 6 题：投资企业与联营企业及合营企业之间进行商品交易形成的未实现内部交易损益(无论是顺流交易还是逆流交易)，按照持股比例计算的归属于投资企业的部分，均应当予以调整抵销。

第 8 题：长期股权投资采用成本法核算时，应当按照被投资单位分配的现金股利中投资企业应当享有的份额确认投资收益。

四、计算及账务处理题

1.

(1) 同一控制下的企业合并。

借：长期股权投资　48 000 000
　　累计摊销　2 000 000
　　贷：银行存款　10 000 000
　　　　无形资产　32 000 000
　　　　资本公积——股本溢价　8 000 000

（2）非同一控制下的企业合并。

借：长期股权投资　50 000 000
　　累计摊销　2 000 000
　　贷：银行存款　10 000 000
　　　　无形资产　32 000 000
　　　　资产处置损益　10 000 000

2.

（1）B公司可辨认净资产公允价值为7 200万元。

借：长期股权投资——投资成本　19 800 000
　　贷：股本　12 800 000
　　　　资本公积——股本溢价　7 000 000

（2）B公司可辨认净资产公允价值为8 000万元。

借：长期股权投资——投资成本　19 800 000
　　贷：股本　12 800 000
　　　　资本公积——股本溢价　7 000 000
借：长期股权投资——投资成本　200 000
　　贷：营业外收入　200 000

3.

（1）2×24年1月1日。

借：长期股权投资　28 000 000
　　贷：银行存款　28 000 000

（2）2×24年3月1日。

借：应收股利　2 100 000
　　贷：投资收益　2 100 000

（3）2×24年3月20日。

借：银行存款　2 100 000
　　贷：应收股利　2 100 000

（4）2×24年12月31日。

不做账务处理。

（5）2×25年1月3日。

① 确认转让部分股权的处置损益。

转让股权的账面价值＝2 800×50%＝1 400(万元)

借：银行存款　22 000 000
　贷：长期股权投资　14 000 000
　　投资收益　8 000 000

② 调整剩余长期股权投资的账面价值。

借：长期股权投资——投资成本　15 750 000
　贷：长期股权投资　14 000 000
　　盈余公积　175 000
　　利润分配——未分配利润　1 575 000
借：长期股权投资——损益调整　2 800 000
　贷：盈余公积　280 000
　　利润分配——未分配利润　2 520 000
借：长期股权投资——其他综合收益　700 000
　贷：其他综合收益　700 000

4.

(1)

长期股权投资的初始投资成本＝5 400＋13 000＝18 400(万元)

借：长期股权投资　184 000 000
　贷：银行存款　130 000 000
　　长期股权投资——投资成本　45 000 000
　　　　——损益调整　8 700 000
　　　　——其他权益变动　300 000

(2)

借：银行存款　200 000 000
　贷：长期股权投资(184 000 000×7÷8)　161 000 000
　　投资收益　39 000 000
借：交易性金融资产　25 000 000
　贷：长期股权投资(184 000 000×1/8)　23 000 000
　　投资收益　2 000 000

5.

(1) 2×23 年 1 月 1 日。

借：长期股权投资——投资成本　15 000 000
　贷：银行存款　15 000 000
借：长期股权投资——投资成本　3 000 000
　贷：营业外收入　3 000 000

(2) 2×23 年 12 月 31 日。

存货账面价值与公允价值的差额应调减的利润＝(500－300)×70%＝140(万元)
调整后的净利润＝790－140＝650(万元)
甲公司应享有的份额＝650×30%＝195(万元)

借：长期股权投资——损益调整　　1 950 000
　　贷：投资收益　　1 950 000

（3）2×24 年 12 月 31 日。

存货账面价值与公允价值的差额应调减的利润＝(500－300)×30％＝60(万元)
调整后的净亏损＝－6 790－60＝－6 850(万元)
甲公司应分担的亏损份额＝－6850×30％＝－2 055(万元)

借：投资收益　　19 950 000
　　贷：长期股权投资——投资成本　　18 000 000
　　　　　　　　　　——损益调整　　1 950 000
借：投资收益　　500 000
　　贷：长期应收款　　500 000

（其余 10 万元未确认的亏损分担额应在备查登记簿中作备忘记录，留待以后年度乙公司取得收益后抵销。）

（4）2×25 年 12 月 31 日。

甲公司应享有的份额＝500×30％＝150(万元)

借：长期应收款　　500 000
　　贷：投资收益　　500 000
借：长期股权投资——损益调整　　900 000
　　贷：投资收益　　900 000

第六章　固 定 资 产

一、单项选择题

1	2	3	4	5	6	7	8	9	10
A	D	C	B	A	C	A	A	B	B
11	12	13	14	15	16	17	18	19	20
C	C	B	A	D	B	B	C	B	D

【解析】

第 1 题：A 固定资产的入账价值＝400×180÷(180＋140＋160)＝150(万元)。

因此，选择 A。

第 2 题：设备的入账价值＝40＋0.6＋0.2＋8＋4＝52.8(万元)。

因此，选择 D。

第 3 题：固定资产转入改良时的账面价值＝1 800－1 800÷5×3＝720(万元)，改良完成后的入账价值＝720＋48＝768(万元)，因此 2×20 年应计提的折旧额＝1 800÷5÷12×3＋768÷4÷12×4＝154(万元)。

因此，选择 C。

第 5 题：设备的入账价值＝200×60％＋10＋2＋4＝136(万元)。

因此，选择 A。

第 10 题：扩建后生产线新的原价＝1 600－400＋100＋40－8＝1 332（万元）。

因此，选择 B。

第 12 题：该设备的入账价值＝100＋5＋7＋8＝120（万元），从 2×24 年 7 月份开始计提折旧，2×20 年度该设备应计提的折旧额＝120÷10÷12×6＝6（万元）。

因此，选择 C。

第 16 题：被替换部分的账面价值＝100×（1－500÷1 000）＝50（万元）。新办公楼的入账价值＝1 000－500＋600－50＝1 050（万元）。

因此，选择 B。

第 17 题：固定资产进行更新改造后的入账价值＝（2 000－2 000÷10×4）＋1 000－（800－800 ÷10×4）＝1 720（万元）。

因此，选择 B。

第 18 题：该设备的成本＝100＋80＋5＋10＋2＋1＝198（万元），其中员工培训费不能计入工程成本。

因此，选择 C。

二、多项选择题

1	2	3	4	5	6	7
BCD	ABC	AB	BCD	CD	ACD	BCD
8	9	10	11	12	13	14
AC	BC	ABC	CD	BD	BCD	AB

【解析】

第 12 题：因出售厂房而缴纳的相关增值税，不计入厂房清理成本，因此不记入“固定资产清理”账户，选项 A 不正确；因自然灾害损失固定资产取得的赔款，应记入“固定资产清理”账户贷方，选项 C 不正确。

因此，选择 BD。

三、判断题

1	2	3	4	5	6	7	8	9	10
×	×	×	√	√	×	√	√	√	√

【解析】

第 3 题：企业生产车间发生的固定资产日常维修费应计入管理费用。

第 8 题：企业按合同约定向建造商支付预付款或进度款时，借记“在建工程”账户，工程达到预定可使用状态时，按实际发生的全部支出，借记“固定资产”账户，贷记“在建工程”账户。资产负债表中的“在建工程”项目是非流动资产。

四、计算及账务处理题

1.

（1）2×23 年 12 月 22 日，购入 M 设备。

借：固定资产　　1 220 000
　应交税费——应交增值税（进项税额）　　157 200
　贷：银行存款　　1 377 200

（2）2×24 年 12 月 25 日。

① 计提折旧：

借：制造费用　　120 000
　贷：累计折旧　　120 000

② 将设备转入清理，注销设备的原价、累计折旧：

借：固定资产清理　　1 100 000
　累计折旧　　120 000
　贷：固定资产　　1 220 000

③ 支付清理费用：

借：固定资产清理　　10 000
　贷：银行存款　　10 000

④ 确认赔偿款：

借：其他应收款　　500 000
　贷：固定资产清理　　500 000

⑤ 结转净收益：

借：营业外支出　　610 000
　贷：固定资产清理　　610 000

2.

（1）

① 2×23 年 3 月 5 日。

借：工程物资　　2 000 000
　应交税费——应交增值税（进项税额）　　260 000
　贷：银行存款　　2 260 000

② 2×23 年 3 月 10 日。

借：在建工程　　2 000 000
　贷：工程物资　　2 000 000

③ 2×23 年 3 月 15 日。

借：在建工程　　600 000
　贷：库存商品　　600 000

④ 2×23 年 6 月 30 日。

借：在建工程　　400 000
　贷：应付职工薪酬　　400 000

(2) 2×23 年 6 月 30 日。

借：固定资产	3 000 000	
贷：在建工程		3 000 000

(3) 2×24 年 12 月 2 日。

① 将厂房转入清理，注销厂房的原价、累计折旧：

借：固定资产清理	2 910 000	
累计折旧	90 000	
贷：固定资产		3 000 000

② 收到出售厂房的价款和税款：

借：银行存款	3 390 000	
贷：固定资产清理		3 000 000
应交税费——应交增值税(销项税额)		390 000

③ 结转净收益：

借：固定资产清理	90 000	
贷：资产处置损益		90 000

3.

(1)

固定资产的成本＝800＋4＋100＋16＋20＋52＋8＝1 000(万元)

① 购入：

借：在建工程	8 040 000	
应交税费——应交增值税(进项税额)	1 040 000	
贷：银行存款		9 080 000

② 安装：

借：在建工程	1 960 000	
贷：工程物资		1 000 000
原材料		160 000
应付职工薪酬		200 000
银行存款		600 000

③ 达到预计可使用状态：

借：固定资产	1 0000 000	
贷：在建工程		1 0000 000

(2) 2×25 年、2×26 年的年折旧额＝(1 000－100)÷5＝180(万元)

借：制造费用	1 800 000	
贷：累计折旧		1 800 000

(3) 2×25 年的年折旧额＝(1 000－100)÷15×5＝300(万元)

2×26 年的年折旧额＝(1 000－100)÷15×4＝240(万元)

(4) 2×25 年的年折旧额＝1 000÷5×2＝400(万元)

2×26 年的年折旧额＝(1 000－400)÷5×2＝240(万元)

4.

(1) 2×23 年 1 月 1 日至 2×24 年 12 月 31 日，即固定资产后续支出发生前：

该条生产线的应计折旧额＝1 136 000×(1－3%)＝1 101 920(元)

年折旧额＝1 101 920÷6≈183 653.33(元)

借：制造费用　　183 653.33

　贷：累计折旧　　183 653.33

(2) 2×24 年 12 月 31 日，该固定资产的账面价值＝1 136 000－183 653.33×2＝768 693.34(元)。

固定资产转入改扩建：

借：在建工程　　768 693.34

　　累计折旧　　367 306.66

　贷：固定资产　　1 136 000.00

(3) 2×25 年 1 月 1 日至 3 月 31 日，发生改扩建工程支出：

借：在建工程　　537 800

　贷：银行存款　　537 800

(4) 2×25 年 3 月 31 日，生产线改扩建工程达到预定可使用状态，固定资产的入账价值＝768 693.34＋537 800＝1 306 493.34(元)。

借：固定资产　　1 306 493.34

　贷：在建工程　　1 306 493.34

(5) 2×25 年 3 月 31 日，转为固定资产后，按重新确定的使用寿命、预计净残值和折旧方法计提折旧：

应计折旧额＝1 306 493.34×(1－3%)＝1 267 298.54(元)

月折旧额＝1 267 298.54÷(7×12＋9)＝13 626.87(元)

2×25 年应计提的折旧额＝13 626.87×9＝122 641.83(元)

借：制造费用　　122 641.83

　贷：累计折旧　　122 641.83

第七章　无 形 资 产

一、单项选择题

1	2	3	4	5	6	7	8	9	10
B	C	D	B	C	D	D	C	C	D

【解析】

第 2 题：发生的宣传费用支出应当计入销售费用，所以该专利的入账价值为 60 万元。

因此，选择C。

第3题：无法区分研究阶段的支出和开发阶段的支出，应将其所发生的研发支出全部费用化，计入当期损益。

因此，选择D。

第4题：对于自行研究开发的无形资产，应该区分研究阶段的支出和开发阶段的支出，只有开发阶段符合资本化条件的支出才能计入无形资产的成本。

因此，选择B。

第5题：研究阶段支出应费用化，不构成无形资产入账成本，无形资产的入账价值＝200 000＋5 000＝205 000（元）。

因此，选择C。

第6题：让渡无形资产使用权而取得的租金收入，计入其他业务收入；出租的无形资产，其摊销金额计入其他业务成本。

因此，选择D。

第7题：企业内部产生的品牌、报刊名等，因其成本无法可靠计量，不应确认为无形资产，选项A错误；出售无形资产影响的损益账户为资产处置损益，选项B错误；预期不能为企业带来经济利益的无形资产应予以转销报废，将其账面价值计入营业外支出，选项C错误。

因此，选择D。

第8题：会计分录如下：

借：银行存款	212 000	
累计摊销	300 000	
贷：无形资产		400 000
应交税费——应交增值税（销项税额）		12 000
资产处置损益		100 000

因此，选择C。

第9题：无法可靠区分研究阶段的支出和开发阶段的支出，应全部费用化，计入当期损益；开发阶段符合资本化条件的支出计入无形资产，所以该非专利技术的入账价值为28万元。

因此，选择C。

第10题：无形资产入账价值＝100＋19＋7＝126（万元）；2×24年度无形资产摊销额＝126÷6÷12×2＝3.5（万元）。

因此，选择D。

二、多项选择题

1	2	3	4	5
ABCD	BDE	BD	ABCDE	ABCDE

【解析】

第2题：研究阶段发生的支出全部费用化，计入当期损益，不需要进行区分；开发阶段应区分是否符合资本化条件，将符合资本化条件的支出计入无形资产成本。

因此,选择 BDE。

三、判断题

1	2	3	4	5
√	×	×	√	√

【解析】

第 2 题:企业如果无法可靠区分研究阶段的支出和开发阶段的支出,应将发生的研发支出全部费用化,计入当期损益,记入“管理费用”账户的借方。

四、计算及账务处理题

1.

(1) 2×24 年 7 月份。

发生时:

借:研发支出——费用化支出　　600 000
　贷:原材料　　400 000
　　应付职工薪酬　　200 000

7 月月末:

借:管理费用　　600 000
　贷:研发支出——费用化支出　　600 000

(2) 2×24 年 8 月份。

发生时:

借:研发支出——费用化支出　　500 000
　　　　——资本化支出　　1 200 000
　贷:原材料　　900 000
　　应付职工薪酬　　800 000

8 月月末:

借:管理费用　　500 000
　贷:研发支出——费用化支出　　500 000

(3) 2×24 年 9 月 30 日,达到预定用途。

借:无形资产　　1 200 000
　贷:研发支出——资本化支出　　1 200 000

2.

(1) 取得无形资产时:

借:无形资产——专利权　　900 000
　应交税费——应交增值税(进项税额)　　54 000
　贷:银行存款　　954 000

(2) 按月摊销时:

每月摊销额＝900 000÷6÷12＝12 500(元)

借：制造费用　12 500
　贷：累计摊销　12 500

3.

（1）出售 A 专利权时：

借：银行存款　212 000
　累计摊销　500 000
　无形资产减值准备　300 000
　贷：无形资产——专利权——A 专利权　900 000
　　应交税费——应交增值税(销项税额)　12 000
　　资产处置损益　100 000

（2）报废 A 专利权时：

借：累计摊销　500 000
　无形资产减值准备　300 000
　营业外支出——处置非流动资产损失　100 000
　贷：无形资产——专利权——A 专利权　900 000

第八章　投资性房地产

一、单项选择题

1	2	3	4	5	6	7	8	9	10
A	B	D	C	C	A	C	A	A	B

【解析】

第 7 题：投资性房地产由成本模式计量转为以公允价值模式计量，属于会计政策变更，转换时公允价值与原账面价值的差额，应计入留存收益。

因此，选择 C。

第 8 题：出租时公允价值大于成本的差额应计入其他综合收益，则长江公司 2×24 年应确认的公允价值变动损失＝转换日公允价值 2 200－年末公允价值 2 150＝50(万元)。

因此，选择 A。

第 10 题：转换后的资产账面价值 2 070，因此 2×24 年应计提的折旧额＝2 070÷15×11÷12＝126.5(万元)。

因此，选择 B。

二、多项选择题

1	2	3	4	5
BD	AC	AC	BD	ABC

【解析】

第 1 题：成本模式下，投资性房地产属于固定资产的按照固定资产的核算原则处理，投资性房地产属于无形资产的按照无形资产的核算原则处理;公允价值模式下的投资性房地产不用计提折旧或摊销。

因此,选择 BD。

三、判断题

1	2	3	4	5
×	√	×	×	√

【解析】

第 3 题:投资性房地产采用公允价值模式进行后续计量的,不需计提折旧或摊销,也不需要计提减值准备,应以资产负债表日投资性房地产的公允价值为基础调整其账面价值。

第 4 题:当成本模式转化为公允价值模式时,应该按照会计政策变更处理,追溯调整时按照投资性房地产的公允价值,借记"投资性房地产"账户,贷记成本模式下的投资性房地产的账面价值,账面价值和公允价值之间的差额,计入盈余公积和未分配利润。

四、计算及账务处理题

1.

(1) 2×23 年 12 月 31 日,将办公楼转为投资性房地产时:

借:投资性房地产——办公楼　　120 000 000
　　累计折旧　　3 000 000
　　贷:固定资产　　120 000 000
　　　　投资性房地产累计折旧　　3 000 000

(2) 2×23 年 12 月 31 日,预收租金:

借:银行存款　　3 600 000
　　贷:合同负债——乙公司　　3 600 000

(3) 2×24 年 1 月 31 日,计提折旧:

月折旧额=120 000 000÷(40×12)=25 000(元)

借:其他业务成本　　250 000
　　贷:投资性房地产累计折旧　　250 000

(4) 2×24 年 1 月 31 日,确认租金收入:

借:合同负债——乙公司　　3 000 000
　　贷:其他业务收入　　3 000 000

2.

(1) 2×23 年 10 月 1 日。

借:投资性房地产——办公楼(在建)　　90 000 000
　　投资性房地产累计折旧　　10 000 000
　　贷:投资性房地产——办公楼　　100 000 000

(2) 2×24 年 3 月 31 日。

借：投资性房地产——办公楼(在建)　　4 000 000
　　贷：银行存款　　4 000 000
借：投资性房地产——办公楼　　94 000 000
　　贷：投资性房地产——办公楼(在建)　　94 000 000

3.

(1) 2×21 年 1 月 1 日。

借：投资性房地产——办公楼　　90 000 000
　　累计折旧　　220 000 000
　　贷：固定资产　　300 000 000
　　　　其他综合收益　　10 000 000

(2) 2×21 年 12 月 31 日。

借：银行存款　　5 000 000
　　贷：其他业务收入　　5 000 000
借：投资性房地产——办公楼——公允价值变动　　30 000 000
　　贷：公允价值变动损益　　30 000 000

(3) 2×22 年 12 月 31 日。

借：投资性房地产——办公楼——公允价值变动　　60 000 000
　　贷：公允价值变动损益　　60 000 000

(4) 2023 年 12 月 31 日。

借：银行存款　　300 000 000
　　贷：其他业务收入　　300 000 000
借：其他业务成本　　80 000 000
　　公允价值变动损益　　90 000 000
　　其他综合收益　　10 000 000
　　贷：投资性房地产——办公楼——成本　　90 000 000
　　　　　　　　　　　　　　　——公允价值变动　　90 000 000

第九章　资 产 减 值

一、单项选择题

1	2	3	4	5	6	7	8	9	10
C	D	D	B	C	C	B	C	D	A

【解析】

第 1 题：2×22 年对该无形资产的摊销金额＝400÷10＝40(万元)，账面价值＝400－40＝360(万元)，可收回金额为 270 万元，资产的减值金额＝360－270＝90(万元)。2×23 年对该无形资产的摊销金额＝(400－40－90)÷9＝30(万元)，账面价值＝270－30＝240(万元)，可收回金额为 255 万元，无形资产没有发生减值，账面价值为 240 万元。

因此，选择 C。

第 5 题：资产发生减值时，应将资产的账面价值减记至可收回金额，将减记的金额确认为资产减值损失，同时计提相应的资产减值准备。企业的资产减少，损失增加，所以该事项既影响财务状况又影响经营成果。

因此，选择 C。

第 7 题：第 3 年的预计现金流量＝100×70%＋85×20%＋60×10%＝93(万元)。

因此，选择 B。

第 8 题：固定资产的减值损失一经确认，不得转回，因此计提了减值准备的固定资产减值因素消失时不作任何账务处理。

因此，选择 C。

第 10 题：2×24 年 12 月 31 日，该设备账面价值＝200－(200－20)/10＝182(万元)，可收回金额为 120 万元，所以该设备发生减值金额＝182－120＝62(万元)。则确认减值损失后该设备的账面价值＝200－(200－20)÷10－62＝120(万元)，即设备的可收回金额。

因此，选择 A。

二、多项选择题

1	2	3	4	5
ABC	BD	BCD	CDE	ACD

【解析】

第 3 题：资产减值损失在确认后不可转回的资产仅限于《企业会计准则第 8 号——资产减值》规定的资产范围。而其他资产如存货、应收账款的减值损失在确认后是可以转回的。选项 A 不正确。

因此，选择 BCD。

三、判断题

1	2	3	4	5
√	×	√	×	√

【解析】

第 2 题：资产的公允价值减去处置费用后的净额与资产预计未来现金流量的现值，只要有一项超过资产账面价值就表明资产没有发生减值，不需要计提减值准备。

第 5 题：预计未来现金流量的现值应当以资产的当前状况为基础，而不能考虑未来年度改良的现金流出。

四、计算及账务处理题

(1) 2×24 年该专利权发生的有关支出。

借：研发支出——费用化支出	1 500 000	
——资本化支出	2 000 000	
贷：原材料		2 000 000
应付职工薪酬		1 000 000
银行存款		500 000

(2) 2×24 年底对费用化支出的处理。

借：管理费用　　1 500 000
　　贷：研发支出——费用化支出　　1 500 000

(3) 2×25 年无形资产达到预定可使用状态。

借：无形资产　　2 000 000
　　贷：研发支出——资本化支出　　2 000 000

(4) 每年的摊销额＝200÷10＝20(万元)

借：管理费用　　200 000
　　贷：累计摊销　　200 000

(5) 2×26 年底该无形资产的账面价值＝200－20－20＝160(万元)，无形资产账面价值 160 万元大于可收回金额 120 万元，该无形资产发生减值，减值金额＝160－120＝40(万元)

借：资产减值损失　　400 000
　　贷：无形资产减值准备　　400 000

(6) 对该无形资产处置。

2×27 年该无形资产的摊销额＝120÷8＝15(万元)，无形资产的累计摊销金额＝20＋20＋15＝55(万元)

借：银行存款　　1 000 000
　　无形资产减值准备　　400 000
　　累计摊销　　550 000
　　资产处置损益　　50 000
　　贷：无形资产　　2 000 000

第十章 负 债

一、单项选择题

1	2	3	4	5	6	7	8	9	10	11	12	13	14	15
C	B	A	C	B	B	C	B	C	B	D	A	B	B	A

【解析】

第 1 题：应付账款若有借方余额，则表示企业发生的预付款项。

因此，选择 C。

第 4 题：印花税在实际发生时，直接通过“银行存款”账户缴纳，不会形成企业的应交税费。

因此，选择 C。

第 5 题：企业若发行到期一次性还本付息的债券，则其应付未付的利息，应记入“应付债券——应计利息”账户。

因此，选择 B。

二、多项选择题

1	2	3	4	5	6
ACD	AD	AD	ACD	ABC	ABC

【解析】

第 4 题:对于长期借款的利息费用属于筹建期间不符合资本化条件的,应计入管理费用;属于生产经营期间不符合资本化条件的,应计入财务费用;符合资本化条件的借款利息计入相关资产成本。

因此,选择 ACD。

第 5 题:原材料由于管理不善,造成的被盗、霉烂、变质、毁损按照税法规定,其进项税额应予以转出。

因此,选择 ABC。

三、判断题

1	2	3	4	5
×	√	×	√	√

【解析】

第 1 题:对于长期借款的利息费用属于筹建期间不符合资本化条件的,应计入管理费用;属于生产经营期间不符合资本化条件的,应计入财务费用;符合资本化条件的借款利息计入相关资产成本。

第 3 题:对于带息应付票据,偿付时所支付的利息应作为财务费用入账。

四、计算及账务处理题

1.

琴岛有限责任公司对于该项短期借款的有关账务处理如下:

(1) 2×24 年 1 月 1 日,琴岛有限责任公司取得短期借款时:

借:银行存款	100 000	
贷:短期借款		100 000

(2) ① 2×24 年 1 月 31 日,琴岛有限责任公司计提 1 月份借款利息时:

借:财务费用	500	
贷:应付利息		500

② 2×24 年 2 月 28 日,琴岛有限责任公司计提 2 月份借款利息时:

借:财务费用	500	
贷:应付利息		500

(3) ① 2×24 年 3 月 31 日,琴岛有限责任公司支付本季度借款利息时:

借:财务费用	500	
应付利息	1 000	
贷:银行存款		1 500

② 2×24 年 3 月 31 日，琴岛有限责任公司到期偿还短期借款本金时：

借：短期借款	100 000	
贷：银行存款		100 000

2.

（1）购买钢材，未支付款项。

借：原材料	39 400	
应交税费——应交增值税（进项税额）	4 680	
贷：应付账款		44 080

（2）购买原材料，开出商业承兑汇票。

借：原材料	30 200	
应交税费——应交增值税（进项税额）	3 900	
贷：应付票据		30 000
银行存款		4 100

（3）开出银行承兑汇票结算(1)的货款。

借：应付账款	44 080	
贷：应付票据		44 080

同时，支付承兑手续费。

借：财务费用	500	
贷：银行存款		500

票据到期用银行存款支付。

借：应付票据	44 080	
贷：银行存款		44 080

（4）收到预收货款。

借：银行存款	6 500	
贷：预收账款		6 500

（5）发出甲产品，抵减预付账款。

借：预收账款	114 840	
贷：主营业务收入		100 000
应交税费——应交增值税（销项税额）		13 000
银行存款		1 840

（6）收到购货方补付的货款。

借：银行存款	108 340	
贷：预收账款		108 340

五、案例分析题

1.

（1）广华公司发放非货币性职工薪酬的账务处理不正确。企业以自产产品发放非货币性职工薪酬时，按照税法规定，应视同销售处理。其正确账务处理如下：

① 决定发放非货币性福利。

借：生产成本　　2 260 000
　　管理费用　　226 000
　　贷：应付职工薪酬　　2 486 000

计入生产成本的金额为：1 000×2 000×(1+13%)=2 260 000(元)

计入管理费用的金额为：100×2 000×(1+13%)=226 000(元)

② 实际发放非货币性福利。

借：应付职工薪酬　　2 486 000
　　贷：主营业务收入　　2 200 000
　　　　应交税费——应交增值税(销项税额)　　286 000
借：主营业务成本　　1 650 000
　　贷：库存商品　　1 650 000

(2) 广华公司发放非货币性职工薪酬的账务处理不正确。

因为，根据会计准则的相关规定，企业将拥有的车辆等资产无偿提供给职工使用的，应当根据受益对象，将车辆每期应计提的折旧计入相关资产成本或当期损益，同时确认应付职工薪酬，借记“管理费用”“生产成本”“制造费用”等账户，贷记“应付职工薪酬——非货币性福利”账户。同时，根据折旧金额，借记“应付职工薪酬——非货币性福利”账户，贷记“累计折旧”账户。

企业提供租赁住房等资产供职工无偿使用的，应当根据受益对象，将每期应付的租金计入相关资产成本或当期损益，并确认应付职工薪酬，借记“管理费用”“生产成本”“制造费用”等账户，贷记“应付职工薪酬——非货币性福利”账户。

其正确账务处理如下：

① 广华公司确认该非货币性福利时。

借：管理费用　　10 000
　　贷：应付职工薪酬　　10 000

计提轿车折旧：

借：应付职工薪酬　　10 000
　　贷：累计折旧　　10 000

② 确认住房租金费用。

借：管理费用　　24 000
　　贷：应付职工薪酬　　24 000

实际支付房租时：

借：应付职工薪酬　　24 000
　　贷：银行存款　　24 000

第十一章　所有者权益

一、单项选择题

1	2	3	4	5	6	7	8	9	10	11	12	13	14	15
A	A	D	D	D	A	A	A	D	D	D	A	A	D	B

【解析】

第 3 题：企业收到投资者的出资额，应记入“实收资本”账户，不应计入资本公积。

因此，选择 D。

第 5 题：留存收益包括未分配利润和盈余公积两部分内容，因此该企业 2×19 年 1 月 1 日留存收益为 28＋59＝87(万元)。

因此，选择 D。

第 7 题：发行股票实际收到的价款＝1.2×100 000＝120 000(元)；股票发行费用＝120 000×3％＝3 600(元)；应记入“股本”账户的金额＝1×100 000＝100 000 (元)；因此，应记入“资本公积”账户的金额＝120 000－100 000－3 600＝16 400(元)。

因此，选择 A。

第 15 题：按 10％提取法定盈余公积＝(300－100)×(1－25％)×10％＝15(万元)。

因此，选择 B。

二、多项选择题

1	2	3	4	5
ABCD	ACD	BCD	AB	ACD

【解析】

第 2 题：用盈余公积转增资本，盈余公积减少，实收资本或股本增加；用银行存款购买固定资产，不影响所有者权益的变动；提取任意盈余公积，利润分配减少，盈余公积增加。

上述三项均不影响所有者权益总额。股东大会宣告分配现金股利时，未分配利润或盈余公积减少，应付股利增加，所有者权益减少。

因此，选择 ACD。

第 5 题：与发行权益性证券直接相关的手续费、佣金等交易费用，如果是溢价发行股票的，应从溢价中抵扣，冲减资本公积——股本溢价；无溢价发行股票或溢价金额不足以抵扣的，应将不足抵扣的部分冲减盈余公积和未分配利润。

因此，选择 ACD。

三、判断题

1	2	3	4	5
×	√	×	×	×

【解析】

第 2 题：年度终了，应将“利润分配”账户所属的其他明细账户的余额，转入“未分配利润”明细账户。结转后，“利润分配”账户除“未分配利润”明细账户外，所属的其他明细账户应无余额。

第 4 题：支付已宣告的现金股利时，借记“应付股利”账户，贷记“银行存款”账户，因此，不会引起所有者权益的变动。

四、计算及账务处理题

1.

(1) A、B、C 共同投资设立甲股份有限公司。

借：银行存款	4 000 000	
贷：股本——A		2 400 000
——B		1 000 000
——C		600 000

(2) 甲股份有限公司发行普通股。

应记入“资本公积”账户的金额＝100 000 000－20 000 000＝80 000 000(元)

借：银行存款	100 000 000	
贷：股本		20 000 000
资本公积——股本溢价		80 000 000

2.

(1) 资本公积转增资本。

借：资本公积	90 000	
贷：实收资本——甲		30 000
——乙		30 000
——丙		30 000

(2) 盈余公积弥补亏损。

借：盈余公积——盈余公积补亏	50 000	
贷：利润分配——未分配利润		50 000

(3) 提取法定盈余公积。

借：利润分配——提取法定盈余公积	153 000	
贷：盈余公积——法定盈余公积		153 000

(4) 接受 B 公司追加的投资。

借：银行存款	1 200 000	
贷：实收资本——B 公司		1 000 000
资本公积——资本溢价		200 000

3.

(1) 2×24 年利润分配的会计处理。

借：本年利润	1 800 000	
贷：利润分配——未分配利润		1 800 000

借：利润分配——提取法定盈余公积　　180 000
　　　　　　——提取任意盈余公积　　450 000
　贷：盈余公积——法定盈余公积　　180 000
　　　　　　　——任意盈余公积　　450 000
借：利润分配——应付现金股利　　500 000
　贷：应付股利　　500 000
借：利润分配——未分配利润　　1 130 000
　贷：利润分配——提取法定盈余公积　　180 000
　　　　　　　——提取任意盈余公积　　450 000
　　　　　　　——应付现金股利　　500 000

（2）以任意盈余公积转增股本。

借：盈余公积——任意盈余公积　　500 000
　贷：股本　　500 000

（3）结转 2×24 年发生的亏损。

借：利润分配——未分配利润　　350 000
　贷：本年利润　　350 000

2×24 年未分配利润＝300 000＋1 800 000－1 130 000－350 000＝620 000(元)

第十二章　费　　用

一、单项选择题

1	2	3	4	5	6	7	8	9	10
B	A	A	C	B	D	D	A	D	A

【解析】

第 1 题：生产车间固定资产的修理费应记入“管理费用”账户核算，自然灾害造成的停工损失以及非正常消耗的直接材料，发生时可以计入当期损益。

因此，选择 B。

第 3 题：企业不专设销售机构的固定资产折旧费应记入“管理费用”账户核算。

因此，选择 A。

第 5 题：财务费用核算企业为筹集生产经营所需资金等而发生的筹资费用，包括利息支出（减利息收入）、汇兑损益以及相关的手续费、企业发生的现金折扣或收到的现金折扣等。

因此，选择 B。

第 7 题：成本和费用都是支付或消耗各项资产形成的，两者是有区别的。成本与一定成本对象相联系，费用与一定期间相联系。

因此，选择 D。

二、多项选择题

1	2	3	4	5
ABCD	ABC	BCD	AC	ABD

【解析】

第 3 题：选项 A，企业发行股票支付的手续费，如果是溢价发行股票的，应从溢价中抵扣，冲减资本公积（股本溢价），无溢价或溢价金额不足以抵扣的，应将不足抵扣的部分冲减盈余公积和未分配利润。

因此，选择 BCD。

第 4 题：董事会会费、劳动保险费应计入管理费用，季节性停工损失应计入制造费用。

因此，选择 AC。

三、判断题

1	2	3	4	5
×	√	×	×	×

【解析】

第 4 题：本期发生的制造费用分配计入完工产品且完工产品销售后也会影响到当期损益。

第 5 题：车间管理费用应记入“制造费用”账户核算。

四、计算及账务处理题

1.

（1）

借：生产成本——基本生产成本（甲产品）——直接材料	16 000	
——基本生产成本（乙产品）——直接材料	20 000	
制造费用	2 000	
管理费用	2 000	
贷：原材料		40 000

（2）

借：生产成本——基本生产成本（甲产品）——直接人工	9 000	
——基本生产成本（乙产品）——直接人工	5 000	
制造费用	4 000	
管理费用	7 000	
销售费用	5 000	
贷：应付职工薪酬——工资		30 000

（3）

借：管理费用	3 200	
贷：银行存款		3 200

（4）

借：制造费用	800	
贷：库存现金		800

（5）

借：制造费用	4 500	
管理费用	800	
销售费用	700	
贷：累计折旧		6 000

（6）

借：财务费用	100	
销售费用	450	
贷：库存现金		550

（7）

借：生产成本——基本生产成本（甲产品）——制造费用	4 520	
——基本生产成本（乙产品）——制造费用	6 780	
贷：制造费用		11 300

（8）

借：本年利润	19 250	
贷：管理费用		13 000
销售费用		6 150
财务费用		100

2.

（1）

借：生产成本——基本生产成本（甲产品）——燃料及动力	1 000	
——基本生产成本（乙产品）——燃料及动力	1 600	
制造费用	500	
管理费用	700	
贷：银行存款		3 800

（2）

借：制造费用	800	
贷：库存现金		800

（3）

借：制造费用	1 300	
库存现金	200	
贷：其他应收款——李明		1 500

（4）

借：应付职工薪酬	89 100	
贷：银行存款		89 100

(5)

借：制造费用	5 200	
管理费用	2 600	
贷：累计折旧		7 800

(6)

借：生产成本——基本生产成本(甲产品)——燃料及动力	1 000	
——基本生产成本(乙产品)——燃料及动力	250	
管理费用	600	
贷：银行存款		1 850

(7)

借：生产成本——基本生产成本(甲产品)——直接人工	30 000	
——基本生产成本(乙产品)——直接人工	21 000	
管理费用	21 500	
贷：应付职工薪酬——工资		72 500

(8)

借：生产成本——基本生产成本(甲产品)——直接材料	20 000	
——基本生产成本(乙产品)——直接材料	15 000	
管理费用	300	
贷：原材料		35 300

(9)

借：生产成本——基本生产成本(甲产品)——制造费用	4 680	
——基本生产成本(乙产品)——制造费用	3 120	
贷：制造费用		7 800

3.

(1)

借：销售费用	100 000	
贷：银行存款		100 000

(2)

借：销售费用	3 000	
贷：库存现金		3 000

(3)

借：销售费用	9 120	
贷：应付职工薪酬——工资		8 000
——福利		1 120

(4)

借：管理费用	7 000	
贷：银行存款		7 000

（5）

借：管理费用	22 800	
贷：应付职工薪酬——工资		20 000
——福利		2 280

（6）

借：管理费用	3 000	
贷：累计摊销		3 000

（7）

借：财务费用	10 000	
贷：银行存款		10 000

（8）

借：银行存款	3 000	
贷：财务费用		3 000

（9）

借：本年利润	151 920	
贷：管理费用		32 800
销售费用		112 120
财务费用		7 000

五、案例分析题

（1）出纳员宋品育将刘宏原预借差旅费的借款单交回给他，不符合《会计基础工作规范》关于原始凭证的基本要求。根据《会计基础工作规范》的规定，职工因公出差借款凭据，必须附在记账凭证之后；收回借款时，应当另开收据或者退还借据副本，不得退还原借款收据。宋品育将原预借差旅费的借款单交回刘宏，说明刘宏借款时，会计员没有进行相关的账务处理，也没有登记现金日记账。这种做法，既影响了会计信息的真实性，也不利于确保公司资产的安全性和完整性。

（2）会计员张田园根据未经审核的原始凭证填制记账凭证，不符合《会计法》关于记账凭证的填制要求。根据我国《会计法》第 14 条规定，记账凭证应当根据经过审核的原始凭证及有关资料编制。《会计基础工作规范》第 50 条也规定，会计机构、会计人员要根据审核无误的原始凭证填制记账凭证。

（3）由于未按规定审核原始凭证，会计人员未发现不真实、不合法的 10 500 元的飞机票。有关审核人员未能依法履行审核、监督职责，表明该公司内部会计监督机制不健全。根据《会计法》第 14 条规定，会计机构、会计人员必须按照国家统一的会计制度的规定对原始凭证进行审核，对不真实、不合法的原始凭证有权不予接受，并向单位负责人报告。

（4）会计员张田园根据未经审核的记账凭证登记账簿，不符合《会计法》关于会计账簿登记的基本要求。根据《会计法》第 15 条的规定，会计账簿登记，必须以经过审核的会计凭证为依据，并符合有关法律、行政法规和国家统一的会计制度的规定。

（5）单位、总经理刘宏、出纳员宋品育和会计员张田园应当依法承担相应的法律责任。根据《会计法》第 42 条的有关规定，如果未按照规定填制、取得原始凭证或者填制、取得的原始凭证不符合规定的，以未经审核的会计凭证为依据登记会计账簿或者登记会计账簿不符合规定，未按照规定建立并实施单位内部会计监督制度，或者拒绝依法实施的监督，或者不如实提供有关会计资料及有关情况，由县级以上人民政府财政部门责令限期改正，可以对单位并处 30 000 元以上 50 000 元以下的罚款；对其直接负责的主管人员和其他直接责任人员，可以处 2 000 元以上 20 000 元以下的罚款；如果情节严重，出纳员宋品育和会计员张田园 5 年内不得从事会计工作。

第十三章　收入和利润

一、单项选择题

1	2	3	4	5	6	7	8	9	10
D	C	D	D	B	C	C	C	D	C
11	12	13	14	15	16	17	18	19	20
D	C	B	D	C	A	B	B	C	D

【解析】

第 2 题：琴岛有限责任公司本年度因此项业务应确认的销售收入＝300×70％＝210（万元）。

因此，选择 C。

第 5 题：如果发生销售折让时，企业尚未确认销售商品收入，则应在确认销售商品收入时直接按扣除销售折让后的金额确认。则 A 公司应确认的收入＝10 000×（1－3％）＝9 700（万元）。

因此，选择 B。

第 6 题：企业应该按照扣除商业折扣的金额确认收入，并且收入中应该包括现金折扣，因此该企业在这项交易中应确认的收入＝7 000×50×（1－15％）＝297 500（元）。

因此，选择 C。

第 7 题：合同中存在可变对价的，企业应当对计入交易价格的可变对价进行估计，由于只存在两种可能性，琴岛有限责任公司采用“最可能发生金额”的方法来确定可变对价金额，即琴岛有限责任公司将预期有权获得的金额为 20 000 元奖金作为可变对价，并将满足条件的可变对价的金额 20 000 元计入交易价格。

因此，选择 C。

第 8 题：合同中存在重大融资成分的，企业应当按照假定客户在取得商品控制权时即以现金支付的应付金额（即现销价格）确定交易价格。企业确定的交易价格与合同承诺的对价金额之间的差额，应当在合同期间内采用实际利率法摊销。

因此，选择 C。

第 9 题：假定不考虑其他因素，琴岛有限责任公司对该项交易应确定的交易金额为 650 万元（现金 500 万元＋作为非现金对价的设备公允价值 100 万元和材料的公允价值 50 万元）。

因此，选择 D。

第 11 题：计算现金折扣的时候考虑增值税，即按照应收账款的入账价值计算现金折扣，因此应给予客户的现金折扣＝350×100×(1－10%)×(1＋13%)×1%＝355.95(元)。

因此，选择 D。

第 12 题：该企业收款金额＝120 000×(1＋13%)×(1－1%)＝134 244(元)。

因此，选择 C。

第 13 题：应收账款的入账金额＝2 000×(1－10%)×(1＋13%)＋150＝2 184(元)。

因此，选择 B。

第 14 题：因 A 公司在销售该批商品时已得知 B 公司资金流转发生暂时困难，不符合收入确认条件，因此 A 公司在 2×24 年 1 月 9 日的会计分录如下：

借：发出商品	120 000	
贷：库存商品		120 000
借：应收账款	26 000	
贷：应交税费——应交增值税(销项税额)		26 000

因此，选择 D。

第 15 题：由于国库券利息属于免税收入，所以应纳税所得额＝1 380 000－60 000＝1 320 000(元)，所得税费用(应交所得税)＝1 320 000×25%＝330 000(元)，净利润＝1 380 000－330 000＝1 050 000(元)。

因此，选择 C。

第 16 题：该合同中 60 万元的折扣应全部分摊给 B 产品和 C 产品。该合同中各产品的交易价格具体分摊如下：

A 产品的交易价格＝50(万元)

B 分配的交易价格＝70÷160×100＝43.75(万元)

C 分配的交易价格＝90÷160×100＝56.25(万元)

因此，选择 A。

二、多项选择题

1	2	3	4	5	6	7	8	9	10
AB	ABCDE	ABCDE	BCD	BC	ABD	BC	AC	ABD	ABC

【解析】

第 6 题：选项 A，计提的坏账准备是记入“信用减值损失”账户的，同时影响营业利润和利润总额；选项 B，无形资产转让净收益，记入“资产处置损益”账户，影响营业利润；选项 C，计提所得税费用，只影响净利润，不影响营业利润和利润总额；选项 D，转让股票所得收益，记入“投资收益”账户，同时影响营业利润和利润总额。

因此，选择 ABD。

三、判断题

1	2	3	4	5	6	7	8	9	10
√	√	×	×	×	×	×	×	√	√

【解析】

第 1 题：此项商品销售不符合收入确认的条件，所以不应该确认。

第 3 题：商品的成本能够可靠地计量是确认收入的条件之一，不满足则不应该确认收入。

第 6 题：一般的销售退回应直接冲减退回当期的主营业务收入和主营业务成本。

第 7 题：企业已经确认收入的销售折让，一般应该冲减发生当期的销售收入，不需要冲减当期营业成本。

四、计算及账务处理题

1.

(1) 琴岛有限责任公司销售商品时：

借：应收账款　　2 034 000
　贷：主营业务收入　　1 800 000
　　应交税费——应交增值税(销项税额)　　234 000

(2) ① 乙公司在 8 月 8 日付款，享受 36 000 元的现金折扣(即 1 800 000×2%)：

借：银行存款　　1 998 000
　主营业务收入　　36 000
　贷：应收账款　　2 034 000

② 乙公司在 8 月 19 日付款，享受 18 000 元的现金折扣(即 1 800 000×1%)：

借：银行存款　　2 016 000
　主营业务收入　　18 000
　贷：应收账款　　2 034 000

③ 乙公司在 8 月 29 日付款，不能享受现金折扣，应全额付款：

借：银行存款　　2 034 000
　贷：应收账款　　2 034 000

2.

(1) 借：应收票据　　395 500
　　贷：其他业务收入　　350 000
　　　应交税费——应交增值税(销项税额)　　45 500
　借：其他业务成本　　250 000
　　贷：原材料　　250 000

(2) 借：银行存款　　300 000
　　贷：预收账款　　300 000

(3) 借：应收账款	565 000	
贷：主营业务收入		500 000
应交税费——应交增值税(销项税额)		65 000
借：主营业务成本	250 000	
贷：库存商品		250 000
(4) 借：主营业务收入	200 000	
应交税费——应交增值税(销项税额)	26 000	
贷：应收账款		226 000
借：库存商品	100 000	
贷：主营业务成本		100 000
(5) 借：主营业务收入	50 000	
应交税费——应交增值税(销项税额)	6 500	
贷：应收账款		56 500
(6) 借：税金及附加	5 984.0	
贷：应交税费——应交城市维护建设税		4 188.8
——应交教育费附加		1 795.2

3.

(1)

① 借：应收账款	7 684 000	
贷：主营业务收入		6 800 000
应交税费——应交增值税(销项税额)		884 000
借：主营业务成本	4 800 000	
贷：库存商品		4 800 000
② 借：主营业务收入	3 400 000	
应交税费——应交增值税(销项税额)	442 000	
贷：应收账款		3 842 000
借：库存商品	2 400 000	
贷：主营业务成本		2 400 000
③ 借：生产成本(500×4 000×1.13)	2 260 000	
管理费用(40×4 000×1.13)	180 800	
销售费用(60×4 000×1.13)	271 200	
贷：应付职工薪酬		2 712 000
借：应付职工薪酬	2 712 000	
贷：主营业务收入[(500+40+60)×4 000]		2 400 000
应交税费——应交增值税(销项税额)		312 000
借：主营业务成本[(500+40+60)×3 000]	1 800 000	
贷：库存商品		1 800 000
④ 借：主营业务收入	600 000	
应交税费——应交增值税(销项税额)	78 000	
贷：银行存款		678 000

（2）主营业务收入的总额＝680－340＋240－60＝520(万元)。

4.（1）

① 存货的账面价值＝600－150＝450(万元)；
计税基础＝600(万元)。

② 交易性金融资产账面价值＝1 200(万元)；
计税基础＝1 000(万元)。

③ 固定资产账面价值＝1 500－200－300＝1 000(万元)；
计税基础＝1 500－200＝1 300(万元)。

④ 无形资产账面价值＝800－100＝700(万元)；
计税基础＝800－200＝600(万元)。

（2）交易性金融资产、无形资产账面价值大于计税基础属于应纳税暂时性差异；存货、固定资产账面价值小于计税基础属于可抵扣暂时性差异。

5.（1）① 递延所得税资产＝700 000×25％＝175 000(元)。
② 递延所得税负债＝300 000×25％＝75 000(元)。
③ 递延所得税＝75 000－175 000＝－100 000(元)。
④ 所得税费用＝2 725 000－100 000＝2 625 000(元)。

（2）借：所得税费用	2 625 000	
递延所得税资产	175 000	
贷：应交税费——应交所得税		2 725 000
递延所得税负债		75 000

五、案例分析题

（1）琴岛有限责任公司应在2×24年4月1日收到乙企业交来的代销清单时确认收入。

（2）

① 借：委托代销商品	175 000	
贷：库存商品		175 000
② 借：应收账款	226 000	
贷：主营业务收入		200 000
应交税费——应交增值税(销项税额)		26 000
借：销售费用	20 000	
应交税费——应交增值税(进项税额)	1 200	
贷：应收账款		21 200
借：主营业务成本	140 000	
贷：委托代销商品		140 000

或：

借：应收账款	204 800	
销售费用	20 000	
应交税费——应交增值税(进项税额)	1 200	
贷：主营业务收入		200 000
应交税费——应交增值税(销项税额)		26 000
借：主营业务成本	140 000	
贷：委托代销商品		140 000

③ 借：银行存款　　　　204 800

　　贷：应收账款　　　　204 800

第十四章　财务报告

一、单项选择题

1	2	3	4	5	6	7	8	9	10
A	A	C	A	C	D	A	A	A	A

【解析】

第 1 题：购买 2 个月后到期的国债属于用银行存款购买了现金等价物，不对现金流量造成影响，因此不用考虑此事项；偿还应付账款属于购买商品支付的现金；支付生产人员工资属于支付给职工以及为职工支付的现金；购买固定资产属于投资活动。因此本题只需要考虑偿还应付账款这个事项，“购买商品，接受劳务支付的现金”项目的金额为 200(万元)。

因此，选择 A。

第 4 题：琴岛有限责任公司 2×24 年“购买商品、接受劳务支付的现金”项目＝500＋50－15＝535(万元)。

因此，选择 A。

第 6 题：企业的营业利润＝主营业务收入 200－主营业务成本 120－税金及附加 10－管理费用 5－销售费用 3－资产减值损失 2＋投资收益 15＝75(万元)；制造费用期末余额应该列示在资产负债表中的“存货”项目中。

因此，选择 D。

第 7 题：资产负债表中的“应付账款”项目应根据“应付账款”账户所属明细账贷方余额合计数和预付账款账户所属明细账贷方余额合计数之和填列。因此，月末资产负债表中“应付账款”项目的金额为 35 000＋5 000＋50 000＝90 000(元)。

因此，选择 A。

第 9 题：营业收入＝主营业务收入的净额＋其他业务收入的净额＝2 000－50－50＋100＝2 000(万元)。

因此，选择 A。

二、多项选择题

1	2	3	4	5	6	7	8	9	10
ABD	BC	BD	BCD	BD	AD	CD	ABCD	ABC	ABD

【解析】

第 3 题：营业利润＝2 000－1 200－40－100－20＋80－140＋160＝740(万元)，利润总额＝740＋50－30＝760(万元)。营业外收支对企业的营业利润是不会产生影响的，只会影响企业的利润总额。

因此，选择 BD。

第 6 题:资产负债表中的“预付款项”项目,应根据“应付账款”账户所属明细账借方余额合计数,和预付账款账户所属明细账借方余额合计数,减去与“预付账款”账户有关的坏账准备贷方余额填列。选项 B 应列示在“应收账款”项目中,选项 C 应列示在“预收款项”项目中。

因此,选择 AD。

第 7 题:支付给退休人员的退休金应在“支付的其他与经营活动有关的现金”项目中反映;支付的在建工程人员的职工薪酬属于投资活动产生的现金流量,应在“购建固定资产、无形资产和其他长期资产所支付的现金”项目中反映;支付的生产工人的职工薪酬和支付的销售部门人员的职工薪酬两项应在“支付给职工以及为职工支付的现金”项目中反映。

因此,选择 CD。

三、判断题

1	2	3	4	5
√	√	×	×	√

【解析】

第 3 题:增值税是价外税,不通过“税金及附加”账户核算;印花税一般在实际发生时计入“管理费用”账户中,也不通过“税金及附加”账户核算。因此利润表中“税金及附加”项目不包括增值税和印花税。

第 4 题:资产负债表中的“长期待摊费用”项目的金额应为 150 万元。另外 50 万元应当填列在“一年内到期的非流动资产”项目中。

四、计算及账务处理题

1.

(1) 销售商品、提供劳务收到的现金＝3 000＋600＋300－240－180＝3 480(万元)。

(2) 购买商品、接受劳务支付的现金＝2 100＋240＋210－120＝2 430(万元)。

(3) 支付给职工以及为职工支付的现金＝400＋(40－20)＝420(万元)。

(4) 支付的各项税费＝150＋(12－6)＝156(万元)。

2.

(1) “长期借款”项目金额＝(300＋600＋450)－450＝900(万元)。

(2) 长期借款中应列入“一年内到期的非流动负债”项目的金额＝450(万元)。

(3) “长期待摊费用”项目金额＝50－20＝30(万元)。

(4) 长期待摊费用中应列入“一年内到期的非流动资产”项目的金额＝20(万元)。

3.

资产负债表　　　　会企 01 表

编制单位:琴岛有限责任公司　　　　2×24 年 12 月 31 日　　　　单位:元

资产	期末余额	上年年末余额	负债和所有者权益	期末余额	上年年末余额
流动资产:			流动负债:		
货币资金	795 635		短期借款	50 200	
交易性金融资产	0		交易性金融负债	0	

（续表）

资产	期末余额	上年年末余额	负债和所有者权益	期末余额	上年年末余额
衍生金融资产	0		衍生金融负债	0	
应收票据	66 000		应付票据	100 000	
应收账款	598 200		应付账款	953 800	
应收款项融资	0		预收款项	0	
预付款项	100 000		合同负债	0	
其他应收款	5 000		应付职工薪酬	180 000	
存货	2 484 700		应交税费	226 731	
合同资产	0		其他应付款	82 215.85	
持有待售资产	0		持有待售负债	0	
一年内到期的非流动资产	0		一年内到期的非流动负债	0	
其他流动资产	90 000		其他流动负债	0	
流动资产合计	4 139 535		流动负债合计	1 592 946.85	
非流动资产：			非流动负债：		
债权投资	0		长期借款	1 160 000	
其他债权投资	0		应付债券	0	
长期应收款	0		其中:优先股	0	
长期股权投资	250 000		永续债	0	
其他权益工具投资	0		租赁负债	0	
其他非金融资产	0		长期应付款	0	
投资性房地产	0		预计负债	0	
固定资产	2 201 000		递延收益	0	
在建工程	728 000		递延所得税负债	0	
生产性生物资产	0		其他非流动负债	0	
油气资产	0		非流动负债合计	1 160 000	
使用权资产	0		负债合计	2 752 946.85	
无形资产	540 000		所有者权益：		
开发支出	0		实收资本(或股本)	5 000 000	
商誉	0		其他权益工具	0	
长期待摊费用	0		其中:优先股	0	
递延所得税资产	9 900		永续债	0	
其他非流动资产	200 000		资本公积	0	
非流动资产合计	3 928 900		减:库存股	0	
			其他综合收益	0	

（续表）

资产	期末余额	上年年末余额	负债和所有者权益	期末余额	上年年末余额
			专项储备	0	
			盈余公积	124 770.4	
			未分配利润	190 717.75	
			所有者权益合计	5 315 488.15	
资产总计	8 068 435		负债和所有者权益总计	8 068 435	

4.（1)计算 A 企业的营业利润、利润总额：

营业利润＝500 000－300 000－800－8 000－62 840－16 600－12 360＋12 600＝112 000(元)

利润总额＝112 000＋20 000－7 880＝124 120(元)

(2) 所得税费用＝124 120×25%＝31 030(元)。

(3) 将 A 企业本年所有损益类账户结转本年利润。

① 结转各项收入、利得类账户。

借：主营业务收入	500 000	
投资收益	12 600	
营业外收入	20 000	
贷：本年利润		532 600

② 结转各项费用、损失类账户。

借：本年利润	439 510	
贷：主营业务成本		300 000
税金及附加		800
销售费用		8 000
管理费用		62 840
财务费用		16 600
资产减值损失		12 360
营业外支出		7 880
所得税费用		31 030

(4) 净利润＝124 120－31 030＝93 090(元)。

借：本年利润	93 090	
贷：利润分配——未分配利润		93 090

五、案例分析题

(1) 货币资金＝27 000＋4 800－6 500－2 000－5 060－3 500－5 500－283－1 198.63＝7 758.37(元)；

(2) 交易性金融资产＝800＋5 000＝5 800(元)；

(3) 应收账款＝20 000＋28 250－482.5＝47 767.5(元)；

(4) 存货＝10 000＋45 000－21 000＝34 000(元)；

(5) 固定资产＝64 000－13 000－1 250＝49 750(元)；

(6) 在建工程＝21 000＋6 500＝27 500(元)；

(7) 短期借款＝17 500－5 500＝12 000(元)；

(8) 应付利息＝3 920－3 500＝420(元)；

(9) 应交税费＝3 250－1 250＝2 000(元)；

(10) 资本公积＝9 000(元)；

(11) 未分配利润＝10 000＋25 000－21 000－3 250－60－283＋4 397.5－1 198.63－1 359.59×2＋4 950＝15 836.69(元)。

根据经济业务(1)—(11)项，作出会计分录如下：

(1) 借：应收账款	28 250	
贷：主营业务收入		25 000
应交税费——应交增值税(销项税额)		3 250
借：主营业务成本	21 000	
贷：库存商品		21 000
(2) 借：应收账款	4 800	
贷：坏账准备		4 800
借：银行存款	4 800	
贷：应收账款		4 800
(3) 借：在建工程	6 500	
贷：银行存款		6 500
(4) 借：管理费用	3 250	
贷：累计折旧		1 250
银行存款		2 000
(5) 借：交易性金融资产	5 000	
投资收益	60	
贷：银行存款		5 060
(6) 借：应付利息	3 500	
贷：银行存款		3 500
(7) 借：短期借款	5 500	
贷：银行存款		5 500
(8) 借：财务费用	283	
贷：银行存款		283

(9) 计提坏账准备前，“坏账准备”账户贷方余额为80＋4 800＝4 880(元)，期末应有的余额为(20 000＋28 250＋4 800－4 800)×1%＝482.5(元)，所以本期应冲减坏账准备＝4 880－482.5＝4 397.5(元)。

借：坏账准备	4 397.5	
贷：信用减值损失		4 397.5

（10）借：所得税费用　　1 198.63
　　贷：应交税费——应交所得税　　1 198.63
　借：应交税费——应交所得税　　1 198.63
　　贷：银行存款　　1 198.63

（11）借：利润分配——提取法定盈余公积　　1 359.59
　　　　　　——提取任意盈余公积　　1 359.59
　　贷：盈余公积　　2 719.18

第十五章　会计调整

一、单项选择题

1	2	3	4	5	6	7	8	9	10
C	B	C	A	B	B	D	B	A	A
11	12	13	14	15	16	17	18	19	20
B	B	A	A	B	C	A	C	D	A

【解析】

第 1 题:选项 ABD,均属于会计估计变更。选项 C,存货计价方法的变更属于会计政策变更。

因此,选择 C。

第 5 题:本题考查的是前期差错更正的处理。按照错误的处理,已经摊销的金额为 960 万元(480×2),按照正确的处理,应该摊销的金额为 600 万元(120+480),正确的处理比错误的处理应少计摊销额 360 万元,因此应调增留存收益的金额为 360×(1－25%)＝270(万元),调增 2×20 年年初未分配利润金额为 270×(1－10%)＝243(万元)。

因此,选择 B。

第 8 题:按照原使用年限和净残值,2×21 年应计提折旧＝(1 500 000－100 000)÷10＝140 000(元),按照变更后的使用年限和净残值,2×21 年应计提折旧＝(1 500 000－140 000×4－60 000)÷(8－4)＝220 000(元),2×21 年减少净利润＝(220 000－140 000)×(1－25%)＝60 000(元)。

因此,选择 B。

二、多项选择题

1	2	3	4	5	6	7	8	9	10
BCD	AB	BC	ABD	ABC	AC	BCD	AC	ABCD	BD
11	12	13	14	15	16	17	18	19	20
BCD	AC	ABD	AB	AD	BD	BC	ABD	BD	ABD

【解析】

第 3 题:本题考核未来适用法的适用范围。选项 A,保存期限内的影响数可以获得,应采用追溯调整法；选项 D，应按照法律或行政法规的要求对会计政策的变更采用追溯调整法。

因此，选择 BC。

第 4 题：选项 B，企业难以对某项变更区分为会计政策变更或会计估计变更的，应当将其作为会计估计变更处理；选项 D，对于会计估计变更，企业应采用未来适用法进行会计处理，不调整以前期间的报告结果，选项 D 正确。

因此，选择 ABD。

第 8 题：选项 B，委托代销方式销售商品的，应当在收到受托方的代销清单时确认收入；选项 D，属于会计舞弊；选项 BD，都应作为重要差错更正处理。

因此，选择 AC。

第 11 题：资产负债表日后事项是指资产负债表日至财务报告批准报出日之间发生的需要调整及说明的有利或不利事项。选项 A，属于当年发生的正常购销业务，不符合资产负债表日后事项的定义和特点；选项 BCD，属于日后事项中的非调整事项。

因此，选择 BCD。

第 12 题：选项 BD，属于资产负债表日后非调整事项。

因此，选择 AC。

第 13 题：

选项 C，属于资产负债表日后非调整事项。

因此，选择 ABD。

第 16 题：选项 B，属于资产负债表日后进一步确定了资产负债表日前售出资产的收入的情形，是调整事项；选项 D，属于资产负债表日后期间发现的前期会计差错，是调整事项。

因此，选择 BD。

第 19 题：本题考核调整事项的处理方法。在 2×24 年 12 月 31 日，本事项应确认一项预计负债，同时作为一项担保事项，应当进行披露，选项 A，表述不正确。在 2×25 年 2 月 6 日应按照资产负债表日后调整事项处理，调整会计报表相关项目。

因此，选择 BD。

三、判断题

1	2	3	4	5	6	7	8	9	10
×	×	×	×	×	√	√	×	×	√
11	12	13	14	15					
√	×	√	×	√					

四、计算及账务处理题

1. 按照规定，在首次执行日对资产、负债的账面价值与计税基础不同形成的暂时性差异的所得税影响进行追溯调整，影响金额调整留存收益。

（1）

存货项目产生的可抵扣暂时性差异＝460－420＝40（万元）

应确认的递延所得税资产余额＝40×25%＝10（万元）

固定资产项目产生的应纳税暂时性差异=1 250-1 030=220(万元)

应确认的递延所得税负债余额=220×25%=55(万元)

预计负债项目产生的可抵扣暂时性差异=125-0=125(万元)

应确认递延所得税资产余额=125×25%=31.25(万元)

递延所得税资产合计=10+31.25=41.25(万元)

该项会计政策变更的累积影响数=41.25-55=-13.75(万元)

(2) 相关账务处理。

借：递延所得税资产　412 500
　盈余公积　13 750
　利润分配——未分配利润　123 750
　贷：递延所得税负债　550 000

2. 企业在首次执行新准则时，应当按照《企业会计准则第38号——首次执行企业会计准则》对首次执行新准则当年的"年初余额"栏及相关项目进行调整；以后期间，如果企业发生了会计政策变更、前期差错更正，应当对"年初余额"栏中的有关项目进行相应调整。此外，如果企业上年度资产负债表规定的项目名称和内容与本年度不一致，应当对上年年末资产负债表相关项目的名称和数字按照本年度的规定进行调整，填入"年初余额"栏。

(1) 计算累积影响数。

计算累积影响数　　单位：万元

年度	按照新政策确认损益	按照原政策确认损益	税前差异	递延所得税费用	税后差异
2×21	A股票(446-450)+B股票(106-110)=-8	0	-8	-2	-6
2×22	A股票(500-446)+B股票(120-106)=68	0	68	17	51
2×23	A股票(510-500)+B股票(130-120)=20	0	20	5	15
合计	80	0	80	20	60

会计政策变更的累积影响数是指按照变更后的会计政策对以前各期追溯计算的列报(即列报期为2×24年年末)前期(即2×23年年末)最早期(2×22年年末，也就是2×23年初)初留存收益应有金额与现有金额之间的差额。所以，会计政策变更的累积影响数是45万元(51-6)。

(2) 编制有关项目的调整分录。

借：交易性金融资产——公允价值变动　800 000
　贷：利润分配——未分配利润　600 000
　　递延所得税负债　200 000
借：利润分配——未分配利润　90 000
　贷：盈余公积　90 000

(3) 财务报表调整和重述。

资 产 负 债 表

2×24 年 12 月 31 日　　　　单位:万元

项　目	年初余额	
	调　增	调　减
交易性金融资产	80	
递延所得税负债	20	
盈余公积	9	
未分配利润	51	

利　润　表

2×24 年度　　　　单位:万元

项　目	上期金额	
	调　增	调　减
公允价值变动收益	20	
所得税费用	5	
净利润	15	
基本每股收益	0.0033 元(15÷4 500)	

所有者权益变动表

2×24 年度　　　　单位:万元

项　目	本年金额		上年金额	
	盈余公积	未分配利润	盈余公积	未分配利润
上年年末余额				
加:会计政策变更	2.25(15×15%)	12.75(15－2.25)	6.75(45×15%)	38.25(45－6.75)

3.

(1) 至 2×24 年 3 月 31 日的累计折旧额＝1 000÷10×2＋1 000÷10×3÷12＝225(万元)

(2) 至 2×24 年 3 月 31 日的账面价值＝1 000－225＝775(万元)

(3) 从 2×24 年 4 月 1 日至年末计提的折旧额＝775÷(6×12－2×212－3)×9

＝155(万元)

(4) 2×24 年计提的折旧额＝1 000÷10×3÷12＋155＝180(万元)

(5) 2×24 年按照税法规定计算折旧额＝1 000÷10＝100(万元)

(6) 递延所得税资产＝(180－100)×25%＝20(万元)

(7) 会计估计变更影响 2×24 年净利润＝－[(180－100)－20]＝－60(万元)

或：＝－(180－100)×(1－25%)＝－60(万元)

4.

(1) 2×24 年 1 月 12 日,调整销售收入：

借：以前年度损益调整　　2 000 000

　　应交税费——应交增值税(销项税额)　　260 000

　　贷：应收账款　　2 260 000

（2）调整销售成本：

借：库存商品　　1 500 000
　　贷：以前年度损益调整　　1 500 000

（3）调整应缴纳的所得税：

借：应交税费——应交所得税　　125 000
　　贷：以前年度损益调整[(2 000 000－1 500 000)×25%]　　125 000

（4）将"以前年度损益调整"账户的余额转入利润分配：

借：利润分配——未分配利润　　375 000
　　贷：以前年度损益调整　　375 000

（5）调整盈余公积：

借：盈余公积　　37 500
　　贷：利润分配——未分配利润　　37 500

5.（1）琴岛有限责任公司的账务处理如下：

① 记录支付的赔偿款。

借：以前年度损益调整——营业外支出　　2 000 000
　　贷：其他应付款——华美公司　　2 000 000
借：预计负债——未决诉讼　　6 000 000
　　贷：其他应付款——华美公司　　6 000 000
借：其他应付款——华美公司　　8 000 000
　　贷：银行存款　　8 000 000

注：资产负债表日后事项如涉及现金收支项目，均不调整报告年度资产负债表的货币资金项目和现金流量表各项目数字。本题中，虽然已经支付了赔偿款，但在调整会计报表相关数字时，只需调整上述第一笔和第二笔分录，第三笔分录作为2×24年的会计事项处理。

② 调整递延所得税资产。

借：以前年度损益调整——所得税费用(6 000 000×25%)　　1 500 000
　　贷：递延所得税资产　　1 500 000

2×23年年末因确认预计负债6 000 000元时已确认相应的递延所得税资产，资产负债表日后事项发生后递延所得税资产不复存在，应予转回。

③ 调整应交所得税。

借：应交税费——应交所得税(8 000 000×25%)　　2 000 000
　　贷：以前年度损益调整——所得税费用　　2 000 000

④ 将"以前年度损益调整"账户余额转入未分配利润。

借：利润分配——未分配利润　　1 500 000
　　贷：以前年度损益调整　　1 500 000

⑤ 因净利润减少，调减盈余公积。

借：盈余公积——法定盈余公积(1 500 000×10%)　　150 000
　　贷：利润分配——未分配利润　　150 000

⑥ 调整报告年度财务报表相关项目的数字(财务报表略)。

a. 资产负债表项目的调整：

调增递延所得税资产 500 000 元；调增其他应付款 8 000 000 元，调减预计负债 6 000 000元；调减盈余公积 150 000 元，调减未分配利润 1 350 000 元。

b. 利润表项目的调整：

调增营业外支出 2 000 000 元，调减所得税费用 500 000 元，调减净利润 1 500 000 元。

c. 所有者权益变动表项目的调整：

调减净利润 1 500 000 元；提取盈余公积项目中盈余公积一栏调减 150 000 元，未分配利润一栏调增 150 000 元。

⑦ 调整 2×24 年 2 月份资产负债表相关项目的年初数(资产负债表略)。

琴岛有限责任公司在编制 2×24 年 1 月份的资产负债表时，按照调整前 2×23 年 12 月 31 日的资产负债表的数字作为资产负债表的年初数，由于发生了资产负债表日后调整事项，琴岛有限责任公司除了调整 2×23 年度资产负债表相关项目的数字外，还应当调整 2×24年 2 月份资产负债表相关项目的年初数，其年初数按照 2×23 年 12 月 31 日调整后的数字填列。

(2) 华美公司的账务处理如下：

① 记录收到的赔款。

借：其他应收款——琴岛有限责任公司　　8 000 000
　　贷：以前年度损益调整——营业外收入　　8 000 000
借：银行存款　　8 000 000
　　贷：其他应收款——琴岛有限责任公司　　8 000 000

注：资产负债表日后事项如涉及现金收支项目，均不调整报告年度资产负债表的货币资金项目和现金流量表各项目数字。本题中，虽然已经收到了赔偿款，但在调整会计报表相关数字时，只需调整上述第一笔分录，第二笔分录作为 2×20 年的会计事项处理。

② 调整应交所得税。

借：以前年度损益调整——所得税费用(8 000 000×25%)　　2 000 000
　　贷：应交税费——应交所得税　　2 000 000

③ 将“以前年度损益调整”账户余额转入未分配利润。

借：以前年度损益调整——本年利润　　6 000 000
　　贷：利润分配——未分配利润　　6 000 000

④ 因净利润增加，补提盈余公积。

借：利润分配——未分配利润　　600 000
　　贷：盈余公积(6 000 000×10%)　　600 000

⑤ 调整报告年度财务报表相关项目的数字(财务报表略)

a. 资产负债表项目的调整：

调增其他应收款 8 000 000 元；调增应交税费 2 000 000 元；调增盈余公积 600 000 元，调增未分配利润 5 400 000 元。

b. 利润表项目的调整：

调增营业外收入 8 000 000 元，调增所得税费用 2 000 000 元，调增净利润 6 000 000 元。

c. 所有者权益变动表项目的调整：

调增净利润 6 000 000 元；提取盈余公积项目中盈余公积一栏调增 600 000 元，未分配利润一栏调减 600 000 元。

⑥ 调整 2×24 年 2 月份资产负债表相关项目的年初数(资产负债表略)。

华美公司在编制 2×24 年 1 月份的资产负债表时，按照调整前 2×23 年 12 月 31 日的资产负债表的数字作为资产负债表的年初数，由于发生了资产负债表日后调整事项，华美公司除了调整 2×23 年度资产负债表相关项目的数字外，还应当调整 2×24 年 2 月份资产负债表相关项目的年初数，其年初数按照 2×23 年 12 月 31 日调整后的数字填列。

第三部分　模拟试题及参考答案

期末考试模拟试题(一)

得分	

一、单项选择题(本大题共15小题、每小题1分、共15分)

题号	1	2	3	4	5	6	7	8	9	10	11	12	13	14	15

1. 企业将融资租入固定资产视同自有固定资产进行核算，体现的会计信息质量要求是(　　)。

A. 可靠性　　B. 实质重于形式

C. 及时性　　D. 可比性

2. 企业下列长期股权投资，应采用权益法进行核算的是(　　)。

A. 具有重大影响　　B. 具有共同控制及重大影响

C. 具有共同控制　　D. 具有控制

3. 固定资产出售的净收益，应记入(　　)账户。

A. “主营业务收入”　　B. “营业外收入”

C. 冲减“管理费用”　　D. “资产处置损益”

4. 工业企业经营性出租固定资产所计提的折旧，应记入(　　)账户。

A. “其他业务成本”　　B. “管理费用”

C. “销售费用”　　D. “营业外支出”

5. 委托方收回后用于连续生产的应税消费品，由受托方代收代缴的消费税，应借记(　　)账户。

A. “应交税费——应交消费税”

B. “委托加工物资”

C. “税金及附加”

D. “其他业务成本”

6. 企业下列账户的期末余额不应列示于资产负债表“存货”项目下的是(　　)。

A. “原材料”　　B. “在途物资”

C. “工程物资”　　D. “生产成本”

7. 随商品出售，不单独计价的包装物的成本，应记入(　　)账户。

A. “生产成本”
B. “销售费用”
C. “其他业务成本”
D. “管理费用”

8. 某企业年末应收账款余额为300 000元，坏账准备的提取比例为1%，计提坏账准备前，“坏账准备”账户原有余额为贷方2 000元。该企业当年应计提的坏账准备金额为(　　)元。

A. 6 000
B. 2 000
C. 3 000
D. 1 000

9. 根据《企业会计准则——投资性房地产》，下列项目中，不属于投资性房地产的是(　　)。

A. 先租入后转租的建筑物
B. 已出租的土地使用权
C. 已出租的建筑物
D. 持有并准备增值后转让的土地使用权

10. 企业开出的商业汇票为银行承兑汇票，其无力支付票款时，应将应付票据的票面金额转作(　　)。

A. 应付账款
B. 短期借款
C. 营业外收入
D. 其他应付款

11. 下列资产所计提的减值准备中，可以在以后期间转回的是(　　)。

A. 采用成本模式进行后续计量的投资性房地产
B. 商誉
C. 存货
D. 无形资产

12. 对于预收账款业务不多的企业，其所发生的预收账款可以通过(　　)账户进行核算。

A. “应收账款”
B. “应付账款”
C. “预付账款”
D. “其他应收款”

13. 将“本年利润”账户和“利润分配”账户下的其他有关明细账户的余额转入“未分配利润”明细账户后，“未分配利润”明细账户的贷方余额，就是(　　)。

A. 当年实现的净利润
B. 累计留存收益
C. 累计实现的净利润
D. 累计未分配的利润数额

14. 某企业“应付账款”账户月末贷方余额50 000元，其中：“应付甲公司账款”明细账户贷方余额30 000元，“应付乙公司账款”明细账户贷方余额20 000元，“预付账款”账户贷方余额35 000元，其中：“预付A工厂账款”明细账户贷方余额55 000元，“预付B工厂账款”明细账户借方余额20 000元。则该企业月末资产负债表“应付账款”项目的金额为(　　)元。

A. 105 000
B. 85 000
C. 50 000
D. 35 000

15. 下列各项中，不应计入营业外收入的是(　　)。

A. 债务重组利得
B. 处置固定资产净收益
C. 接受捐赠利得
D. 确实无法支付的应付账款

得分	

二、多项选择题(本大题共 5 小题、每小题 1 分、共 5 分)

1	2	3	4	5

1. 其他货币资金核算的内容包括(　　)。

A. 外埠存款　　B. 银行本票存款

C. 银行汇票存款　　D. 信用卡存款

2. 下列固定资产中,应计提折旧的有(　　)。

A. 使用中的固定资产　　B. 以经营租赁方式租出的固定资产

C. 季节性停产的固定资产　　D. 已单独计价入账的土地

3. 以下应计入外购存货采购成本的有(　　)。

A. 购买价款　　B. 不能抵扣的增值税进项税额

C. 大宗物资的市内运杂费　　D. 市内零星货物运杂费

4. 下列各项中,引起企业所有者权益发生增减变动的有(　　)。

A. 接受现金资产投资　　B. 盈余公积转增资本

C. 资本公积转增资本　　D. 宣告分配现金股利

5. 下列各项中,应计入管理费用的有(　　)。

A. 管理人员薪酬　　B. 在建工程人员的薪酬

C. 工会经费　　D. 印花税

得分	

三、判断题(本大题共 5 小题、每小题 1 分、共 5 分)

1	2	3	4	5

1. 现金管理制度规定,出纳人员可以兼管会计档案。(　　)

2. 当月增加的固定资产,当月计提折旧。(　　)

3. 生产车间设备的修理费用,计入制造费用。(　　)

4. 年度终了,企业应将“利润分配”账户所属其他明细账户余额转入“未分配利润”明细账户。结转后,除“未分配利润”明细账户外,其他明细账户应无余额。(　　)

5. 企业出售无形资产的净收益计入其他业务收入。(　　)

得分	

四、账务处理题(本大题共 4 小题:每小题 15 分、共 60 分)

1. 琴岛有限责任公司关于备用金发生如下业务:

(1) 随借随用,用后报销业务:

① 2 月 3 日,行政部王明借款 3 000 元出差上海。

② 2 月 6 日,王明出差返回,当日报销结算:

A. 假设王明实际发生差旅费 2 200 元。

B. 假设王明实际发生差旅费 3 500 元。

(2) 定额备用金核算：

企业的行政部门执行定额备用金管理制度。

① 1月1日,行政部到财务部领取定额备用金 30 000 元,财务部以现金支付。

② 2月16日,行政部汇总差旅费等发票 17 000 元到财务部报销。

③ 12月31日,行政部汇总差旅费等发票 32 000 元到财务部结算。

要求:根据上述经济业务,逐项编制会计分录。

2. 琴岛有限责任公司发生如下关于无形资产的相关业务：

(1) 1月8日,因生产产品的需要,以银行存款购入另一家公司商品商标,使用期限6年,一次性支付转让款 100 000 元,应交增值税进项税额 6 000 元,相关的法律手续已办好。

(2) 计提2月份无形资产的摊销额 43 000 元。

(3) 3月18日,接受N公司捐赠的B专利权。捐赠者提供的有关价值凭证上标明价格为 120 000 元,收到增值税专用发票上标明的税款为 15 600 元。

(4) 结转3月月末"研发支出——费用化支出"账面余额 28 000 元。

(5) 4月17日,自行研发的C专利权,发生开发阶段人工费用 80 000 元、领用原材料 30 000元,均符合资本化条件。

(6) 12月31日,经核算,公司无形资产发生了减值,减值金额 16 000 元。

要求:根据上述经济业务,逐项编制会计分录。

3. 琴岛有限责任公司于2×24年7月1日向银行借入短期借款 600 000 元,期限为6个月,年利率为6%,该借款本金到期后一次归还,利息按月计提,按季度支付。

(1) 2×24年7月1日,琴岛有限责任公司取得短期借款时的账务处理。

(2) 2×24年7月31日,琴岛有限责任公司计提7月份借款利息时的账务处理。

(3) 2×24年8月31日,琴岛有限责任公司计提8月份借款利息时的账务处理。

(4) 2×24年9月30日,琴岛有限责任公司支付本季度借款利息时的账务处理。

(5) 2×24年12月31日,琴岛有限责任公司到期偿还短期借款本金及利息时的账务处理。

要求:根据上述经济业务,逐项编制会计分录。

4. 琴岛有限责任公司为增值税一般纳税人,增值税税率为13%。商品销售价格不含增值税,在确认销售收入时逐笔结转销售成本。假定不考虑其他相关税费。2×24年6月份,琴岛有限责任公司发生如下业务：

(1) 6月2日,向乙公司销售A商品1 600件,标价总额为 800 000 元(不含增值税),商品实际成本为 480 000 元。为了促销,琴岛有限责任公司给予乙公司15%的商业折扣并开具了增值税专用发票。琴岛有限责任公司已发出商品,并向银行办理了托收手续,款项尚未收回。

(2) 6月10日,因部分A商品的规格与合同不符,乙公司退回A商品800件,价款 340 000元,成本为 240 000 元。当日,琴岛有限责任公司按规定向乙公司开具增值税专用发票(红字),销售退回允许扣减当期增值税销项税额,退回商品已验收入库。

(3) 6月15日,销售一批原材料,开出的增值税专用发票上注明的售价为 100 000 元,增值税税额为 13 000 元,款项已由银行收妥。该批原材料的实际成本为 90 000 元。

要求:根据上述经济业务,逐项编制会计分录。

得分	

五、案例分析题(本大题共 1 小题,共 15 分)

2×24 年,琴岛有限责任公司年终结账时,有关损益类账户的年末余额(发生额)如下(单位:元):

收入账户	年末余额(贷方发生额)	费用账户	年末余额(借方发生额)
主营业务收入	950 000	主营业务成本	650 000
其他业务收入	200 000	其他业务成本	150 000
投资收益	15 000	税金及附加	36 000
营业外收入	41 500	销售费用	40 000
		管理费用	120 000
		财务费用	25 000
		营业外支出	70 000

要求:

(1) 年末,将损益类账户结转至"本年利润"账户(该公司平时采用表结法计算利润)。

(2) 计算 2×24 年琴岛有限责任公司的利润总额。

(3) 计算 2×24 年琴岛有限责任公司应交纳的所得税是多少?并编制计算所得税费用的会计分录。(假设不存在其他纳税调整项目,所得税税率为 25%)

(4) 计算当年净利润,并按净利润的 10%,编制计提法定盈余公积的会计分录。(保留 1 位小数)

(5) 填制 2×24 年利润表。

利　润　表

2×24 年度　　　　单位:元

项　目	本期金额
一、营业收入	
减:营业成本	
税金及附加	
减:销售费用	
管理费用	
财务费用	
资产减值损失	
加:公允价值变动收益(损失以"－"填列)	
投资收益(损失以"－"填列)	
二、营业利润(亏损以"－"填列)	
加:营业外收入	
减:营业外支出	
三、利润总额(亏损总额以"－"填列)	
减:所得税费用	
四、净利润(净亏损以"－"填列)	

期末考试模拟试题(二)

得分	

一、单项选择题(本大题共15小题、每小题1分、共15分)

题号	1	2	3	4	5	6	7	8	9	10	11	12	13	14	15

1. 固定资产盘盈,通过(　　)账户核算。

A. “以前年度损益调整”　　B. “其他业务收入”

C. “营业外收入”　　D. “管理费用”

2. 企业下列长期股权投资,应采用成本法进行核算的是(　　)。

A. 具有重大影响　　B. 具有控制

C. 具有共同控制　　D. 具有共同控制及重大影响

3. 存货清查时,发现的盘盈,经批准应记入的账户是(　　)。

A. “营业外收入”　　B. “其他业务收入”

C. “管理费用(冲减)”　　D. “主营业务收入”

4. “研发支出——费用化支出”账户,在期末应转入(　　)账户。

A. “无形资产”　　B. “本年利润”

C. “销售费用”　　D. “管理费用”

5. 某企业购入W上市公司股票180万股,并划分为交易性金融资产,共支付款项2 830万元,其中包括已宣告但尚未发放的现金股利126万元。另支付相关交易费用4万元。该项交易性金融资产的入账价值为(　　)万元。

A. 2 700　　B. 2 704

C. 2 830　　D. 2 834

6. 下列各项中,不可以使用库存现金的是(　　)。

A. 偿还短期借款　　B. 差旅费

C. 向个人收购农副产品　　D. 支付工资

7. 企业取得交易性金融资产支付的手续费等相关费用,应当计入(　　)。

A. 管理费用　　B. 初始投资成本

C. 投资收益(冲减)　　D. 财务费用

8. 2×24年5月,甲公司销售商品实际应交增值税38万元、实际交纳消费税20万元,适用的城市维护建设税税率为7%,教育费附加为3%,假定不考虑其他因素,甲公司当月应列入利润表“税金及附加”项目的金额为(　　)万元。

A. 5.8　　B. 38.5

C. 25.8　　D. 80.3

9. 下列各项中,不影响企业营业利润的项目是(　　)。

A. 销售商品收入　　B. 财务费用

C. 出租包装物收入　　D. 支付的滞纳金罚款

10. 某上市公司发行普通股 1 000 万股,每股面值 1 元,每股发行价格 5 元,支付手续费 20 万元,支付咨询费 60 万元。该公司发行普通股计入股本的金额为(　　)万元。

A. 1 000　　B. 4 920

C. 4 980　　D. 5 000

11. 企业对于已经发出但不符合收入确认条件的商品,其成本应借记的账户是(　　)。

A. “在途物资”　　B. “发出商品”

C. “库存商品”　　D. “主营业务成本”

12. 在建工程人员按应付工资额提取的福利费,应借记的账户是(　　)。

A. “在建工程”　　B. “管理费用”

C. “营业外支出”　　D. “其他业务支出”

13. 预付款项不多的企业,可以不设“预付账款”账户,而将预付的款项记入(　　)。

A. “应收账款”账户的借方　　B. “应收账款”账户的贷方

C. “应付账款”账户的贷方　　D. “应付账款”账户的借方

14. 某企业年初未分配利润为 100 万元,本年净利润为 1 000 万元,按 10%计提法定盈余公积,按 5%计提任意盈余公积,宣告发放现金股利为 80 万元,该企业年末未分配利润为(　　)万元。

A. 855　　B. 867

C. 870　　D. 874

15. 下列各项中,应计入其他业务成本的是(　　)。

A. 库存商品盘亏净损失　　B. 经营租出固定资产折旧

C. 向灾区捐赠的商品成本　　D. 地震导致原材料毁损净损失

得分	

二、多项选择题(本大题共 5 小题、每小题 1 分、共 5 分)

1	2	3	4	5

1. 未达账项包括(　　)。

A. 企业已付,银行未付　　B. 企业已收,银行未收

C. 银行已付,企业未付　　D. 银行已收,企业未收

2. 下列各项中,应划分为长期股权投资的有(　　)。

A. 具有控制的股权投资

B. 具有共同控制的股权投资

C. 具有重大影响的股权投资

D. 公允价值不能可靠计量的零星股权投资

3. 资产负债表下列各项目中,应根据有关账户余额减去备抵账户余额后的净额填列的

有(　　)。

A. 存货　　B. 无形资产

C. 应收账款　　D. 固定资产

4. 下列各项中,应计入管理费用的有(　　)。

A. 筹建期间的开办费　　B. 预计产品质量保证损失

C. 生产车间管理人员工资　　D. 专设销售机构的固定资产修理费

5. 下列各项中,影响企业营业利润的有(　　)。

A. 处置无形资产净收益　　B. 出租包装物取得的收入

C. 接受公益性捐赠利得　　D. 经营租出无形资产的摊销额

得分	

三、判断题(本大题共 5 小题,每小题 1 分,共 5 分)

1	2	3	4	5

1. 期末存货应采用成本与可变现净值孰低的方法计价。　(　　)

2. 当月增加的无形资产,当月计提摊销。　(　　)

3. 接受捐赠的固定资产,记入"其他业务收入"账户。　(　　)

4. 生产车间设备的修理费用,计入制造费用。　(　　)

5. 企业向银行借入的长期借款所发生的利息均应计入财务费用。　(　　)

得分	

四、账务处理题(本大题共 4 小题:每小题 15 分、共 60 分)

1. 琴岛有限责任公司为增值税一般纳税人,增值税税率 13%。2×24 年 11 月发生如下业务,请作出相应的会计处理:

(1) 采用预付货款方式购入原材料:

① 11 月 2 日,琴岛有限责任公司向乙公司预付货款 70 000 元,采购一批原材料。

② 11 月 4 日,乙公司交付所购材料,并开来增值税专用发票,材料价款为 62 000 元,增值税进项税额为 8 060 元。

③ 11 月 6 日,琴岛有限责任公司将应补付的货款 60 元通过银行转账支付。

(2) 11 月 12 日,销售一批库存商品,售价 15 000 元,增值税税率 13%,价款尚未收到,该批库存商品的成本为 12 000 元。

(3) 11 月 30 日,通过核算,当期需计提存货跌价准备 8 000 元。

2. 琴岛有限责任公司为增值税一般纳税人,增值税税率 13%,发生如下关于固定资产的相关业务。

(1) 6 月 3 日,以银行存款购入一台不需安装的设备,增值税专用发票上注明设备价款 200 000 元,增值税额 26 000 元,另外银行支付保险费及包装费等合计 6 000 元。

(2) 8 月份,购入一台需要安装的设备。

① 8 月 3 日,收到增值税专用发票,注明价款 100 000 元,增值税税额 13 000 元,另支付保险费 3 000 元,均由银行存款支付。

② 8 月 5 日，在安装该设备过程中领用一批原材料，原材料成本 4 000 元。

③ 8 月 7 日，安装时支付安装费 3 000 元。

④ 8 月 10 日，该设备达到预定可使用状态。

(3) 计提 9 月份折旧，共计 68 000 元，其中管理部门固定资产折旧额 28 000 元，专设销售机构固定资产折旧额 30 000 元，经营性出租固定资产折旧额 10 000 元。

要求：根据上述经济业务，逐项编制会计分录。

3. 琴岛有限责任公司关于职工薪酬的经济业务如下：

(1) 7 月 28 日，计提本月生产工人工资 30 000 元，车间管理人员工资 6 000 元，行政人员工资 15 000 元。

(2) 8 月 10 日，用银行存款发放上述工资。

(3) 8 月 25 日，公司决定领用自产产品一批，用于发放职工福利，该批产品售价 10 000 元，成本价 8 000 元，增值税税率 13%，计提时，全体职工共 100 名，其中生产工人 70 人，车间管理人员 10 人，行政管理人员 20 人。

(4) 以库存现金 5 000 元，发放困难职工补助。

要求：根据上述经济业务，逐项编制会计分录。

（涉及计算部分，要写出计算步骤；应交税费需写出明细账户。）

4. 琴岛有限责任公司为增值税一般纳税人，增值税税率为 13%，假设现金折扣不考虑增值税。该公司 2×24 年发生业务如下：

(1) 2×24 年 1 月 1 日，由 A、B、C 共同投资设立琴岛有限责任公司，注册资本为 4 000 000元，A、B、C 持股比例分别为 60%，25%和 15%。琴岛有限责任公司已如期收到各投资者一次缴足的款项。

(2) 在 2×24 年 3 月 1 日，向乙公司销售一批商品，开出的增值税专用发票上注明的售价为 50 000 元，增值税额为 6 500 元。该批商品成本为 26 000 元。

(3) 琴岛有限责任公司在 2×24 年 3 月 10 日收到乙公司支付的货款。

(4) 3 月 30 日，支付车间大修理支出 5 000 元，以银行存款支付。

要求：根据上述经济业务，逐项编制会计分录。

得分	

五、案例分析题（本大题共 1 小题，每小题 15 分，共 15 分）

琴岛有限责任公司为增值税一般纳税人，对公司发生的以下业务进行了相应的会计处理，请分别回答作的各个会计分录是否正确？如果不正确，请写出正确的会计分录。

(1) 3 月 10 日，对无法查明原因的盘亏现金 100 元经批准进行会计处理。

借：营业外支出　　100
　　贷：待处理财产损溢——待处理流动资产损溢　　100

(2) 4 月 6 日，将面值 113 000 元的一张不带息的银行承兑汇票向银行贴现（符合金融资产终止确认条件的情形），发生贴现息 3 000 元。

借：银行存款　　110 000
　　管理费用　　3 000
　　贷：应收票据　　113 000

(3) 5 月 22 日，自行建造厂房，领用本企业库存商品，库存商品的成本价为 10 000 元，计税价格 12 000 元。

借：在建工程　　10 000
　　贷：库存商品　　10 000

(4) 公司将外购 A 公司的股票作为交易性金融资产，资产负债表日，股价上涨，经核算，公允价值变动 12 000 元。

借：交易性金融资产——A 公司股票(公允价值变动)　　12 000
　　贷：资本公积——其他资本公积　　12 000

(5) 6 月 28 日，确认应收 C 公司货款 30 000 元已无法收回，予以转销。

借：管理费用　　30 000
　　贷：坏账准备　　30 000

期末考试模拟试题(一)参考答案

一、单项选择题(本大题共15小题、每小题1分、共15分)

1	2	3	4	5	6	7	8	9	10	11	12	13	14	15
B	B	D	A	A	C	B	D	A	B	C	A	D	A	B

二、多项选择题(本大题共5小题、每小题1分、共5分)

1	2	3	4	5
ABCD	ABC	ABC	AD	AC

三、判断题(本大题共5小题、每小题1分、共5分)

1	2	3	4	5
×	×	×	√	×

四、账务处理题(本大题共4小题:每小题15分、共60分)

1.(1)

①

借:其他应收款——王明　　3 000

　　贷:库存现金　　3 000

②

A.

借:管理费用　　2 200

　　库存现金　　800

　　贷:其他应收款——王明　　3 000

B.

借:管理费用　　3 500

　　贷:其他应收款——王明　　3 000

　　　　库存现金　　500

(2)

①

借:备用金——行政部　　30 000

　　贷:库存现金　　30 000

②

借:管理费用　　17 000

　　贷:库存现金　　17 000

③

借：管理费用	32 000	
贷：备用金——行政部		30 000
库存现金		2 000

2.

(1)

借：无形资产	100 000	
应交税费——应交增值税（进项税额）	6 000	
贷：银行存款		106 000

(2)

借：管理费用	43 000	
贷：累计摊销		43 000

(3)

借：无形资产	120 000	
应交税费——应交增值税（进项税额）	15 600	
贷：营业外收入		135 600

(4)

借：管理费用	28 000	
贷：研发支出——费用化支出		28 000

(5)

借：研发支出——资本化支出	110 000	
贷：应付职工薪酬——工资		80 000
原材料		30 000

(6)

借：资产减值损失	16 000	
贷：无形资产减值准备		16 000

3.

(1) 借：银行存款	600 000	
贷：短期借款		600 000
(2) 借：财务费用	3 000	
贷：应付利息		3 000
(3) 借：财务费用	3 000	
贷：应付利息		3 000
(4) 借：财务费用	3 000	
应付利息	6 000	
贷：银行存款		9 000

(5) 借：短期借款 600 000
　　应付利息 6 000
　　财务费用 3 000
　　贷：银行存款 609 000

4.

(1) 借：应收账款 768 400
　　贷：主营业务收入 680 000
　　　　应交税费——应交增值税(销项税额) 88 400
　借：主营业务成本 480 000
　　贷：库存商品 480 000

(2) 借：主营业务收入 340 000
　　应交税费——应交增值税(销项税额) 44 200
　　贷：应收账款 384 200

　借：库存商品 240 000
　　贷：主营业务成本 240 000

(3) 借：银行存款 113 000
　　贷：其他业务收入 100 000
　　　　应交税费——应交增值税(销项税额) 13 000

　借：其他业务成本 90 000
　　贷：原材料 90 000

五、案例分析题(本大题共1题，共20分)

(1) 结转损益类账户。

借：主营业务收入 950 000
　其他业务收入 200 000
　投资收益 15 000
　营业外收入 41 500
　贷：本年利润 1 206 500
借：本年利润 1 091 000
　贷：主营业务成本 650 000
　　其他业务成本 150 000
　　税金及附加 36 000
　　销售费用 40 000
　　管理费用 120 000
　　财务费用 25 000
　　营业外支出 70 000

(2) 本年利润总额＝1 206 500－1 091 000＝115 500(元)

(3) 当年应纳所得税＝115 500×25%＝28 875(元)

借：所得税费用　　28 875

　贷：应交税费——应交所得税　　28 875

（4）当年净利润＝115 500－28 875＝86 625(元)

借：利润分配——提取法定盈余公积　　8 662.5

　贷：盈余公积——法定盈余公积　　8 662.5

（5）填制利润表。

利　润　表

2×24 年度　　单位:元

项　目	本期金额
一、营业收入	1 150 000
减:营业成本	800 000
税金及附加	36 000
减:销售费用	40 000
管理费用	120 000
财务费用	25 000
资产减值损失	0
加:公允价值变动收益(损失以"－"填列)	0
投资收益(损失以"－"填列)	15 000
二、营业利润(亏损以"－"填列)	144 000
加:营业外收入	41 500
减:营业外支出	70 000
三、利润总额(亏损总额以"－"填列)	115 500
减:所得税费用	28 875
四、净利润(净亏损以"－"填列)	86 625

期末考试模拟试题(二)参考答案

一、单项选择题(本大题共 15 小题、每小题 1 分、共 15 分)

1	2	3	4	5	6	7	8	9	10	11	12	13	14	15
A	B	C	D	B	A	C	C	D	A	B	A	D	C	B

二、多项选择题(本大题共 5 小题、每小题 1 分、共 5 分)

1	2	3	4	5
ABCD	ABC	ABCD	AD	ABD

三、判断题(本大题共5小题、每小题1分、共5分)

1	2	3	4	5
√	√	×	×	×

四、账务处理题(本大题共4小题:每小题15分、共60分)

1.

(1)

①

借：预付账款——乙公司　70 000
　贷：银行存款　70 000

②

借：原材料　62 000
　应交税费——应交增值税(进项税额)　8 060
　贷：预付账款——乙公司　70 060

③

借：预付账款——乙公司　60
　贷：银行存款　60

(2)

①

借：应收账款　16 950
　贷：主营业务收入　15 000
　　应交税费——应交增值税(销项税额)　1 950

②

借：主营业务成本　12 000
　贷：库存商品　12 000

(3)

借：资产减值损失　8 000
　贷：存货跌价准备　8 000

2.

(1)

借：固定资产　206 000
　应交税费——应交增值税(进项税额)　26 000
　贷：银行存款　232 000

(2)

①

借：在建工程　103 000
　应交税费——应交增值税(进项税额)　13 000
　贷：银行存款　116 000

②

借：在建工程　　4 000
　　贷：原材料　　4 000

③

借：在建工程　　3 000
　　贷：银行存款　　3 000

④

借：固定资产　　110 000
　　贷：在建工程　　110 000

(3)

借：管理费用　　28 000
　　销售费用　　30 000
　　其他业务成本　　10 000
　　贷：累计折旧　　68 000

3.

(1) 借：生产成本　　30 000
　　制造费用　　6 000
　　管理费用　　15 000
　　贷：应付职工薪酬　　51 000

(2) 借：应付职工薪酬　　51 000
　　贷：银行存款　　51 000

(3) 自产产品的价税合计金额＝10 000×(1＋13%)＝11 300(元)
计入生产成本的非货币性薪酬＝11 300×70÷100＝7 910(元)
计入制造费用的非货币性薪酬＝11 300×10÷100＝1 130(元)
计入管理费用的非货币性薪酬＝11 300×20÷100＝2 260(元)

借：生产成本　　7 910
　　制造费用　　1 130
　　管理费用　　2 260
　　贷：应付职工薪酬　　11 300

发放时：

借：应付职工薪酬　　11 300
　　贷：主营业务收入　　10 000
　　　　应交税费——应交增值税(销项税额)　　1 300

同时结转成本：

借：主营业务成本　　8 000
　　贷：库存商品　　8 000

（4）借：应付职工薪酬 5 000
贷：库存现金 5 000

4.

（1）借：银行存款 4 000 000
贷：实收资本——A公司 2 400 000
——B公司 1 000 000
——C公司 600 000

（2）2×24年3月1日，销售实现时：

借：应收账款 56 500
贷：主营业务收入 50 000
应交税费——应交增值税（销项税额） 6 500
借：主营业务成本 26 000
贷：库存商品 26 000

（3）2×24年3月10日，收到货款时：

借：银行存款 56 500
贷：应收账款 56 500

（4）借：管理费用 5 000
贷：银行存款 5 000

五、案例分析题（本大题共1小题，每小题15分，共15分）

（1）不正确。

借：管理费用 100
贷：待处理财产损溢——待处理流动资产损溢 100

（2）不正确。

借：银行存款 110 000
财务费用 3 000
贷：应收票据 113 000

（3）正确。

（4）不正确。

借：交易性金融资产——A公司股票（公允价值变动） 12 000
贷：公允价值变动损益 12 000

（5）不正确。

借：坏账准备 30 000
贷：应收账款——C公司 30 000